Slepičí polévka pro duši
3. porce

Slepičí polévka pro duši

3. porce

Povídky a příběhy pro potěchu srdce a posílení ducha

Napsali a sestavili

Jack Canfield a Mark Victor Hansen

Přeložila Věra Miltnerová

COLUMBUS

Original title: A 3rd Serving
of Chicken Soup for the Soul

Published under arrangement with
Health Communications Inc., Deerfield Beach,
Florida, U. S. A.

ISBN 80-85928-59-0

Poděkování

Napsání, uspořádání a vydání této třetí části *Slepičí polévky* si vyžádalo více než rok. Opět se jedná o skutečnou práci lásky nás všech a rádi bychom následujícím lidem poděkovali za jejich příspěvky, bez nichž by tato kniha nikdy nevznikla:

Peteru Vegsovi a Garymu Seidlerovi z Health Communications, že ani na okamžik neztráceli naději a že nás a naše knihy plně podporovali.

Našim manželkám, Georgii a Patty, a našim dětem, Christopherovi, Oranovi, Kyleovi, Melanii a Elisabeth, jež nás nepřestávaly zahrnovat svou lásku, citovou podporou, za pomoc při sestavování a psaní příběhů. Obzvláště si ceníme vaší podpory, když se zdá, že se nám knihu nikdy nepodaří uspořádat, ale s vaším přesvědčením a podporou se to nakonec vždycky povede.

Patty Auberyové, která opět strávila nesčetné hodiny psaním a přepisováním rukopisu a dohlížela na závěrečnou výrobní fázi této knihy. Patty – bez tebe bychom to nedokázali!

Nancy Mitchellové, která přečetla všechny příběhy, co jen jsme jich obdrželi, strávila nad nimi mnoho hodin a při procházení bludištěm povolení, která bylo nutné zjistit a získat, aby se tato kniha mohla stát skutečností, prokázala vynalézavost přímo herkulovskou.

Kim Wieleové, která nám pokaždé poskytuje důležitou literární zpětnou vazbu a návrhy ke zlepšení.

Angie Hooverové, která napsala mnohé příběhy a v závěrečných dnech dokončování této knihy zastávala většinu Jackovy administrativní práce.

Heather McNamaraové, která nám pomohla při redigování a zapisování a také v závěrečných fázích procesu získávání práv.

Kelle Aponeové, která zapsala a redigovala velké množství příběhů.

Larrymu a Lindě Priceovým, Laverne Leeové a Michele Nuzzové, kteří kromě toho, že zabezpečovali hladkou činnost Jackovy nadace Foundation of Self-Esteem, zahájili projekt Polévkové kuchyně pro duši a po celé Severní Americe s úspěchem rozdali přes 15 000 výtisků knih *Slepičí polévka pro duši* vězňům, bezdomovcům, lidem na státní podpoře, ohroženým mladistvým a dalším lidem, kteří to potřebovali.

Lise Williamsové, která se nepřetržitě starala o Markův podnik, aby on se mohl plně věnovat dokončení této knihy.

Trudy ve firmě Office Works, Wandě Pateové a Alyci Shukenové, které v rekordním čase a jen s velmi málo chybami napsaly první podobu knihy. Moc vám děkujeme!

Christině Bellerisové a Matthewu Dienerovi, našim editorům z Health Communications, za jejich velkomyslnou snahu dovést tuto knihu k vysokému stupni dokonalosti.

Dottie Waltersové, která v nás nepřestávala věřit a neustále nás seznamovala s lidmi, kteří by mohli mít nějaký příběh.

Těm více než pěti tisícům lidí, kteří nám své příběhy, básně a další útvary poskytli k posouzení. Vy všichni dobře víte, koho máme na mysli. I když většina prací byla jedinečná, přesto se některé do celkové struktury této knihy prostě nehodily. Nicméně však mnohé z nich použijeme v dalších dílech *Slepičí polévky pro duši.* Vydáme knihy jako *Slepičí polévka pro přežívající duši, Slepičí polévka pro zarmoucenou duši, Slepičí polévka pro duši rodičů, Slepičí polévka pro mladistvou duši* a *Slepičí polévka pro duši ženy.*

Rovněž chceme poděkovat následujícím lidem, kteří si přečetli první *hrubou* podobu dvou stovek příběhů, pomohli nám provést konečný výběr a poskytli nám neocenitelné připomínky ke zlepšení této knihy: Steveu Andreasovi, Kelle Aponeové, Gerrymu Beaneovi, Michaelovi a Madonně Billauerovým, Marshe Blakeové, Ricku Canfieldovi, Tayloru a Mary Canfieldovým, Dominiku a Lindě Cirincioneovým, Kate Driesenové, Jimu Dyerovi, Thalesu Finchumovi, Judy Haldemanové, Patty Hansenové, Jennifer Hawthorneové, Kimberly Kirbergerové, Randimu Larsenovi, Sandy a Philu Liminaovým, Donně Loeschové, Michele Martinové, Hanochu a Meladee McCartyovým, Erniemu Mendesovi, Lindě Mitchellové, Christianu Hummelovi, Cindy Palajacové, Daveu Rabbovi, Martinu Rutteovi, Marci Shimoffové, Susan Sousaové, Carolyn Stricklandové, Dianě von Welanetz Wentworthové, Dottie Waltersové, Lilly Waltersové, Haroldu Cliveovi Wellsovi (Jackovu spoluautorovi na knize *100 Ways to Enhance Self-Concept in the Classroom)*, Kathy Wieleové, Niki Wieleové, Marthě Wigglesworthové a Maureen Wilcinskiové.

A následujícím lidem, kteří také podstatným způsobem přispěli: Tricii Serfasové; Johnu Hotzovi z tiskové společnosti Economics Press za jeho ustavičnou pomoc, kdykoli nám jí bylo třeba; Brianu Cavanaughovi, který nám poskytl mnohé citáty, jichž jsme v této knize použili; Trevoru Dickinsonovi za všechny citáty, které nám zaslal; Pam Fingerové, jejíž informační bulletin je pro nás neustálým zdrojem inspirace; Jillianě Manusové za informace o autorech, kteří čelili odmítání, a díky své vytrvalosti se stali slavnými; Bobu Proctorovi za zaslání ohromného množství příběhů k posouzení; Ruth Stotterové za vynikající sbírku citátů o příbězích a vyprávění; Deně Shermanové z firmy BookStar v Torrance, v Kalifornii, že jsme se na ni pokaždé mohli obrátit s jakoukoli odbornou otázkou a za její pomoc při zajištění některých povolení, která jsme potřebovali; a Arielle Fordové a Kim Weissové, našim publicistkám, které nás dostaly do rádia a do televize, abychom všem mohli dát vědět o naší činnosti.

Jelikož se jednalo o nesmírně obsáhlý projekt, s určitostí víme, že jsme vynechali jména některých velmi důležitých lidí, kteří nám v průběhu celého procesu pomáhali. Vy sami víte, o koho se jedná. Vezměte prosím na vědomí, že se za toto opomenutí omlouváme a že si vás všech z hloubi našich srdcí za vaši starostlivost a vaši námahu skutečně nesmírně ceníme. Opravdu jsme vděční za mnohé pomocné ruce, které se podílely na zrodu této knihy. Máme vás všechny rádi!

Úvod

Bůh stvořil člověka, protože má rád příběhy.

Elie Wieselová

Z celého srdce nás těší, že vám můžeme nabídnout *Slepičí polévku pro duši – 3. porci.* Tato kniha obsahuje asi devadesát příběhů, které vás budou inspirovat a motivovat k tomu, abyste milovali ještě neomezeněji, abyste žili zaníceněji a abyste ke svým upřímným snům přistupovali s ještě větším přesvědčením. Kniha vás podpoří ve chvílích, kdy vás budou trápit problémy, pocit marnosti a neúspěch, a utěší vás ve zmatku, bolesti a ztrátě. Stane se opravdovým celoživotním společníkem a v mnohých oblastech vašeho života vám bude nepřetržitě napomáhat k vnitřnímu pohledu a moudrosti.

Máme za to, že zažijete skutečně pozoruhodnou četbu. Naše první tři knihy: *Slepičí polévka pro duši, Slepičí polévka pro duši – 2. porce* a *Kuchařka slepičí polévky pro duši* se hluboce dotkly životů více než šesti milionů čtenářů na celém světě. Ve stovkách dopisů, které dostáváme každý týden, se dočítáme o zázracích přeměny, ke kterým dochází u jedinců a organizací, kteří si přečetli tyto knihy a používají je. Zmiňují se o tom, že láska, naděje, povzbuzení a inspirace, které v těchto příbězích objevili, hluboce ovlivnily jejich životy.

> *Příběh může osvítit náš vztah ke druhým, podnítit soucit, vytvořit dojem zázraku nebo potvrdit princip. Příběh nás může pobídnout, abychom přemítali o smyslu naší zdejší existence... Příběh nás může natolik šokovat, že si uvědomíme novou pravdu, poskytne nám novou perspektivu a nový pohled, jakým nazírat na svět.*
>
> *Ruth Stotterová*

Když jsme si přečetli zprávy o tom, jak silně naše první kniha zapůsobila na tolik životů, nabyli jsme ještě většího přesvědčení, že příběhy jsou jedním z nejúčinnějších způsobů, jak přeměnit naše životy. Hovoří přímo k lidskému podvědomí. Nastiňují program žití. Nabízejí řešení našich každodenních problémů a ukazují chování, které se osvědčilo. Poukazují na naši skvělou podstatu a naše nekonečné možnosti. Probouzí nás z monotónnosti každodenních životů, vybízejí ke snění a inspirují nás, abychom dosáhli více a abychom byli něčím víc, než jsme původně považovali za možné. Upozorňují na nejdůležitější věci a představují pro nás vyslovení našich nejvyšších ideálů.

JAK ČÍST TUTO KNIHU

Tato kniha se dá přečíst celá jedním dechem – hodně lidí úspěšně přistoupilo ke čtení právě tímto způsobem. My však doporučujeme, abyste zpomalili a nepospíchali, abyste každý příběh vychutnali jako sklenku dobrého vína – malými doušky, které vám poskytnou dost času na přemítání o významech a dopadu, jaký mají jednotlivé příběhy na váš život. Když si dáte na čas, pak zjistíte, že každý příběh poskytne vašemu srdci, mysli i duši jinou, avšak stejně hodnotnou potravu.

Člen indiánského kmene Zuniů se jednou zeptal antropologa, který zapisoval příběh: „Když vám ty příběhy vyprávím, představujete si je, nebo je jenom zapisujete?“

Dennis Tedlock

Slovo „příběh“ se vztahuje ke slovu „pokladnice“. Takže takový příběh je vlastně jakousi studnicí nebo pokladnicí. Příběh v sobě uchovává věci, a co se uchovává, nese v sobě smysl.

Michael Meade

Jeden každý příběh v této knize obsahuje možný smysl vašeho života. Udělejte si čas, abyste o tomto hlubším smyslu vašeho života přemýšleli a abyste ho rozpoznali.

Ze své zkušenosti se vlastně neučíme nic. Učíme se pouze tím, že o této zkušenosti uvažujeme.

Robert Sinclair

Když jsme mnohé příběhy poprvé objevili nebo když se nám poprvé dostaly do rukou, měly na konci předtištěná morální ponaučení a jistý návod pro život. Většinou jsme toto moralizování a kázání z příběhů odstranili, aby tak stály samy o sobě, abyste si z nich sami mohli vyvodit smysl.

Žák si jednou postěžoval: „Vyprávíte nám příběhy, ale nikdy nám neodhalíte jejich smysl.“ Učitel odpověděl: „Jak by se vám líbilo, kdyby vám někdo nabídl ovoce, ale než by vám ho dal, tak by ho pro vás taky rozkousal?"

Neznámý zdroj

PODĚLTE SE O TYTO PŘÍBĚHY S OSTATNÍMI

Příběhy mohou vzdělávat, napravovat chyby, rozjasňovat srdce a temnotu, poskytovat úkryt pro duši, napomáhat přeměně a hojit rány.

Clarissa Pinkola Estesová

Jakým to darem je příběh!

Diane MacInnesová

Některé příběhy, které si přečtete, vámi tolik pohnou, že je budete sdílet s lidmi, které máte rádi. Když se nějaký příběh skutečně dotkne hlubin vaší duše, zavřete na okamžik oči a položte si otázku: „Komu by zrovna teď pomohlo, kdyby si vyslechl tento příběh?" Můžete si vzpomenout na někoho, koho máte rádi. Udělejte si čas a zajděte k tomu člověku, nebo mu zavolejte a podělte se s ním o tento příběh. Budete-li příběh sdílet s někým, na kom vám záleží, vyplyne z toho pro vás něco ještě hlubšího.

Zvažte, jestli byste se o tyto příběhy nemohli podělit s někým v práci, v kostele, synagoze či chrámu a nebo doma se svou rodinou.

Příběhy jsou kameny, na které šlapeme na cestě za duchovním osvícením.

Ruth Stotterová

Když se o příběh s někým podělíte, promluvte si o tom, jak na vás zapůsobil, proč jste měli nutkání ho sdílet s někým dalším. A co je nejdůležitější, nechte tyto příběhy, aby vás inspirovaly ke sdílení vašich vlastních příběhů.

Čtení, vyprávění a vzájemné naslouchání příběhům může velmi přispívat změně k lepšímu. Příběhy jsou mocné podněty, které uvolňují energie z podvědomí. Napomáhají léčení, spojování, vyjadřování a růstu. Stovky čtenářů nám sdělily, jak první dvě knihy *Slepičí polévky* uvolnily stavidlo emocí a napomohly k jejich hlubokému sdílení v rodině a ve skupině. Rodinní příslušníci si začali vybavovat důležité zážitky ze svých životů a začali je přinášet k jídelnímu stolu, na rodinné shromáždění, do třídy, do podpůrné skupiny, církevního spolku, a dokonce i na pracoviště.

> *Pro Indiány kmene Navajo hodnotu člověka určují příběhy a písně, které zná, protože právě tato znalost spojuje jedince s minulostí celé skupiny.*
>
> *Luci Tapahonsová*

Ministři, rabíni, psychologové, poradci, instruktoři a vedoucí podpůrných skupin začínají a končí svá kázání, shromáždění a sezení příběhy z této knihy. Doporučujeme to i vám. Lidem takové zacházení s jejich duší chybí. Zabere to jen nepatrně času a může to mít nečekaně dlouhodobý účinek.

Rovněž bychom vás chtěli povzbudit, abyste lidem kolem sebe začali vyprávět *své vlastní* příběhy. Je dost možné, že právě váš příběh je to, co potřebují slyšet. Několik příběhů v této knize vám dokáže, že i váš příběh by mohl zachránit život.

Příběhy jsou dary lásky.

Lewis Carroll

V průběhu let nás mnoho lidí inspirovalo svými příběhy a my jsme jim za to velmi vděční. Doufáme, že vás budeme alespoň trochu inspirovat, abyste milovali a žili ještě plněji. Jestli se nám toto podaří, pak jsme uspěli.

Nakonec bychom si rádi poslechli, co si o této knize myslíte. Napište nám prosím a sdělte nám, jak na vás tyto příběhy zapůsobily. Zároveň vás zveme, abyste se stali součástí této skvělé „sítě povzbuzení" tím, že nám zašlete své vlastní příběhy.

Příběhy jsou jako začarované zlato. Čím víc ho rozdáváte, tím víc ho máte.

Polly McGuireová

Zašlete nám prosím příběhy, básně a kreslené obrázky, o nichž si myslíte, že bychom je měli zahrnout do následujících dílů *Slepičí polévky pro duši*. Naše adresa, viz strana 288. Těšíme se na zprávy od vás. Do té doby... užívejte si četbu *Slepičí polévky pro duši – 3. porce* ve stejné pohodě, v jaké jsme ji my sestavovali dohromady, redigovali a psali.

Jack Canfield a Mark Victor Hansen

1

O LÁSCE

Láska vše překoná.

Vergilius

Dodržený tajný slib

Schůzka, na kterou jsem jel, byla velmi důležitá. Vyjel jsem pozdě a načisto jsem se ztratil. Odložil jsem své mužské ego stranou a začal jsem hledat místo, kde bych se zeptal na cestu, nejraději u benzínové pumpy. Protože jsem projížděl městem křížem kráž, ukazatel benzínu se ustálil nebezpečně nízko, a tak jsem neměl času nazbyt.

Zahlédl jsem žlutavou záři světla před místní požární stanicí. Mohl jsem si přát lepší místo, kde bych se mohl zeptat na správný směr?

Rychle jsem vystoupil z auta a přešel jsem silnici. Všechna troje posuvná vrata byla otevřená, a já jsem mohl vidět červená hasičská auta s dveřmi dokořán, s nablýskaným chrómem, která čekala jen povel.

Když jsem vešel dovnitř, dýchlo na mě aroma stanice. Byla to vůně hadic, které se sušily ve věži, obrovských gumových bot, kabátů a helem. Tyto pachy smíchané s čerstvě umytými podlahami a naleštěnými náklaďáky spoluvytvářely onu záhadnou vůni spjatou snad se všemi požárními stanicemi světa. Zpomalil jsem, zhluboka jsem se nadechl, zavřel jsem oči a přenesl jsem se zpátky do svého dětství, na požární stanici, kde můj otec celých pětatřicet let pracoval jako vedoucí požární údržby.

Podíval jsem se až na druhý konec požární stanice, kde jsem zahlédl požární tyč – jiskřila jako zlato a vzpínala se až k oblakům. Tatínek mně a mému staršímu bratrovi Jayovi jednoho dne dovolil, abychom se po tyči dvakrát svezli. V rohu stanice stálo „dřevo s kolečkama“, které se zasouvalo pod nákladní auta, když je bylo třeba opravit. Táta nikdy nezapomněl říct: „Dobře se drž,“ a pak mě roztočil, dokud se mi hlava nemotala jako opilému námořníkovi. Bylo to mnohem lepší než všechny ty kolotoče, co jsem jenom kdy vyzkoušel. Vedle „dřeva s kolečkama“ byl starý automat na colu, který měl na sobě klasické logo Coca-Coly. Ještě pořád z něj padají původní zelené třetinkové láhve, ale už stojí 35 centů ve srovnání s tehdejšími 10 centy... Cesta k automatu se pokaždé stala zlatým hřebem naší návštěvy u táty – dostal jsem svou vlastní láhev coly.

Když mi bylo deset, vzal jsem na stanici dva kamarády, abych se pochlubil svým tátou a taky abych zjistil, jestli se mi z něj podaří vyloudit nějaké coly. Když jsem kluky provedl po stanici, zeptal jsem se táty, jestli bychom si každý mohli dát jednu colu, než půjdeme domů na oběd.

Toho dne jsem v tátově hlase rozpoznal sotva patrné zaváhání, ale pak řekl: „Jasně,“ a dal nám každému desetník. Vyrazili jsme k automatu, abychom zjistili, jestli právě naše láhev má uvnitř na uzávěru tu slavnou hvězdu.

Měl jsem šťastný den! Na mém uzávěru se skvěla hvězda. Už mě od mé vlastní čapky Davyho Crocketta dělily pouhopouhé dva uzávěry.

Všichni jsme tátovi poděkovali a vydali jsme se domů na oběd a pak na letní odpolední plavání.

Toho dne jsem se vrátil domů od jezera brzy, a když jsem procházel halou, uslyšel jsem, jak spolu mluví mí rodiče. Zdálo se, že se maminka na tátu zlobí, a pak jsem zaslechl, jak padlo mé jméno: „Měl jsi prostě říct, že na ty coly nemáš peníze. Brian by to pochopil. Ty peníze jsi měl na oběd. Děti si musí uvědomit, že nemáme peněz nazbyt a ty že se potřebuješ naobědvat."

Můj táta to jako obvykle přešel jen pokrčením ramen.

Aby se maminka nedozvěděla, že jsem jejich hovor vyslechl, vyběhl jsem po schodech nahoru do pokoje, který jsem sdílel se svými čtyřmi bratry.

Když jsem si vyndával věci z kapes, vypadl mi na zem uzávěr, který způsobil tolik problémů. Zvedl jsem ho, a když jsem se ho chystal přidat k těm ostatním sedmi, tak jsem si náhle uvědomil, jak velkou oběť táta pro tenhle uzávěr podstoupil.

Té noci jsem si slíbil, že mu peníze jednou splatím. Jednoho dne budu moct tátovi říct, že o té velké oběti, kterou podstoupil toho odpoledne a ještě mnohokrát potom, vím a že mu to nikdy nezapomenu.

Tatínka postihl první infarkt, když mu bylo pouhých čtyřicet sedm let. Řekl bych, že se na něm nakonec podepsal jeho životní styl – práce ve třech zaměstnáních, aby nás všech devět mohl zaopatřit.

Večer pětadvacátého výročí svatby rodičů, obklopen celou svou rodinou, se u toho největšího, nejhlučnějšího a nejsilnějšího z nás všech objevila trhlina ve zbroji, o níž jsme si my, děti, myslely, že je neproniknutelná.

V průběhu dalších osmi let zasáhly otce další tři infarkty, a přestože statečně bojoval, skončil nakonec se srdečním stimulátorem.

Jednoho odpoledne se tátovi rozbila stará dodávka plymouth a on mi zavolal, abych ho odvezl k doktorovi na pravidelnou roční prohlídku. Když jsem zajel ke stanici, zahlédl jsem tátu a všechny ostatní hasiče, jak se venku tlačí kolem úplně nové dodávky. Byla to tmavě modrá fordka a byla překrásná. Řekl jsem tátovi, že je moc hezká, a on poznamenal, že jednou bude mít taky takovou.

Oba jsme se zasmáli. Vždycky to byl jeho sen – a vždycky se zdál tak nedosažitelný.

Tehdy se mi v podnikání vedlo docela dobře a všichni mí bratři byli také úspěšní. Nabídli jsme mu, že mu dodávku koupíme, ale on jen trefně poznamenal: „Když si ji nekoupím sám, nebudu mít pocit, že je moje."

Když táta vyšel od doktora z ordinace, přisoudil jsem zašedlý, nezdravý výraz v jeho obličeji všem těm vpichům injekčních jehel.

„Pojďme," řekl jen.

Když jsme nastoupili do auta, poznal jsem, že něco není v pořádku. Beze slova jsme vyjeli a já jsem věděl, že mi táta už nějak sdělí, co se děje.

Vraceli jsme se na stanici delší cestou. Když jsme projížděli kolem našeho starého domu, hřiště, jezera a obchodu na rohu, začal táta mluvit o minulosti a o vzpomínkách, které k tomu místu patřily.

A v tu chvíli mi najednou bylo jasné, že umírá.

Pohlédl na mě a pokýval hlavou.

Pochopil jsem.

Zastavili jsme u cukrárny a dali jsme si spolu – poprvé za patnáct let – zmrzlinu. Toho dne jsme si vážně promluvili. Řekl mi, jak je na nás všechny pyšný a že se nebojí umřít. Měl jen strach, že nebude s naší maminkou.

V duchu jsem se nad tím usmál. Žádný muž nikdy nemiloval ženu víc než můj táta.

Tehdy mě donutil, abych mu slíbil, že o jeho blížící se smrti nikdy nikomu neřeknu. Když jsem s jeho přáním souhlasil, věděl jsem, že se to bude jedno z nejtěžších tajemství, které kdy budu muset zachovat.

V té době jsme se se ženou chystali koupit nové auto nebo dodávku. Táta se znal z prodejcem aut v Cochituate Motors, ve Waylandu, tak jsem ho požádal, jestli by nemohl jet se mnou zjistit, kolik bych mohl dostat za své staré auto, což bych mohl odečíst od ceny nového auta nebo dodávky.

Když jsme vešli do předváděcí místnosti a já jsem začal mluvit s prodejcem, všiml jsem si, jak se táta dívá na tu nejkrásnější, plně vybavenou, čokoládově hnědou jiskřivou dodávku, jakou jsme kdy oba viděli. Všiml jsem, jak táta přejel po autě rukou jako sochař, který si prohlíží svou práci.

„Tati, myslím, že bych měl koupit dodávku. Chci se podívat na něco malého, co má dobrou spotřebu."

Když prodejce odešel z předváděcí místnosti, aby si došel pro svou poznávací značku, navrhl jsem, abychom se v té hnědé dodávce projeli.

„Tuhle si nemůžeš dovolit," řekl.

„Ty to víš, já to vím, ale ten prodavač to neví." Když jsme vyjížděli na silnici č. 27, táta řídil, oba jsme se nad tou rychlou mašinou, kterou jsme právě zkoušeli, smáli jako dva malí kluci. Táta se projížděl nějakých deset minut a komentoval, jak auto skvěle jezdí, zatímco já jsem si pohrával se všemi těmi nesčíslnými páčkami a knoflíky.

Když jsme se vrátili do předváděcí místnosti, nasedli jsme do malé modré dodávky Sundower. Táta poznamenal, že tahle je na dojíždění do práce rozhodně lepší, protože má menší spotřebu a taky s ní můžu najezdit spoustu kilometrů. Souhlasil jsem s ním, vrátili jsme se a já jsem podepsal kupní smlouvu.

O několik dní později jsem zavolal tátovi a zeptal jsem se ho, jestli by se mnou nejel auto vyzvednout. Řekl bych, že s tím tak rychle souhlasil jen proto, aby se ještě jednou naposled mohl podívat na „tu svoji hnědou dodávku", jak jí pro sebe říkal.

Když jsme vjeli na parkoviště, moje malá modrá dodávka Sundower tam stála s nalepenou poznámkou – prodáno. Vedle ní byla hnědá dodávka, celá vymydlená a nablýskaná, a také v jejím okně se roztahoval velký nápis – PRODÁNO.

Pohlédl jsem na tátu a v jeho obličeji jsem zahlédl zklamání, když poznamenal: „No jo, tak si někdo pořídil krásnou dodávku.“

Jen jsem přikývl a řekl jsem: „Tati, nešel bys prosím tě dovnitř a neřekl bys jim, že hned přijdu, jen co zaparkuju auto?“ Jak táta procházel kolem hnědé dodávky, přejel po ní rukou a já jsem zase zahlédl ten výraz zklamání, který mu znovu přelétl po tváři.

Zajel jsem svým autem až ke vzdálenému konci budovy a z okna jsem se zadíval na muže, který se všeho vzdal pro svou rodinu. Díval jsem se, jak ho prodavač pohodlně usazuje, podává mu sadu klíčů k jeho dodávce – té hnědé – a vlídně mu vysvětluje, že je to pro něj dárek ode mne a že to celé bude naším tajemstvím.

Táta se podíval z okna, naše oči se setkaly, oba jsme pokývali hlavou a usmáli se jeden na druhého.

Čekal jsem venku před svým domem, když té noci táta dorazil. Když vystoupil ze své dodávky, srdečně jsem ho objal, dal jsem mu pusu a řekl jsem mu, jak moc ho mám rád, a připomněl jsem mu naše tajemství.

Toho večera jsme si vyrazili na projížďku. Táta poznamenal, že tu dodávku chápe, ale co má prý znamenat ten uzávěr od Coca-Coly s hvězdou uprostřed, který má páskou přilepený k volantu?

Brian Keefe

Dva pěťáky a pět centů

V době, kdy stál zmrzlinový pohár ještě mnohem méně než dnes, vstoupil do hotelové kavárny desetiletý chlapec a sedl si ke stolu. Servírka před něj postavila sklenici vody.

„Kolik stojí zmrzlinový pohár?"

„Padesát centů," odpověděla.

Malý chlapec vytáhl ruku z kapsy a zkoumal mince, které v ní svíral. „Kolik stojí jen samotná zmrzlina?" zeptal se.

Teď už ale několik lidí čekalo na usazení a servírka byla trochu netrpělivá. „Třicet pět centů," řekla odměřeně.

Chlapec se znovu přepočítal mince. „Dám si jen samotnou zmrzlinu," odvětil.

Servírka mu přinesla zmrzlinu, položila účet na stůl a odešla. Chlapec zmrzlinu dojedl, zaplatil u pokladny a odešel. Když se servírka vrátila, začala uklízet stůl, a pak ztěžka polkla nad tím, co uviděla. Hned vedle prázdného talíře byly úhledně vyrovnány dva pěťáky a pět centů – její spropitné.

The Best of Bits & Pieces

Zmrzlinová holka

Eleanor nevěděla, co se s babičkou děje. Ta pořád zapomínala různé věci, třeba kam dala cukr, kdy má zaplatit účty, kdy má být připravená, aby ji vyzvedli na nákup.

„Co se to děje s babičkou?“ zeptala se Eleanor. „Bývala to taková uhlazená paní. Teď je taková neupravená, ztracená a nic si nepamatuje.“

„Babička prostě jen stárne,“ odpověděla jí maminka. „Zrovna teď potřebuje hodně lásky, zlato.“

„Jaké to je stárnout?“ ptala se dál Eleanor. „To všichni začnou zapomínat? Já budu zapomínat taky?“

„Ne všichni zapomínají, když zestárnou, Eleanor. Myslíme si, že babička možná trpí Alzheimerovou nemocí, a kvůli ní víc zapomíná. Možná ji budeme muset dát do sanatoria, aby se jí dostalo veškeré péče, kterou potřebuje.“

„Ale, mami! To je hrozné! Bude se jí určitě strašně stýskat po jejím malém domečku!“

„Asi ano, ale nemáme moc na výběr. Dostane se jí tam dobré péče a najde si nové přátele.“

Eleanor vypadala zarmouceně. Vůbec se jí ta myšlenka nezamlouvala.

„Budeme ji moct často navštěvovat?“ optala se. „Bude se mi stýskat po hovorech s babičkou, i když zapomíná.“

„Můžeme tam jezdit o víkendech,“ odpověděla maminka. „Můžeme jí přinést nějaký dárek.“

„Třeba zmrzlinu? Babička miluje jahodovou zmrzlinu!“ usmála se Eleanor.

„Pak to bude jahodová zmrzlina!“ souhlasila maminka.

Když poprvé navštívily babičku v sanatoriu, chtělo se Eleanor plakat.

„Mami, skoro všichni jsou tady na vozíčku,“ řekla.

„Musí to tak být. Jinak by upadli,“ vysvětlila jí maminka. „Až uvidíš babičku, tak se usměj a řekni jí, jak jí to sluší.“

Babička seděla sama v rohu pokoje, kterému říkali sluneční salonek. Dívala se ven na stromy.

Eleanor babičku objala. „Podívej,“ začala, „přinesly jsme ti dárek – tvou oblíbenou jahodovou zmrzlinu!“

Babička si vzala papírový pohárek a lžičku a beze slova začala jíst.

„Jsem si jistá, že babičce opravdu chutná, zlato,“ ujišťovala Eleanor maminka.

„Ale vypadá, jako by nás vůbec neznala.“ Eleanor byla velmi zklamaná.

„Musíš jí dát trochu času,“ odvětila maminka. „Je v novém prostředí a musí se přizpůsobit.“

Ale při další návštěvě probíhalo všechno stejně. Babička snědla zmrzlinu a smála se na ně, ale neříkala nic.

„Babi, víš, kdo jsem?“ zeptala se Eleanor.

„Jseš holka, co mi nosí zmrzlinu,“ odpověděla babička.

„Ano, ale jsem taky Eleanor, tvoje vnučka. Cožpak si mě nepamatuješ?“ zeptala se a objala tu starou paní.

Babička se slabě usmála.

„Jestli si pamatuju? Samozřejmě, že si pamatuju. Jseš holka, co mi nosí zmrzlinu.“

Náhle si Eleanor uvědomila, že babička už si na ni nikdy nevzpomene. Že už žije ve svém vlastním světě, ve světě zamlžených vzpomínek a samoty.

„Jak já tě mám ráda, babi!“ zvolala. Pak si všimla, jak babičce stéká po tváři slza.

„Láska,“ řekla. „Na lásku si vzpomínám.“

„Vidíš, zlato, přesně tohle jí stačí,“ poznamenala maminka. „Láska.“

„Pak jí budu nosit zmrzlinu každý víkend a obejmu ji, i když si mě nepamatuje,“ řekla Eleanor.

Tohle bylo přece jen důležitější – pamatovat si lásku spíš než něčí jméno.

Marion Schoeberleinová

Jak kouzlo pomohlo slepé dívce, aby viděla

Můj přítel Whit je profesionální kouzelník, jedna restaurace v Los Angeles ho zaměstnala, aby chodil mezi lidmi a každý večer kouzlil pro stálé zákazníky, když večeřeli. Jednoho večera došel k jisté rodině, a když se představil, vytáhl balíček karet a začal kouzlit. Obrátil se na mladou dívku, která seděla u stolu, a požádal ji, aby si vybrala kartu. Dívčin otec ho ale upozornil, že Wendy, jeho dcera, je slepá.

Whit na to odpověděl: „To je v pořádku. Jestli jí to nevadí, rád bych se o ten trik stejně pokusil." Whit se obrátil na dívku a zeptal se: „Wendy, chtěla bys mi s tím trikem pomoct?"

Trochu se styděla, pokrčila rameny a řekla: „Jo."

Whit se usadil naproti ní a začal: „Wendy, já teď zvednu hrací kartu, půjde o jednu ze dvou barev – o červenou, nebo černou. Chci, abys použila svých nadpřirozených schopností a řekla mi, jakou má karta barvu, jestli červenou, nebo černou. Je ti to jasné?" Wendy přikývla.

Whit pozvedl křížového krále a zeptal se: „Wendy, držím červenou, nebo černou kartu?"

Po chvíli slepá dívka odpověděla: „Černou." Její rodina se usmála.

Whit vybral červenou sedmu a řekl: „Mám v ruce červenou, nebo černou kartu?"

Wendy odpověděla: „Červenou."

Pak Whit pozvedl třetí kartu, trojku kára, a zeptal se: „Červená, nebo černá?"

Wendy bez zaváhání řekla: „Červená!" Členové její rodiny se nervózně pousmáli. Whit vybral ještě další tři karty, a ona je pokaždé správně označila. Zázračně se trefila šestkrát ze šesti! Její rodina nemohla takovému štěstí uvěřit.

Jako sedmou kartu Whit pozvedl srdcovou pětku a pronesl: „Wendy, chtěl bych, abys mi řekla *hodnotu* a *barvu* této karty... jestli se jedná o srdce, kára, kříže nebo piky."

Za okamžik Wendy sebevědomě odpověděla: „Jde o srdcovou pětku." Její rodina polkla naprázdno, zcela je to ohromilo!

Její otec se Whita zeptal, jestli se jedná o nějaký trik, nebo snad o opravdové kouzlo. Whit odpověděl: „Na to se budete muset zeptat Wendy."

A tak se jí zeptali: „Jak jsi to udělala, Wendy?" Wendy se usmála a řekla: „To je kouzlo." Whit si s rodinou potřásl rukama, objal Wendy, nechal jim svou navštívenku a rozloučil se. Nepochybně vytvořil jeden kouzelný okamžik, na který tato rodina nikdy nezapomene.

Samozřejmě – otázka, jak vlastně Wendy určila barvu karet, zůstává. Jelikož se s ní Whit tenkrát v restauraci setkal poprvé, nemohl jí předem prozradit, které karty budou červené a které černé. A protože byla Wendy slepá, nemohla vidět barvu ani hodnotu karet, když je vybíral. Jak to tedy bylo?

Whitovi se podařilo stvořit zázrak, který se přihodí jedenkrát za život, tím že použil tajného kódu a trošky rychlého myšlení. Na začátku své kariéry Whit vypracoval nožní kód, který sloužil k bezeslovnému předávání informací od jednoho člověka ke druhému. Nikdy neměl možnost tento kód využít, až tehdy v restauraci. Když se Whit usadil naproti Wendy a řekl: „Zvednu hrací kartu, Wendy, a půjde o jednu ze dvou barev – červenou, nebo černou," lehce jí při slově „červená" jednou pod stolem poklepal na nohu, dvakrát klepl, když řekl „černá".

Aby se ujistil, že ho pochopila, zopakoval tajné signály tím, že řekl: „Chci, abys využila svých nadpřirozených schopností a řekla mi, jakou barvu karta má, červenou (klep), nebo černou (klep – klep), rozumíš tomu?" Když souhlasně přikývla, bylo mu jasné, že kódu rozumí a že je s ním ochotná hrát. Její rodina předpokládala, že když se jí zeptal, zda tomu rozumí, měl na mysli své slovní instrukce.

Jak jí ale dal vědět, že jde o srdcovou pětku? Jednoduše. Pětkrát jí poklepal na nohu, aby jí sdělil, že jde o pětku. Když se jí zeptal, zda jde o srdce, piky, kříže nebo kára, prozradil jí barvu tím, že jí klepl na nohu, když řekl slovo „srdce".

Skutečným kouzlem tohoto příběhu je vliv, jímž to celé na Wendy zapůsobilo. Nejen že jí to poskytlo šanci, aby na několik okamžiků zazářila a aby se před svou rodinou cítila výjimečně, ale udělalo to z ní hvězdu i doma, když její rodina všem svým přátelům znovu a znovu vyprávěla o neuvěřitelném „nadpřirozeném" zážitku.

O několik měsíců později obdržel Whit od Wendy zásilku. Obsahovala balíček hracích karet pro nevidomé a dopis. V dopise mu děkovala za to, že jí umožnil, aby se cítila tak výjimečně, a také za to, že jí na několik málo okamžiků pomohl „vidět". Psala, že své rodině stále ještě neprozradila, jak ten trik provedla, i když se jí na to stále vyptávají. Dopis zakončila slovy, že chtěla, aby vlastnil karty pro nevidomé, aby pro ně mohl vymyslet více triků.

Michael Jeffreys

NA TRIBUNÁCH Steve Moore

„Začínám mít o Karla obavy."

ZIGGY®

Haló, spojovatelko... rád bych zavolal někomu, kdo má zájem.
© 1995, Ziggy and Friends, Inc./Dist. by Universal Press Syndicate

Manuel García

Manuel vždy zdráv a vesel
a do práce jako kat,
otec pyšný, manžel řádný,
život však není jízdní řád!

Bolest v břiše? To nic není,
k lékaři však přece šel.
V jeho těle doktor našel
nejstrašnější ze všech zel.

Rakovina, Manueli,
v nemocnici končí svět.
Jako písek náhle mizí
jeho třicet devět let.

Co mám dělat? muž se táže.
Jsou dvě cesty, doktor dí,
bez léčení šance není,
lék zas bolí a – kdo ví?

Tak začala odysea
Manuela Garcíi,
místo spánku obluzení,
hluše kroky v chodbách zní.

Nemoc sžírá zevnitř tělo,
duši svírá zoufalství,
Manuel už síly ztrácí,
hubne, slábne – plešatí!

Devět neděl uplynulo,
lékař hlavou pokývá:
Naše práce u konce je
a teď tvůj boj začíná.

Ach zrcadlo, jaký strašák
hledí na mě zas a zas!
Chorý, bědný, opuštěný
a na hlavě – ani vlas!

Takhle se mám vrátit domů?
Ach, má Carmen, přátelé!
A co vy, mé drahé děti?
Takhle vidět mě? To ne!

Poslední den v nemocnici
Manuel se bojí vstát.
Kdo však chodí po pokoji?
Musí se jít podívat!

Manuel nevěří očím,
žena, čtyři přátelé,
hlavy všichni lesklé, holé,
chechtají se vesele.

Vidíš, hochu, jsme v tom s tebou.
Vidíš? Teď jsme jako ty.
Honem domů, auto čeká,
čert vem všechny trampoty!

Neděle je zvláštně tichá,
auto staví před domem,
Manuel tu stojí, vzdychá,
jen krok před svým domovem.

Vtom se dveře rozletěly,
z nich se žcnou přátelé,
padesát hlav oholených,
chechtají se vesele.

Vidíš, jak tě máme rádi?
Vidíš, už jsme jako ty.
K čemu jsou nám naše vlasy,
venku nechme trampoty.

Manuel zápasí s pláčem:
Cítil jsem se tolik sám,
s rakovinou, s holou hlavou,
vedle vás však sílu mám.

Za tu sílu, Bože, díky,
vám všem ať Bůh požehná,
budu se rvát, konce není,
už vím, co láska znamená!

David Roth

Chuť svobody

Jestliže ve svém srdci najdete místo pro někoho jiného, pak jste uspěli.

Maya Angelouová

Byla jsem vyděšená. Z federálního nápravného zařízení v Pleasantonu v Kalifornii mě stěhovali do federálního nápravného zařízení pro ženy v Lexingtonu v Kentucky, které bylo pověstné přelidněním a násilím.

Před osmi měsíci jsem byla odsouzená za podvod, za svou spoluúčast ve firmě mého otce. Otec mě odmalička zneužíval fyzicky, duševně i pohlavně, takže když za mnou přišel a zeptal se mě, jestli bych nepřevzala matčino místo v rodinném podnikání, stále jsem ho viděla očima té pětileté holčičky, co věděla, že jí nepomůže nikdo a nic. Ani ve snu mě nenapadlo říct: „Ne.“ Když se po měsících objevili členové FBI a ptali se mě, zda se jedná o mé podpisy na dokumentech, udělala jsem to, co jsem dělala odmalička. Odpověděla jsem: „Ano, byla jsem to já, ne můj otec.“ Vzala jsem na sebe zodpovědnost za zločin a byla jsem odsouzena do vězení s maximální ochranou.

Než jsem tam nastoupila, zúčastnila jsem se programu „Přežití pro dospělé“ a začala jsem si léčit rány z dětství. Dozvěděla jsem se o vlivech dlouhodobého zneužívání a rovněž i o tom, že některé vzpomínky a traumata se dají zahojit. Díky zkušenosti z programu jsem věděla, že násilí, chaos a nadměrná ostražitost všude kolem mě znamenaly jen venkovní projevy chaosu v mé vlastní mysli, a tak jsem se rozhodla pro změnu. Začala jsem číst knihy o pravdě a moudrosti a začala jsem si psát různé výroky, abych si připomínala, kdo skutečně jsem. Když jsem ve své mysli zaslechla otce, jak říká: „Jseš nula.“, nahradila jsem si to hlasem Božím, který mi našeptával: „Jsi mé milované dítě.“ Znovu a znovu, den za dnem jsem začínala měnit svůj život, myšlenku za myšlenkou.

Když jsem zaslechla slovo „vypakovat“, domnívala jsem se, že mě přesunou do tábora s minimální ochranou. Aby se zabránilo plánům na útěk, dozorčí vězňům neříkají, kam se jde ani kdy se odchází. Byla jsem si však jistá, že jsem zakončila svůj pobyt ve vězení s maximální ochranou a že si plně zasloužím tábor s ochranou minimální.

Příjezd do federálního nápravného zařízení v Lexingtonu byl pro mě opravdu šokem. Vyděsila jsem se, ale ihned jsem zažila jeden z těch šťastných okamžiků, kdy jsem si uvědomila, že jsem stále v rukou Božích. To když mě odvedli na ubytovací jednotku, která se místo toho, aby měla podobně jako většina dalších jednotek nějaké pojmenování spojené s Kentucky jako například Bluegrass, jmenovala Renesance. Jméno mé jednotky znamenalo „znovuzrození“. Věděla jsem, že s vírou v Boha budu v bezpečí. Měla jsem se ještě co učit, abych se skutečně znovu zrodila.

Následujícího dne mě přidělili do pracovní skupiny na údržbu budovy. Museli jsme leštit podlahy a učit se podobné dovednosti, které jsme si s sebou, po odchodu z vězení, mohli odnést do společnosti. Náš dozorce, pan Lear (doopravdy se jmenoval jinak), byl rovněž naším instruktorem.

Pan Lear byl pozoruhodný v tom, že byl legrační a milý. Normálně mezi vězněm a dozorcem platila jen dvě pravidla – vězeň nevěří dozorci a dozorce nevěří ničemu, co vězeň říká. Ale pan Lear byl jiný. Snažil se čas strávený s námi naplnit nejen informacemi, ale i legrací. Nikdy neporušoval pravidla, ale nesnažil se naší jednotce znepříjemňovat život sarkasmem nebo nepřiměřenými požadavky.

Po mnoho dní jsem pana Leara pozorovala a všimla jsem si, že se na mě dívá s pobaveným výrazem ve tváři. Takový výraz jsem vídávala často, protože jsem vypadala přesně na to, čím jsem opravdu byla – omezená žena v domácnosti z Kansasu. Nevypadala jsem jako někdo, kdo patří do vězení.

Jednoho dne jsem byla s panem Learem o samotě a on se mě konečně zeptal: „Co jen pro všechny svaté zrovna vy děláte ve vězení?“ Řekla jsem mu pravdu. Vyslechl mě a zeptal se, jestli je můj otec také ve vězení. Odpověděla jsem, že ne. Nevedl k němu žádný hmatatelný usvědčující materiál a k tomu ho mé sestry a bratři v jeho verzi – že jsem si celé jeho zapletení do případu prostě vymyslela – ještě podpořili.

Zdálo se, že to pana Leara rozzlobilo. Zeptal se mě: „Tak proč jste potom tak šťastná?“ Začala jsem s ním sdílet všechny jednoduché pravdy, které jsem se učila, jako že štěstí a klid člověk nachází uvnitř sebe samotného. Mluvila jsem s ním o skutečném významu svobody a o tom, jak člověk nejprve musí věřit, než může nakonec výsledky své víry uvidět.

Položila jsem panu Learovi několik otázek. Zeptala jsem se ho, jak může chodit den za dnem do práce a učit vězně, kteří nechtějí poslouchat, a chtít po nich, aby se nadchli pro práci, kterou dělat nechtějí. Jak může zůstávat šťastný a milý, když pracuje s lidmi, kteří nechtějí být součástí systému, co je tak plný hořkosti a zloby?

Pan Lear připustil, že je to těžké a že se ve skutečnosti nejedná o práci, kterou si vybral. Řekl mi, že jeho snem je být vojákem. Bojí se však tento sen uskutečnit, protože mu práce ve vězení poskytuje bezpečí a protože má ženu a děti, o které se musí postarat.

Poznamenala jsem, že by takovou touhu vůbec neměl v srdci, kdyby neexistovala naděje na její splnění. Řekla jsem mu, že může dělat všechno, co chce, a komentovala jsem různé stupně vězení, které všichni zažíváme.

V takovýchto hovorech jsme pokračovali několik týdnů a ve mně stále rostl pocit bezpečí. Myslela jsem si, že on je jedním z dozorců, u kterých se nemusím obávat, že si na mně vylijí své osobní nezdary nebo vztek tím, že mě obviní z porušení kázně nebo rovnou z odmítnutí poslušnosti, čímž mi přidělí další práci nebo mě uzavřou na samotku, jak se často ve vězení stává – obzvláště vězeňkyním.

Takže si dovedete představit, jak mě šokovalo a velmi rozesmutnilo, když ke mně z nějakého neznámého důvodu pan Lear přišel a rozzlobeně řekl: „Paní Rogoffová, chci, abyste šla do mé kanceláře, vyklidila všechno z polic a nevycházela, dokud to tam nebude úplně prázdné!“

Neměla jsem ani tušení, co jsem provedla, že jsem pana Leara tak rozzlobila, ale neměla jsem jinou možnost, než uposlechnout. Řekla jsem: „Ano, pane,“ a odešla jsem do jeho kanceláře, obličej mi přitom jen hořel ponížením. Opravdu mě to urazilo. Měla jsem pocit, že je jiný – myslela jsem si, že jsme spolu mluvili jako člověk s člověkem, ale ve skutečnosti jsem pro něj byla jen dalším vězněm.

Pan Lear za mnou zavřel dveře, opřel se o ně a sledoval chodbu. Utřela jsem si slzy z očí a rozhlédla jsem se kolem po policích. Obličej se mi pomalu rozzářil úsměvem. Police byly úplně prázdné, kromě jednoho šťavnatého, zralého rajčete a slánky plné soli. Pan Lear věděl, že jsem ve vězení už skoro rok a že jsem za celou tu dobu nejedla čerstvé rajče. Pan Lear nejenže propašoval rajče ze své vlastní zahrady, ale dokonce mi „kryl záda", což znamenalo, že mě žádný jiný dozorce nepřistihne. Začala jsem jíst největší pochoutku svého života.

Tento prostý čin laskavosti – zacházel se mnou jako s lidskou bytostí, a ne jako s nějakým číslem – mi pomohl pokračovat v cestě k uzdravení. S jistotou jsem věděla, že můj pobyt ve vězení nebyl náhodný, ale že šlo o příležitost, abych si do hloubky zahojila své problémy spojené se všestranným zneužíváním a abych mohla později léčit ostatní.

Pan Lear byl můj dozorce, ale byl to i můj přítel. Od té doby, co mě propustili z vězení, jsem ho neviděla a nemám o něm žádné zprávy, ale nemohu si na něj nevzpomenout, kdykoli si utrhnu rajče ze své vlastní zahrady. Doufám, že je pan Lear stejně svobodný jako já.

Barbara Rogoffová

Soucit se skrývá v očích

Přihodilo se to před mnoha lety za jednoho nevlídného studeného večera v severní Virginii. Mráz pokryl vous starého muže, který čekal na převoz přes řeku, jinovatkou. Čekání se zdálo nekonečné. Mrazivým větrem ošlehané tělo znecitlivělo a ztuhlo.

Zaslechl slabý, pravidelný rytmus přibližujících se kopyt, která klusala po zmrzlé cestě. Úzkostlivě pozoroval několik jezdců, kteří se blížili ze zatáčky. Prvního nechal přejet, ani se nesnažil upoutat jeho pozornost. Pak projel kolem další a další. Nakonec se k místu, kde stařec seděl jako sněhová socha, přiblížil poslední jezdec. Když přijel blíž, pohlédl mu stařec do očí a řekl: „Pane, byl byste tak laskav a odvezl starého muže na druhou stranu? Zdá se, že zde není průchod pro pěší."

Jezdec zastavil koně a odpověděl: „Samozřejmě. Jen si naskočte." Když jezdec uviděl, že stařec nemůže své napůl zmrzlé tělo zvednout ze země, seskočil a pomohl mu do sedla. Jezdec převezl starce nejen přes řeku, ale odvezl ho i tam, kam měl namířeno, což bylo jen o několik kilometrů dál.

Když se přibližovali k malé, ale útulné chaloupce, nedala jezdci zvědavost, a tak se zeptal: „Pane, všiml jsem si, že jste nechal ostatní jezdce přejet, aniž byste se je snažil přemlouvat, aby vás vzali s sebou. Pak jsem přijel já a vy jste mě okamžitě požádal, abych vás odvezl. Nejde mi do hlavy, proč jste za takového mrazivého zimního večera čekal a oslovil až posledního jezdce? Co kdybych vás odmítl a nechal vás tam napospas?“

Stařec se pomalu svezl z koně, pohlédl jezdci přímo do očí a odpověděl: „Už na světě nějakou tu dobu pobývám. Řekl bych, že se docela dobře vyznám v lidech.“ A pokračoval: „Podíval jsem se do očí těch ostatních jezdců a ihned mi bylo jasné, že je moje situace nezajímá. Nemělo by žádný smysl, abych je žádal o odvoz. Ale když jsem pohlédl do vašich očí, spatřil jsem v nich laskavost a soucit. Věděl jsem, že váš jemný duch uvítá příležitost, aby mi mohl pomoci v nouzi.“

Tato povzbudivá slova na jezdce silně zapůsobila. „Jsem vám velmi vděčný za to, co jste řekl,“ řekl starci. „Ať se mi nikdy nestane, abych se staral jen o své záležitosti a neměl čas se vší laskavostí a soucitem vyslyšet potřeby ostatních.“

Pak Thomas Jefferson obrátil koně a zamířil do Bílého domu.

Neznámý autor

Z knihy Briana Cavanaugha The Sower's Seeds

Teplo v srdci

V Denveru bylo mrazivě studené ráno. Počasí bylo nevypočitatelné. Nejprve přišlo oteplení, které dalo sněhu šanci, aby roztál a odtekl, aby zmizel z dohledu do odvodných kanálů, nebo aby tiše stékal podél obrubníků, přes zahrady a pod ploty do níže položených míst, kde zakončil svou pouť. Pak se zima vrátila s abnormální krutostí, přinesla s sebou další sněhovou pokrývku, zmrazila a zakryla to málo, co zbylo z předchozí nadílky, a utvořila ledovou past pro chodce.

Byl to den přesně na to, aby člověk zůstal doma, byl nachlazený a čekal, až mu maminka přinese talíř polévky. V takový den se poslouchají všechny zprávy v rádiu a člověk si u toho představuje možnost úplného zapadání sněhem a v tu chvíli mu to ani nepřipadá nijak nepohodlné. Nic jiného by se v podobný den dělat nemělo.

Já jsem ale právě toho dne měl promluvit v Konferenčním centru v Denveru k několika stovkám lidí, kteří si, podobně jako já, nemohli dovolit postonávat a zůstat doma a nechat si od maminky nosit polévku. Místo toho jsme se shromáždili v konferenčním středisku, s počasím jsme nemohli udělat nic, jen o něm mluvit.

Potřeboval jsem baterii pro svůj bezdrátový mikrofon. K tomu, aby se vybila, si rozhodně nemohla vybrat lepší chvíli... náhradní baterii jsem samozřejmě přibalit zapomněl. Neměl jsem na vybranou. Baterii jsem potřeboval. Tak jsem vyrazil do větru, hlavu skloněnou, límec vyhrnutý, na nohou jen tenoučké boty k obleku.

Každým krokem se mi tenké kalhoty tiskly na zadek. Látka byla studená a připomínala mi, že by mě maminka nikdy nepustila z domu, kdyby věděla, že jsem se tak hloupě oblékl.

Za rohem jsem si všiml malého nápisu, který oznamoval, že se za chvíli dostanu ke krámku se smíšeným zbožím. Kdybych šel rychle a prodloužil krok, mohl bych dojít ke vstupním dveřím a schovat se před bodavým větrem, aniž bych musel do plic nabrat příliš mrazivý vzduch. Rodáci z Denveru rádi balamutí přespolní tím, že jim vykládají, že zima v Denveru není nic jiného než nějaký čas příjemného chladu. „Máme tady mnohem sušší zimu," oznamují lidé z Denveru, když se jich příbuzní ptají, jak se jim líbí život ve městě s tak vysokou nadmořskou výškou. Sušší, to je dobré, a co moje nohy!? Je taková zima, že i slavný bronzový osel by měl dost dobrý důvod k tomu, aby se odstěhoval. A pokud jde o vlhkost, nebo snad její nedostatek, myslím že když se vám do zad opírají poryvy polárních větrů o rychlosti šedesáti čtyř kilometrů za hodinu, začne vám připadat velice málo podstatná.

Uvnitř krámku byly všeho všudy jen dvě živé duše. Ta za pultem měla jmenovku, na které stálo Roberta. Podle jejího vzezření bych řekl, že si Roberta patrně ze všeho nejvíc přála být doma a nabízet svému malému dítěti kouřící polévku a konejšivá slova. Namísto toho trávila den obsluhou zapomenutého obchůdku v téměř opuštěné čtvrti centra Denveru. Sloužila jako maják, útočiště pro těch pár bláznů, kteří se za takového studeného počasí vydali ven.

Dalším uprchlíkem před zimou byl vysoký, postarší džentlmen, který v tomto prostředí vypadal spokojeně.

Rozhodně nespěchal, aby vyšel ven ze dveří a aby proplouval městem zcela napospas větru a zledovatělým chodníkům. Napadlo mě, že se ten džentlmen buď zbláznil, nebo se ztratil. Člověk musí být úplně na hlavu, aby byl za takového počasí venku a aby se v podobném obchodě beze spěchu přehraboval ve zboží.

Neměl jsem čas, abych se zaobíral starým mužem, který ztratil rozum. Potřeboval jsem baterii, v konferenčním středisku na mě čekalo několik set lidí, kteří také měli co na práci. Měli jsme cíl.

Stařík se ocitl u pultu přede mnou. Roberta se usmála. On neřekl ani slovo. Roberta vzala do ruky každý z jeho skrovných nákupů a vyťukávala jednotlivé ceny do pokladny. Ten stařík se dovlekl do ranního Denveru kvůli mizerné buchtě a banánu. Jaká to politováníhodná chyba!

Pro buchtu a banán by normální člověk počkal do jara a pak by si možná vychutnal příležitost procházky po ulicích, které se by se tou dobou už zase navrátily do rozumné podoby. Ne však tenhle chlapík. Vláčel svou starou kůži ránem, jako kdyby žádný zítřek neměl přijít.

Ale možná že žádný zítřek nepřijde. Byl opravdu hodně starý.

Když Roberta vypočítala celkovou sumu, zalovila vrásčitá stará ruka v kapse nepromokavého kabátu. „No tak," pomyslel jsem si netrpělivě, „vy na to možná máte celý den, ale já mám na práci hodně věcí!"

Šátrající ruka nahmatala peněženku na drobné, která byla stejně stará jako on sám. Několik mincí a dolarová bankovka dopadly na pult. Roberta s nimi zacházela, jako by měla obdržet poklad.

Když uložila chudičký nákup do umělohmotné tašky, přihodilo se něco pozoruhodného. I když její starý přítel neřekl ani slovo, jeho sešlá ruka se pomalu napřáhla nad pult. Třásla se, pak se zklidnila.

Roberta roztáhla umělohmotná držadla tašky a jemně je nasunula až k jeho zápěstí. Prsty, které visely v prostoru, byly pokroucené a poseté skvrnami stáří.

Roberta se usmála ještě víc.

Sáhla po druhé unavené staré ruce a za chvíli už je obě držela spojené před svým hnědým obličejem.

Zahřívala je. Svrchu a zespodu. Pak ze stran.

Natáhla se a upravila stařečkovi šálu, která se mu už skoro svezla ze širokých, ale ohnutých ramen. Přitáhla mu ji blíž ke krku. On stále neřekl ani slovo. Stál, jako by si chtěl tento okamžik vrýt do paměti. Bude mu muset vydržet alespoň do zítřka, kdy se zase znovu vydá do zimy.

Roberta zapnula knoflík, který unikl pozornosti starých rukou.

Pohlédla mu do očí a štíhlým prstem mu z legrace hrozila.

„Pane Johnsone. Chci, abyste na sebe dával moc dobrý pozor.“ Pak se pro zdůraznění jen krátce odmlčela a upřímně dodala: „ Zítra vás tu chci zase vidět.“

Staříkovi tato poslední slova zněla v uších, dostal své rozkazy. Zaváhal, pak se otočil a pomalu se odšoural do mrazivého ranního Denveru.

Pak mi došlo, že vůbec nepřišel pro banán a pro buchtu. Přišel si pro teplo. Teplo pro srdce.

Řekl jsem: „Klobouk dolů, Roberto! Tomu se tedy říká služba zákazníkovi. Byl to váš strýc, soused nebo snad někdo výjimečný?“

Skoro se jí dotklo, že jsem si mohl myslet, že takovou nádhernou službu poskytuje jen neobyčejným lidem. Pro Robertu jsou totiž výjimeční všichni.

Scott Gross

Laskavý skutek

Musíte poskytnout čas svým bližním – i když se bude jednat o maličkost, aby učinili něco pro druhé – něco, za co nedostanou zaplaceno, ale budou mít tu čest to udělat.

Albert Schweitzer

Prezident Abraham Lincoln často navštěvoval nemocnice, aby si pohovořil s vojáky, kteří byli zraněni v občanské válce. Jednou ho doktoři upozornili na mladého vojáka, který byl na pokraji smrti, a tak Lincoln přistoupil k jeho lůžku.

„Mohu pro vás něco udělat?" otázal se prezident.

Voják zjevně Lincolna nepoznal a s velkou námahou se mu podařilo zašeptat: „Mohl byste prosím napsat dopis mé matce?"

Přinesli pero a papír a prezident začal pečlivě zapisovat, co byl mladý muž schopen říct:

„Má nejdražší matko, vážně mě zranili, když jsem vykonával svou vojenskou povinnost. Bohužel se z toho asi nedostanu. Netruchli pro mě příliš, prosím. Dej za mě pusu Mary a Johnovi. Ať tobě i tatínkovi požehná Bůh."

Voják byl příliš slabý, aby mohl pokračovat, a tak za něj Lincoln dopis podepsal a připsal tam: „Za vašeho syna napsal Abraham Lincoln."

Mladík požádal, jestli si může vzkaz přečíst, a užasl, když zjistil, kdo mu ho psal. „Vy jste opravdu prezident?" zeptal se.

„Ano, jsem," odvětil Lincoln potichu. Pak se zeptal, jestli by nemohl udělat ještě něco.

„Vzal byste mě prosím za ruku?" požádal ho voják. „Pomůže mi to dojít až do konce."

Ve ztichlém pokoji vysoký vyzáblý prezident uchopil chlapce za ruku a utěšoval ho povzbudivými slovy, dokud si ho nevzala smrt.

The Best of Bits & Pieces

Noční hosté

Láska léčí lidi – ty, co ji rozdávají, a také ty, co ji přijímají.

Dr. Karl Menninger

Byl to takový dobrodružný rodinný výlet. Moje žena Judith, naše dvouletá dcera Leila a já jsme si pronajali malý kempinkový vůz a cestovali jsme po poloostrově Baja v Mexiku. Den před návratem do San Diega jsme náš obytný vůz zaparkovali u pláže, abychom strávili poslední noc v přírodě.

Uprostřed noci mě Judith probudila, dloubala do mě loktem a křičela na mě, abych vstal. Nejprve jsem zaregistroval hluk a bouchání. Dost dezorientovaný jsem seskočil z naší malé palandičky pod stropem a úplně nahý jsem stál čelem k přednímu sklu.

Co jsem uviděl, mě z mého polovičního omámení opravdu rychle probudilo. Vůz byl obklopen muži v maskách, kteří mlátili na okna.

Protože jsem viděl hodně dobrodružných filmů, vždycky jsem přemýšlel, jak bych se cítil a co bych dělal, kdybych stál tváří v tvář nebezpečí. Nu, skočil jsem do role hrdiny po hlavě. Strach jsem neměl – nastal čas „ochránit rodinu“.

Vrhl jsem k sedadlu řidiče a otočil klíčkem zapalování. Během našeho výletu vůz alespoň padesátkrát perfektně chytil. Nyní se o to jen pokusil, několikrát zaprskal a zhasl. Pak se ozval zvuk rozbitého skla a oknem na straně řidiče se protáhla ruka. Prudce jsem do ní udeřil. (Samozřejmě žádné násilí! Ve skutečnosti však můj celoživotně proklamovaný pacifismus neměl v tomto vypjatém okamžiku jedinou šanci obstát. Často jsem později myslel na to, jak jsem rád, že jsem neměl zbraň, protože bych ji velmi pravděpodobně použil.)

Ruka, kterou jsem si pořezal o sklo, krvácela. Napadlo mě, že se ještě jednou pokusím auto nastartovat. Jelikož jsem byl ve své představivosti úspěšným hrdinou alespoň tisíckrát, nikdy jsem nezapochyboval, že bych tuto roli snad nezvládl. Motor trochu zachrchlal... a zhasl. Pak mi někdo zaryl pušku do krku. Vzpomínám si na myšlenku: „Znamená to snad, že rodinu nezachráním?“ Dost mě to překvapilo.

Jeden z banditů, který uměl trochu anglicky, vykřikoval: „Peníze, peníze!“ S puškou u krku jsem se natáhl pod sedadlo řidiče a jednomu z nich jsem rozbitým oknem podal svou peněženku. Doufal jsem, že to tím skončí.

Zmýlil jsem se.

Roztříštěným oknem uvolnili západku zavírání a otevřeli dveře. Muž s puškou do mě silně strčil a já jsem rozplácl na zem. Nastoupili do vozu.

Velmi se podobali mexickým banditům z podřadného filmu. Přes obličeje měli typické velké pestré šátky. Byli čtyři: ten s puškou, druhý s rezavým porcovacím nožem, třetí svíral obrovskou mačetu a poslední nebyl ozbrojen. Trochu mě překvapilo, že neměli přes ramena přehozené pásy s náboji. Možná že jejich zbraně byly opravdu jen rekvizity z filmových ateliérů.

Zatímco mě jeden držel na zemi s puškou u krku, ostatní bandité začali prohledávat vůz a přitom něco španělsky vykřikovali.

Bylo to zajímavé. Když jsem mohl něco udělat (nebo jsem měl alespoň iluzi, že něco udělat můžu), jako například nastartovat auto nebo zachránit rodinu, vůbec jsem se nebál, přestože adrenalinu jsem měl na rozdávání. Ale jak jsem ležel nahý na zemi, se studenou ocelí na krku, začal jsem se cítit bezmocně. Pak jsem dostal pořádný strach. Začal jsem se třást.

Šlo o pěkně zajímavou situaci. Skoro jsem se už svému strachu poddával, ve skutečnosti mě od toho moc nedělilo. V krátkém okamžiku plného vědomí mě zčistajasna napadlo, že právě tohle by mohla být výtečná doba na meditaci a na žádost o radu. Vzpomínám si, jak jsem se zhluboka nadechl a požádal jsem Boha o pomoc.

A zcela zřetelně jsem zaslechl pasáž z třiadvacátého žalmu: „Vystrojuješ hostinu před mou tváří, navzdor mým protivníkům."

Tato slova se uvnitř setkala s mým pronikavým: „Cože?... Já to nechápu!"

Pak jsem spatřil sám sebe, jak hostím bandity. Pomyslel jsem si: „Skutečností je, že mě bandité napadli, a já odporuju, což se všeobecně nevyplácí."

„No a co kdyby to tak nebylo? Co kdyby to nebyli bandité? Co kdyby to byli naši staří známí, kteří nás přišli za chladné pouštní noci navštívit? Co kdybych byl rád, že je vidím, a přivítal bych je jako čestné hosty? Co kdybych pro ně prostřel stůl?"

Zatímco jsem se zčásti zaobíral scénami znásilnění a vraždy, otevřel se uvnitř ve mně jasný klidný prostor, který se objevil s touto novou možností. Oni jsou také dětmi Božími. Kolikrát jsem jen prohlašoval, že mým cílem je sloužit ostatním? No, tak tady je mám!

Pohlédl jsem na bandity z tohoto nového úhlu. „Ale počkat! To přece nejsou banditi! Jsou to děti!"

Náhle mi bylo jasné, že tihle „banditi" jsou docela mladí, zjevně nezkušení a poněkud neohrabaní. Zdálo se, že jsou také nervózní. Násilnictví a křik se zdály být spíše výsledkem jejich strachu než síly. Jak se prohrabovali věcmi, dělali hrozný nepořádek a hodně dobrého úlovku tím pádem přehlédli. V poněkud bizarním záblesku pochopení mi došlo, že „připravit stůl“ v této chvíli znamená pomoct jim, aby nás mohli lépe okrást.

Obrátil jsem se na mladíka, který mluvil anglicky, a řekl jsem: „Hej, přehlížíte ty nejlepší věci! Támhle pod tou hromadou je moc dobrý foťák.“

Zvláštně se na mě podíval.

Zakřičel něco španělsky na jednoho z dalších mladíků, který pak našel foťák přesně tam, kam jsem ukázal. „Třicet pět milimetrů... dělá skvělé fotky!“ vysvětloval jsem ochotně.

Znovu jsem promluvil na muže, který uměl anglicky. „Vaši přátelé tady dělají takový nepořádek, spoustu toho vůbec nenajdete. Rád bych vám ukázal, kde máme všechny opravdu dobré věci.“

Znovu na mě divně pohlédl. Mé odpovědi se jasně neshodovaly s jeho představou o banditech a obětech. Když jsem ukázal na další věci a kde jsou ukryté, jeho podezření se rozplynulo. Nabídl jsem se, že jemu a jeho přátelům věci přinesu.

A pak už to šlo stylem *ukaž a řekni.* „Pěkná kytara!“ zahrál jsem pár akordů. „Umí někdo hrát? Tady je, chcete ji? Pomyslel jsem na zvyk Indiánů vyměňovat věci. Uvědomil jsem si, že když vezmeme v úvahu náš přístup k penězům, pak se zdálo tak nějak správné, že by měli naše zboží dostat, šlo o jakési vyrovnávání bohatství. Začalo se mi líbit, že je obdarovávám. Pokoušel jsem se přijít na to, čeho by si z našich věcí nejvíce užili.

Přestože mé chování mimo roli mělo zjevný účinek na situaci, ještě však nedošlo k úplné proměně. Mladík s nožem vypadal obzvlášť podrážděně, možná byl pod vlivem drog. Každých pár minut do mě strčil nebo na mě zařval.

Jeho anglický slovník se patrně skládal pouze ze slov: „Drogy! Chlast! Víc peněz!“ V kuchyňské skříňce objevil láhev Lomotilu (na průjem). Pokoušel jsem se ho přesvědčit, že tohle není nic pro něj, ale když kvůli tomu začal být agresivní, pak musím přiznat, že mi hlavou proletěla myšlenka – dobře mu tak.

Můj „přítel“, který mluvil anglicky, začal ostatní stále víc uklidňovat.

No, tak jsem jim tedy rozdal všechno, na co jsem si jen vzpomněl. Pohlédl jsem dozadu do vozu, kde se Judith a Leila choulily zabalené do deky. Judith samozřejmě prožívala své vlastní vnitřní dobrodružství, ovládala své obavy, že ji znásilní a že unesou naše dítě. Leila, která se za celé dva roky svého života nikdy nesetkala s nikým, kdo by nebyl „hodný“, pořád pronášela perly jako: „Tatí, a kdo sou tady ti hodní páni?“

Napadlo mě: „Co bude dál?“ Pak jsem se přistihl, jak se nenuceně ptám: „Dali byste si něco k jídlu?“ Ten, co uměl anglicky, jim to přeložil. Čtyři páry nevěřících očích na mě pohlédly, když jsem vykročil, abych otevřel ledničku. Nyní jsme narazili na kulturní problém. Když jsem přejel pohledem police s tofu, růžičkovou kapustou, jogurtem a oříškovým máslem, začal jsem mít ten skličující pocit hostitele na banketu, kam přijde někdo, kdo drží zvláštní dietu. Bylo zřejmé, že nemáme nic, co by oni považovali za jídlo. Pak mi padl zrak na krásný červený delicius. „Tohle je normální jídlo.“ Vyndal jsem jablko a podal ho muži s mačetou. Uvědomoval jsem si důležitost okamžiku. Ve většině kultur představuje sdílení jídla jistý druh komunikace, potvrzení přátelství nebo vyhlášení míru. Jak jsem před ním držel jablko, cítil jsem, jak sám se sebou chvíli bojuje, a pak svým vlastním způsobem opouští role, ve kterých jsme se potkali. Pousmál se a vzal si jablko. Myslí mi zableskl obraz mimozemšťana E.T., který napřahuje svůj svítící prst. Jak se naše ruce setkaly na jablku, pocítil jsem nepatrnou výměnu energie.

A tak jsme si dali dary a rozdělili se o jídlo. Ten, co uměl anglicky, potom řekl, že pojedeme na projížďku. Znovu se mě zmocnila hrůza. Nevěděl jsem, kam nás povezou. Jestli nás chtějí zabít, pak je tohle místo stejně vhodné jako kterékoli jiné. Nezdálo se, že by byli schopní úspěšně rozjet únos a získat výkupné. Navrhl jsem, aby si vzali auto a nás vysadili. Byli jsme uprostřed neznámého území, ale cokoli se mi zdálo lepší než odjet s nimi. Několikrát jsme si na to vyměnili názory, pak mi zase náhle začali hrozit zbraněmi. Došlo mi to. Jakmile jsem se znovu začal bát, stali se z nich se opět bandité. „Jasně. Jedem!“

Vlezl jsem si zpátky do vozu vedle Judith a Leily a vyrazili jsme. Měl jsem nyní na sobě kalhoty, což mi zlepšilo duševní rozpoložení. Jak jsme jen tak projížděli pouští, skákal jsem chvílemi z reality do reality. Když jsem pak zahlédl světla, plánoval jsem, jak bych mohl otevřít dveře a vystrčit Judith a Leilu ven, kdybychom v blízkosti lidí zpomalili.

Při jízdě jsem se začal ptát sám sebe: „Co bych dělal, kdybych jel se svými čestnými hosty?“ Zpíval bych, no jasně!

Judith, Leila a já jsme začali zpívat:

Naslouchej, naslouchej, písni srdce mého.
Naslouchej, naslouchej, písni srdce mého.
Nikdy na tebe nezapomenu, nikdy tě neopustím.
Nikdy na tebe nezapomenu, nikdy tě neopustím.

Leila se nepřestávala smát tím svým fantasticky roztomilým úsměvem. Pokaždé na sebe některého z mladíků upozornila. Několikrát jsem viděl, jak se přemáhají, aby se neusmáli taky. („No tak dítě, přestaň. Já se tady snažím být banditou.“) Ale nakonec se stejně usmát museli.

Zdálo se, že se jim zpívání líbí. Nám se líbilo. Pak mi došlo, že nejsem dobrým hostitelem. Oni žádnou z těch písní neznali. Chvíli jsem přemýšlel. Skvělý nápad!

Guantanamera, guajira, guantanamera.

Guantanamera....

To bylo ono. Začali zpívat taky. Energie se spojila. Už žádní bandité a oběti. Nohy klepaly do rytmu a nálada se zvedla, jak jsme svištěli tou pouštní nocí.

Projeli jsme vesnicí bez jediné šance na můj záchranářský pokus. Pak světla zeslábla v dálce, když jsme vjeli do nějaké vzdálené, kopcovité krajiny. Sjeli jsme na tmavou prašnou cestu a obytný vůz zastavil. S Judith jsme na sebe pohlédli, protože jsme oba pomysleli na to, že nás zabijí. Upřeně jsme se na sebe dívali.

Otevřeli dveře a začali vystupovat. Očividně žili daleko od místa krádeže. Oni se odvezli domů!

Někteří z nich řekli na rozloučenou: „*Adios.*“ Nakonec tam zbyl už jen můj přítel, který uměl anglicky. Lámanou angličtinou se pokoušel komunikovat. „Odpusťte nám, prosím. Moji *hombres* a já, my jsme chudí lidé. Naši otcové jsou chudí. Takhle si vyděláváme. Mrzí mě to. Nevěděli jsme, že natrefíme zrovna na vás. Vy jste takový dobrý muž. A vaše žena a dítě, tak krásný.“

Znovu a znovu se omlouval. „Jste dobří lidé. Nevzpomínejte na nás prosím ve zlém. Doufám, že vám to nezkazí dovolenou.“

Pak sáhl do kapsy a vytáhl mou peněženku. „Tady.“ Podal mi nazpátek mou kreditní kartu. „Tu my stejně nemůžeme použít. Lepší, když si ji vezmete vy.“ Taky mi vrátil řidičák. Jeden z jeho *hombres* překvapeně zíral, když oddělil několik mexických bankovek. „Tady máte na benzín.“

Překvapilo mě to skoro stejně jako jeho přátele bandity. On mi vrací mé peníze! Chce to mezi námi urovnat.

Pak mě vzal za ruku. Pohlédl mi do očí a už mezi námi neexistovala žádná přetvářka. Jen na okamžik jsme tam setrvali. On pak řekl: „*Adios*. Sbohem..."

Naši hosté bandité se vytratili do noci. My tři jsme se pak všichni objali a plakali jsme.

Robert Gass

Schůzka s láskou

Za šest minut šest, oznamovaly velké kulaté hodiny nad informacemi na hlavním nádraží. Vysoký mladý poručík armády, který právě přišel od nástupišť, pozvedl svůj sluncem spálený obličej a zamžoural očima, aby zjistil přesný čas. Srdce mu silně bušilo, šokovalo ho to, protože ho nebyl schopen ovládat. Za šest minut uvidí ženu, která posledních třináct měsíců zaujímala v jeho životě speciální místo, ženu, kterou nikdy neviděl, ale jejíž psaná slova v něm zůstávala a bezmezně ho podporovala.

Stoupl si co nejblíže ke stánku s informacemi, hned za hlouček lidí, kteří obléhali úředníky...

Poručík Blandford si obzvláště pamatoval na jednu noc nejhorších bojů, kdy se jeho letadlo dostalo doprostřed roje letounů Zero. Zahlédl rozšklebený obličej jednoho z nepřátelských pilotů.

V jednom ze svých dopisů se jí přiznal, že často pociťuje strach, a jen několik dní před touto bitvou obdržel její odpověď: „Samozřejmě, že máte strach... všichni stateční muži ho mají. Cožpak král David neznal strach? Proto napsal žalm 23. Až o sobě budete zase příště pochybovat, chci, abyste slyšel můj hlas, který vám bude přednášet: „I když mi projít jest údolím stínu smrti, nebojím se zlého. Neboť ty jsi se mnou.“ A on nezapomněl.

Slyšel její imaginární hlas, který v něm obnovil sílu a dovednost.

Nyní uslyší její skutečný hlas. Za čtyři minuty šest. Zpozorněl.

Pod obrovskou, hvězdami posetou střechou lidé procházeli rychle jako barevné nitky, které jsou vetkávány do šedivé sítě. Vedle něj prošla dívka a poručík Blandford sebou trhl. Na klopě šatů měla červenou květinu, ale byl to karmínový hrachor vonný, ne malá červená růžička, na jaké se domluvili. Kromě toho byla příliš mladá, asi tak osmnáct, zatímco jemu Hollis Meynellová upřímně řekla, že jí je třicet. „No a co?" odpověděl. „Mně je třicet dva." Bylo mu dvacet devět.

Myslí se vrátil zpátky k té knize – ke knize, kterou mu musel do rukou vložit sám Bůh z těch stovek knih z vojenské knihovny, které zaslali do cvičného tábora na Floridě. Pojednávala o lidském otroctví a byly v ní rukou vepsané poznámky. Zapisování do knih odjakživa nesnášel, ale tyhle poznámky byly odlišné. Nikdy nevěřil, že by žena mohla tak citlivě a chápavě prohlédnout mužovo srdce. Její jméno objevil na ex libris: Hollis Meynellová. Obstaral si telefonní seznam New Yorku a vyhledal v něm její adresu. Napsal jí, ona mu odpověděla. Následujícího dne ho převeleli, ale oni v dopisování pokračovali.

Třináct měsíců mu poctivě odpovídala, a nejen to. Když jeho dopisy nedorazily, stejně mu napsala a on nyní věřil, že ji miluje a že ona miluje jeho.

Odmítla však všechny jeho žádosti, aby mu poslala svou fotografii. Přišlo mu to dost divné. Ale vysvětlila mu: „Jestli je váš cit ke mně založen na skutečnosti, na upřímném základě, pak mé vzezření nebude důležité. Dejme tomu, že jsem krásná. Neustále by mě pronásledoval pocit, že jste to udělal jen kvůli tomu, a taková láska by se mi ošklivila. Dejme tomu, že nejsem moc hezká (což musíte připustit, je mnohem pravděpodobnější). Pak by mě přepadaly obavy, že jste mi dál psal jenom proto, že jste se cítil osamělý a neměl jste nikoho jiného. Ne, nežádejte o mou fotografii. Až přijedete do New Yorku a uvidíte mě, potom se můžete rozhodnout. Pamatujte – oba máme svobodnou vůli přestat, nebo pokračovat – ať už si vybereme cokoli..."

Za minutu šest – silně potáhl z cigarety.

Srdce poručíka Blandforda vyletělo výš, než kdy bylo jeho letadlo.

Kráčela k němu mladá žena. Měla vysokou a štíhlou postavu, blond vlasy jí v lokýnkách splývaly od jemných uší. Oči jí zářily jako modré chrpy, ústa a brada měly něžnou pevnost. Ve svém světlezeleném kostýmku vypadala jako oživlé jaro.

Vykročil k ní, vůbec si nevšiml, že na sobě nemá růži, a jak se pohnul, přes ústa jí přelétl lehký provokativní úsměv.

„Máte snad namířeno stejným směrem, vojáku?" zašeptala.

Bezděčně k ní přistoupil ještě o krok. Pak spatřil Hollis Meynellovou.

Stála skoro přímo za tou dívkou, bylo jí hodně přes čtyřicet, šedivé vlasy měla zastrčené pod obnošeným kloboukem. Byla víc než jen plnoštíhlá, nohy se silnými kotníky měla zaražené do bot s nízkými podpatky. Ve zmačkané klopě hnědého kabátu však měla zastrčenou červenou růži.

Dívka v zeleném kostýmku rychle odcházela.

Blandford měl pocit, jako by ho něco rozseklo na dvě poloviny, tak moc by si byl přál následovat dívku, přesto však v hloubi duše toužil po ženě, jejíž duch ho oddaně doprovázel a povznášel. A ta stála před ním. Její bledý, baculatý obličej byl laskavý a citlivý, najednou to viděl. V očích měla teplý a vlídný třpyt.

Poručík Blandford nezaváhal. Sevřel v prstech malý ošuntělý výtisk knihy, která sloužila jako jeho poznávací znamení. Ne, tohle nebude láska, ale půjde o něco vzácného, o něco možná i vzácnějšího než láska – přátelství, za které je a musí zůstat vděčný.

Narovnal svoje široká ramena, zasalutoval a ukázal ženě knihu. Jak na ni ale promluvil, jeho samého šokovala hořkost vlastního zklamání.

;„Jsem poručík John Blandford a vy – vy jste určitě slečna Meynellová. Jsem moc rád, že jste se se mnou mohla sejít. Mohu... mohu vás pozvat na večeři?“

Na jejím obličeji se objevil tolerantní úsměv. „Já nevím, co tohle všechno má znamenat, synku,“ odpověděla. „Ta mladá dáma v zeleném kostýmku – ta, která právě prošla kolem – mě poprosila, abych si nasadila tuhle červenou růži. A řekla, že když mě požádáte, abych s vámi šla na rande, tak vám mám říct, že čeká v té velké restauraci přes ulici. Říkala, že jde o nějakou zkoušku. Mám u strýčka Sama dva chlapce, a tak mi nevadilo vám trochu vypomoct.“

Sulamith Ish-Kishor

Odpoledne v parku

Žil jednou jeden malý chlapec, který se chtěl setkat s Bohem. Věděl, že k Bohu je to daleko, a tak si do kufru zabalil několik balíčků sladkých tyčinek a šest plechovek bublinkové limonády a vyrazil na cestu.

Když přešel asi tři ulice, potkal starou paní. Seděla v parku a jen tak zírala na několik holubů. Chlapec se usadil vedle ní a otevřel svůj kufřík. Zrovna se chystal napít limonády, když si všiml, že stará paní vypadá hladově, a tak jí jednu tyčinku nabídl. Vděčně ji přijala a usmála se na něho. Její úsměv byl tak hezký, že ho chlapec chtěl vidět ještě jednou, a tak jí nabídl limonádu. Znovu se na něj usmála. Chlapec měl velkou radost!

Seděli tam celé odpoledne, jedli a smáli se, ale nic neříkali.

Když se setmělo, chlapec si uvědomil, že už je unavený, a vstal, aby vyrazil k domovu. Poodešel však jen pár kroků, otočil se, doběhl zpátky ke staré paní a objal ji. Ona se na něj usmála snad tím nejkrásnějším úsměvem.

Když krátce nato chlapec dorazil domů, udivil svou matku radostným výrazem ve tváři.

Zeptala se ho: „Copak jsi to dneska dělal, že jsi tak šťastný?“

On odpověděl: „Obědval jsem s Bohem." Ale než mohla jeho matka zareagovat, dodal ještě: „A víš ty co? Směje se tím nejkrásnějším úsměvem, jaký jsem kdy viděl!"

Mezitím se domů vrátila i stará žena a také celá jen zářila štěstím.

Jejího syna velmi překvapil mírumilovný výraz v jejím obličeji, a proto se zeptal: „Mami, co jsi dnes dělala, že jsi tak šťastná?"

Odvětila: „Jedla jsem s Bohem v parku sladké tyčinky." Ale než mohl její syn odpovědět, dodala: „A víš co? Je mnohem mladší, než jsem čekala."

Julie A. Manhanová

Malý chlapec a starý muž

Malý kluk řekl: „Někdy upustím lžíci."
Stařík poznamenal: „A to já taky."
Chlapec zašeptal: „Někdy se počurám."
„Taky se mi to stává," usmál se stařík.
Klučina pokračoval: „Každou chvíli brečím."
Stařík jen kývl. „Jo, jo, já taky."
„Co je ale nejhorší," řekl malý kluk, „zdá se mi,
že si mě dospělí načisto nevšímaj'."
A pocítil teplo staré vrásčité ruky.
„Vím, co tím myslíš," řekl mu starý pán.

Shel Silversteinová

Předložila Ruth Wieleová

Ani jedno!

Malý Chad byl neprůbojný, tichý chlapec. Jednoho dne přišel domů a řekl své matce, že by chtěl pro každého ze třídy udělat přáníčko ke svatému Valentýnovi. Matky se zmocnila úzkost. Pomyslela si: „Kéž by to tak nedělal!“ Často totiž pozorovala děti, když se vracívaly ze školy. Její Chad šel vždy za nimi. Smály se, držely se za ruce a povídaly si. Ale jejího Chada mezi sebe nikdy nevzaly. I přesto se však rozhodla, že synovi pomůže. Nakoupila papír, lepidlo a pastelky. Tři týdny, večer co večer, Chad pečlivě vyráběl pětatřicet přáníček.

Nadešel svátek sv. Valentýna a Chad byl nadšením celý bez sebe. Opatrně přáníčka poskládal k sobě, uložil si je do tašky a vyrazil ze dveří. Maminka se rozhodla, že mu upeče jeho oblíbené sušenky a že mu je naservíruje pěkně teplé se sklenicí studeného mléka, až se vrátí ze školy. Bylo jí jasné, že bude zklamaný, a tohle by mu mohlo tu bolest trochu ulehčit. Zabolelo ji při pomyšlení, že on mnoho přáníček nedostane – možná ani jedno.

Toho odpoledne stály sušenky a mléko na stole. Když venku zaslechla děti, pohlédla z okna. Přicházely rozesmáté a moc dobře se bavily. Chad šel jako obvykle vzadu za nimi. Vykračoval jen o trochu rychleji. Čekala, že se rozbrečí, hned jak vejde do dveří. Všimla si, že má prázdné ruce, a když se dveře otevřely, sama potlačovala slzy.

„Maminka pro tebe přichystala sušenky a mléko," řekla.

Ale on její slova sotva slyšel. Jen vzpřímeně prošel kolem, obličej mu celý zářil a řekl: „Ani jedno. Ani jedno."

Srdce jí pokleslo.

Než dodal: „Nezapomněl jsem ani jedno, ani jedno jediné!"

Dale Galloway

2

O RODIČOVSTVÍ

Učte jen lásku, protože láska jste vy!

A Course in Miracles

Paco, vrať se domů

V malém městě ve Španělsku se muž jménem Jorge ostře pohádal se svým mladým synem Pacem. Následujícího dne Jorge zjistil, že je Pacova postel prázdná – Paco utekl z domova.

Jorgeho sužovaly výčitky svědomí, zpytoval sám sebe a uvědomil si, že jeho syn je mnohem důležitější než cokoli jiného. Chtěl to všechno smazat. Zašel do hodně známého obchodu ve středu města a vyvěsil velký nápis, na kterém stálo: „Paco, vrať se domů. Mám tě rád. Čekej tady na mě zítra ráno.“

Následujícího rána Jorge dorazil do obchodu, kde na něj čekalo sedm chlapců jménem Paco, kteří také utekli z domova. Všichni odpovídali na volání lásky, každý z nich doufal, že je to právě jeho táta, který ho s otevřenou náručí zve zpátky domů.

Alan Cohen

Tommyho esej

Přes Tommyho lavici sklesle ležel šedivý svetr, připomínka sklíčeného chlapce, který právě odešel se svými spolužáky z učebny třetí třídy. Brzy se Tommyho rodiče, kteří se před nedávnem rozešli, dostaví na schůzku, kde se bude probírat jeho nedostatečná školní práce a rušivé chování. Žádný z rodičů nevěděl, že jsem pozvala také toho druhého.

Tommy, jedináček, byl vždycky veselý, dobře spolupracoval a k tomu se výborně učil. Jak bych mohla přesvědčit jeho rodiče, že jeho nedávno zhoršené známky jsou jen reakcí dítěte, jemuž odloučení zbožňovaných rodičů a jejich projednávaný rozvod zlomily srdce?

Tommyho matka vstoupila do třídy a usadila se na jednu ze židlí, které jsem umístila do blízkosti svého stolu. Za chvíli se dostavil i otec. Dobré znamení! Alespoň jim to oběma dělalo dost starostí, aby přišli přesně. Překvapeně na sebe pohlédli, ale pak se jen navzájem okázale ignorovali.

Přednesla jsem podrobný výčet Tommyho chování a školní práce, modlila jsem se, aby správná slova spojila tyhle dva dohromady, aby jim pomohla vidět, jak neblaze se podepisují na svém synovi. Ale nějak mi ta slova nepřicházela na jazyk. Snad kdyby se podívali na jeden z jeho rozmazaných, lajdácky vypracovaných esejů.

V nejzazším koutě jeho lavice jsem objevila zastrčený list papíru, celý zmuchlaný a poznamenaný slzami, esej z angličtiny. Papír byl popsaný z obou stran a celý ho pokrývala jen jediná věta, která tam byla načmáraná znovu a znovu.

Potichu jsem papír urovnala a nabídla jsem ho Tommyho mamince. Přečetla si ho a beze slov ho podala svému manželovi. Ten se zamračil. Pak jeho výraz změkl. Prohlížel si ta naškrábaná slova snad celou věčnost.

Nakonec papír pečlivě složil, dal si ho do kapsy a natáhl se pro napřaženou ruku své ženy. Ta si utřela slzy z očí a usmála se na něj. Slzy mi stouply do očí, ale nezdálo se, že by si toho někdo z nich všiml. Pomohl jí do kabátu a pak společně odešli.

Svým vlastním způsobem mi Bůh poskytl slova, která spojila rodinu. Ukázal mi list žlutého papíru vytržený z bloku, který pokrýval mučivý výlev trpícího srdce malého kluka.

Stálo tam: „Drahá maminko... Drahý tatínku... Mám vás rád... Mám vás rád... Mám vás rád.“

Jane Lindstromová

Almie Rose

Alespoň dva měsíce před Vánocemi devítiletá Almie Rose sdělila svému tatínkovi a mně, že by chtěla nové kolo. Její staré kolo bylo už moc dětské a kromě toho potřebovalo vyměnit gumu.

Jak se Vánoce blížily, zdálo se, že její touha po kole vyprchala – nebo jsme si to alespoň mysleli, protože se o něm už znovu nezmínila. Zvesela jsme začali nakupovat poslední výkřiky – panenky ze sady „Klub na hlídání miminek“ – a krásné pohádkové knížky, domeček pro panenky, sváteční šaty a další hračky. K našemu velkému překvapení nám 23. prosince pyšně oznámila, že „si opravdu přeje kolo víc než cokoli jiného“.

Najednou jsme nevěděli, co uděláme. Se všemi přípravami na štědrovečerní večeři a nákupy posledních maličkostí bylo už příliš pozdě, abychom v klidu vybrali „to správné kolo“ pro naši malou. A tak jsme – na Štědrý den v devět večer, když jsme se vrátili z pěkného večírku – začali uvažovat o všem, co musíme toho večera ještě udělat. Čekaly nás hodiny strávené balením dárků pro děti, pro rodiče, pro bratra a přátele. Almie Rose a její šestiletý bratr Dylan byli už pěkně zachumlaní v postýlkách a nám se hlavou honilo jen to kolo, pocit viny a myšlenka, že jsme rodiče, kteří zklamou své dítě.

Pak Rona, mého manžela, něco napadlo. „Co kdybych ze sochařské hlíny udělal malé kolo a napsal k němu poznámku, že ho může vyměnit za opravdové?" Samozřejmě šlo o to, že když jde o tak drahou věc a ona je „už tak velká holka", bylo by mnohem lepší, kdyby si kolo vybrala sama. A tak následujících pět hodin strávil nad přepečlivou prací s hlínou, aby vytvořil miniaturní kolo.

O tři hodiny později, následujícího rána, kdy se u nás rozbalují dárky, jsme nadšeně očekávali, až Almie Rose otevře malý balíček ve tvaru srdce, který v sobě ukrýval krásné červenobílé hliněné kolo s poznámkou. Nakonec ho otevřela a přečetla poznámku nahlas.

Pohlédla na mě a pak na Rona a řekla: „Takže to znamená, že tohle kolo, co mi udělal táta, můžu vyměnit za kolo opravdové?"

Rozzářila jsem se a odpověděla jsem: „Ano."

Almie měla slzy v očích, když řekla: „Jenže já tohleto krásné kolo, co pro mě táta udělal, nemůžu nikdy za nic vyměnit. Jestli ho vážně musím dát pryč, tak to si radši nechám tohle a opravdické kolo mít nebudu."

V tom okamžiku bychom snad hnuli nebem i zemí a koupili jí všechna kola na světě!

Michelle Lawrenceová

Proč nosím umělohmotného dinosaura

Duše se léčí pobytem s dětmi.

Fjodor Michajlovič Dostojevskij

Proč by se vůdčí představitel společnosti, uznávaný otec rodiny měl stydět chodit po světě s umělohmotným dinosaurem připnutým na saku?

Stalo se to jednoho dne, když jsem vyjížděl z naší příjezdové cesty, spěchal jsem, protože jsem musel něco zařídit. Zahlédl jsem svého syna, jak ke mně utíká s napřaženou ručkou.

Smál se, oči mu zářily nadšením. „Mám pro tebe dárek, tati."

„Opravdu?" odvětil jsem s hraným zájmem, zdržení mne otrávilo, doufal jsem, že si s tím pospíší.

Pomalu rozevřel prsty, aby odhalil poklad pětiletých. „Našel jsem je pro tebe, tati." Jeho malé ruce svíraly bílou kuličku, staré, promáčknuté železné závodní auto, rozbitou gumičku a několik dalších věcí, na které už si nevzpomínám. Jak bych si teď přál, abych se na všechny ty poklady malého kluka zase rozpomněl. „Vem si je, tati, jsou pro tebe," rozplýval se pýchou.

„Teď ne, synu. Musím někam zajet. Co kdybys mi je zatím položil do garáže nahoru na mrazák?"

Úsměv mu zmizel ze tváře, poslušně však vyrazil ke garáži, já jsem odjel pryč. Jak jsem vyjel na silnici, hned mě začaly trápit výčitky svědomí. V duchu jsem si slíbil, že až se vrátím, přijmu dárek vlídněji a s větší vděčností.

Když jsem přijel zpátky, zašel jsem za ním. „Ahoj synku, tak kde jsou ty pěkný hračky, cos tady pro mě měl?"

Jeho obličej byl bez výrazu. „No, myslel jsem, že o ně zrovna moc nestojíš, a tak jsem je dal Adamovi." Adam je malý kluk, který bydlí u nás v ulici, představil jsem si, jak tyto poklady přijímá s mnohem větší vděčností a nadšením než já.

Jeho rozhodnutí mě bolelo, ale zasloužil jsem si ho. Nejen proto, že ještě zdůraznilo mou hloupou reakci na jeho gesto, ale také proto, že ve mně probudilo vzpomínky na jiného malého kluka, na kterého už bych byl málem zapomněl.

BOLEST Z DĚTSTVÍ

Jeho starší sestra měla narozeniny a chlapec dostal dva dolary, aby jí něco koupil v levném obchodním domě. Procházel oddělením hraček křížem kráž, ale pořád nemohl nic najít.

Musí to být něco zvláštního. Nakonec to zahlédl, sedělo to na polici a hlasitě volalo o pozornost. Překrásný strojek na žvýkačky, naplněný zářivými barevnými poklady na žvýkání. Chtěl jí ho ukázat skoro hned, jak se vrátil domů, ale statečně tomu nutkání odolal.

Později na narozeninovém večírku, kterého se zúčastnily její kamarádky, začala rozbalovat dárky. Každý dárek, který otevřela, doprovázela výkřiky radosti.

A s každým výkřikem si chlapec začal dělat větší starosti. Tyto dívky pocházely z bohatých rodin, které si mohly dovolit utratit více než jen dva dolary. Dárky od nich byly drahé a nablýskané a mluvily a chodily na nočníček. Jeho malý balíček se stále zmenšoval a stával se čím dál bezcennějším.

Přesto nepřestával nadšeně čekat, jak se jí zajiskří v očích, až dárek od něho otevře. Přece jen nedostala nic, co by mohla jíst nebo do čeho by mohla sbírat drobné.

Nakonec jeho dárek rozbalila a on si hned všiml, jak jí po tváři přelétl výraz zklamání.

Trochu se za to styděla. Ten velkolepý stroj na žvýkačky najednou vypadal jako umělohmotná, levná hračka, jakou ve skutečnosti byl. Aby si před svými kamarádkami zachovala tvář, nemohla dárek přijmout s příliš velkým nadšením. Když si rozvažovala odpověď, na okamžik se rozhostilo ticho.

Pak se na kamarádky významně pousmála, obrátila se ke svému bratrovi a s jistou blahosklonností pronesla: „Děkuji, přesně tohle jsem si přála." Několik dívek nemohlo potlačit zahihňání.

Rychle se vrátila ke své další narozeninové hře, malý chlapec odvrátil zrak, zranilo ho to a zmátlo. Hračka, která se v tom levném obchodním domě zdála tak překrásná, vypadala nyní nicotná a levná.

Potichu ji zvedl, odešel dozadu na verandu a začal brečet. Jeho levný malý dárek nepatřil mezi ty ostatní, vysloužil si jen rozpaky.

Vevnitř se pokračovalo ve smíchu a oslavování, což jeho bolest ještě zvětšilo. Brzy se objevila jeho maminka a ptala se, proč brečí. Mezi zastřenými vzlyky jí to co nejlépe vysvětlil.

Tiše si ho vyslechla, pak se vrátila dovnitř. Za několik okamžiků se ukázala jeho sestra. Z jejího výrazu poznal, že ji za ním poslali, ale její opravdová lítost mu připomněla, že neměla v úmyslu být zlá a ani ho nechtěla zranit. Bylo jí jen osm let a nebyla zvyklá udržovat v rovnováze obtížné požadavky lidských citů s euforií královny dne.

Laskavě svým dospěláckým způsobem osmileté vysvětlila, že se jí ta jeho hračka se žvýkačkami moc líbila. Řekl, že tomu rozumí, a nelhal. Prostě se jen snažila být milá.

Nyní se to celé otočilo. Nová generace stála před stejným výběrem, jen s tím rozdílem, že ta nová generace byla moje. Tenhle malý kluk se bude rozhodovat sám za sebe, jestli se dobrý úmysl opravdu počítá, a mé odpovědi budou v jeho rozhodnutí hrát významnou roli.

NEJVĚTŠÍ DÁREK

Když vyrůstáme, neustále nám opakují, že cena dárku není důležitá, hlavní je to, že jsme si vzpomněli. Dá se tomu však jen těžko uvěřit, když se tatínek rozplývá nad novou drahou hračkou, ale zcela ignoruje primitivní důkaz lásky, který přepečlivě vytvořily malé ruce a velká srdce, které ho mají rády mnohem víc, než ruce, které sestavily nové kolo nebo přehrávač kompaktních disků.

Což mě přivádí ke skličující otázce, které jsem musel čelit jednou o Vánocích, kdy mé děti dostaly peníze, aby nakoupily dárky ve školním obchůdku „Jmelí“.

Jedná se o sváteční tržiště pro děti od mateřských školek po šesté třídy, ve kterém jsou k dostání „jedinečné“ věci, (které by obchodní domy nepřijaly, ani kdyby jim za to člověk zaplatil). Nicméně všechny dárky jsou určené pro dětský rozpočet a dětem se moc líbí.

Děti mi tam nakoupily dárky a moc se snažily, aby mi neprozradily, co dostanu – obzvlášť pak můj syn. Dráždil mě dárkem, který ležel „tvořivě“ zabalený pod stromečkem. Nebylo však dne, kdy by mě nedonutil hádat, co by to tak mohlo být.

Na Vánoce ráno, velmi časně, mi ho můj nadšený a netrpělivý syn vrazil do ruky a trval na tom, abych ho rozbalil jako první. Netrpělivostí jen hořel a já jsem si byl jistý, že tak významný dárek už nikdy nedostanu. Nedočkavě jsem balíček otevřel a nahlédl jsem dovnitř. A tam jsem ho spatřil, ten nejkrásnější dárek, jaký jsem kdy dostal. Ale nedíval jsem se na něj očima pětatřicetiletého člověka, přesyceného sliby „nejnovější technologie" a „rychlejšího, snazšího a ekonomičtějšího". Znovu jsem na dárek pohlédl nadšenýma očima pětiletého dítěte.

Šlo o několikacentimetrového, umělohmotného zeleného dinosaura z rodu *Tyrannosaurus Rex.* Můj syn ihned zdůraznil jeho nejlepší vlastnost. Přední nohy sloužily rovněž jako příchytky, takže ho člověk může – ano, uhádli jste to – nosit pořád u sebe.

Nikdy nezapomenu na jeho oči, když jsem do nich toho vánočního rána pohlížel. Naplňovalo je očekávání, naděje a láska – ty, které se dají najít jen ve velmi mladých očích.

Znovu se zopakovala minulost. Ten malý, blonďatý, modrooký obličej mi položil tutéž otázku, kterou jsem před lety tak naléhavě pokládal i já. Opravdu se počítá to, že si člověk vzpomněl? Napadlo mě, jak asi v obchůdku Jmelí zoufale hledal, aby tam našel ten pravý skvost, kterým by nejlépe vyjádřil lásku ke svému tatínkovi.

Odpověděl jsem na otázku jediným způsobem, kterému může rozumět pětiletý. Ihned jsem si dinosaura připnul a nadšeně jsem prohlašoval, jak je „skvělý", čímž jsem v jeho očích potvrdil, že měl samozřejmě pravdu. Opravdu se mi líbil. Následujících několik týdnů jsem všude chodil s umělohmotným dinosaurem připnutým na klopě. Kupodivu si ho nikdo nevšímal, obzvláště když jsem byl v přítomnosti svého syna. Nikdo, nikdo, kromě něho.

Došlo mi, že ten výraz ve tváři malých dětí, které dávají dárky ze srdce, obzvlášť o Vánocích, je diametrálně odlišný od toho na tváři dospělých, kteří se pokoušejí kupovat lásku drahými kompaktními disky nebo šperky.

Vloni o Vánocích daly dvě děti z našeho sousedství našim dětem ručně vyrobené vánoční punčochy z papíru, naplněné poklady, které v nich držely tisíce sešívacích svorek.

Uvnitř se ukrývaly různé druhy vánočního cukroví, oblíbené staré hračky a kdysi zbožňované loutky. Děti pocházely z rozvrácené rodiny a neměly moc peněz, ale z jejich zářících obličejů se dalo vyčíst, že do těch dětských verzí zlata, kadidla a myrhy byly navíc přidané porce lásky a přátelského vzpomenutí.

Kdy se přestane počítat to, že si člověk vzpomněl? Tuto otázku si pokládám znovu a znovu. Řekl bych, že se to přestane počítat ve chvíli, kdy ocenění nevzácnějších skutků, jež konáme jeden pro druhého, snížíme pouze na jejich obchodní cenu.

Hodnota dárků od mého syna by dohromady dala stěží pár centů, ale pro mě mají cenu zlata.

Takže příště, až uvidíte někoho, jak má na sobě nevkusnou papírovou kravatu nebo otisk „skvělého“ tetování v podobě housenky za pět centů, které se vůbec nehodí do šablony konvenčního oblékání dospělých, tak se ani nesnažte, aby vám takového člověka bylo líto. Když mu řeknete, že vypadá jako idiot, jen se usměje a odpoví: „Možná, ale mám pětiletého syna, který si myslí, že jsem po oříškovém másle tou nejlepší věcí na světě, a v americké státní pokladně není dost peněz, které by mě donutily, abych si to sundal.“

Proto nosím dinosaura z umělé hmoty.

Dan Schaeffer

Nejskvělejší táta na světě

Bylo mu padesát, když jsem se narodila, a byl to „táta v sukních" dlouho před tím, než někdo přišel s tímhle označením. Nevím, proč zůstával doma místo mámy, ale byla jsem malá a ze všech kamarádek jediná, která měla doma tátu. Považovala jsem to za velké štěstí.

Táta toho pro mě v průběhu školních let tolik udělal. Přesvědčil řidiče školního autobusu, aby mě vyzvedával u našeho domu, namísto u běžné zastávky, která se nacházela o šest ulic dál. Vždycky měl pro mě přichystaný oběd, když jsem se vrátila ze školy – obvykle se jednalo o sendvič s oříškovým máslem a marmeládou, vytvarovaný podle ročního období. Nejraději jsem měla Vánoce. Sendviče byly posypané zeleným cukrem a byly vyříznuté do tvaru stromku.

Když jsem trochu povyrostla a pokoušela jsem se získat vlastní nezávislost, chtěla jsem se zbavit těch „dětských" výrazů jeho lásky. Ale on se nehodlal vzdát. Na střední škole jsem už nemohla chodit domů na oběd, a tak jsem si ho začala brát s sebou. Táta vstal vždycky o trochu dřív a připravil mi ho. Nikdy jsem nevěděla, co mě bude čekat. Vnější část obalu mohlo pokrývat jeho umělecké ztvárnění horské scenérie (stala se z toho jeho poznávací značka) nebo srdce, v jehož středu bylo vepsáno „Táta a Angie K. K."

Uvnitř byl ubrousek se stejným srdcem nebo s nápisem „Mám tě rád“. Mnohokrát tam připsal nějaký vtip nebo hádanku. Vždycky měl v zásobě nějaký hloupý výrok, aby mě rozesmál a aby mi dal vědět, že mě má rád.

Schovávala jsem oběd, aby nikdo neviděl pytlík nebo aby si nepřečetl nápis na ubrousku, ne však s velkým úspěchem. Jedna z kamarádek zahlédla ubrousek, vzala mi ho a nechala ho kolovat po jídelně. Obličej mi hořel rozpaky. Následujícího dne, k mému velkému překvapení, všechny mé kamarádky čekaly na to, aby se mohly podívat na ubrousek. Podle toho, jak se chovaly, si myslím, že si přály, aby měly někoho, kdo by jim projevoval podobný druh lásky. Byla jsem tak pyšná, že je to právě můj táta. Po celou střední školu jsem dostávala tyto ubrousky a pořád ještě mám většinu z nich schovaných.

A ještě to neskončilo. Když jsem odešla na vysokou školu (byla jsem poslední z domu), myslela jsem si, že tyto vzkazy ustanou. Ale já i mé kamarádky jsme byly rády, že jeho gesta neustávala.

Chybělo mi, že jsem se s tátou nemohla každý den po škole vidět, a tak jsem mu hodně telefonovala. Mé účty za telefon byly pěkně vysoké. Nezáleželo na tom, co jsme si říkali, chtěla jsem jen slyšet jeho hlas. Během prvního roku jsem zavedla rituál, který nám pak zůstal. Když jsem se s ním rozloučila, vždycky řekl: „Angie?“

„Ano, tati?“ odpověděla jsem.

„Mám tě rád.“

„Já tě mám taky ráda, tati.“

Skoro každý pátek jsem začala dostávat dopisy. Lidé v recepci vždycky věděli, od koho ty dopisy jsou – zpáteční adresa oznamovala – „Štramák“. Mnohokrát byla adresa na dopisech napsaná pastelkou a kromě dopisů byly v obálkách ještě malůvky naší kočky a psa, načárané postavičky jeho a maminky, a když jsem byla na víkend doma, pak obrázky znázorňovaly i mě, jak pobíhám s kamarádkami po městě a využívám dům jako přestupní stanici. Také se tam objevovala jeho horská scenérie a nápis v srdíčku – Táta a Angie K. K.

Pošta přicházela každý den před obědem, takže jsem měla jeho dopisy s sebou, když jsem chodila do menzy. Došlo mi, že nemá smysl, abych je schovávala, protože mou spolubydlící byla má kamarádka ze střední školy, která o ubrouscích věděla. Brzy se z toho stal rituál pátečního odpoledne. Já jsem si přečetla dopis, zatímco malůvky s obálkou kolovaly.

Bylo to v době, kdy tatínka postihla rakovina. Když v pátek dopisy nepřišly, už jsem věděla, že mu nebylo dobře a že nemohl psát. Vždycky vstával ve čtyři hodiny ráno, aby mohl sedět v tichém domě a vytvářet své dopisy. Když zmeškal páteční poštu, jeho dopisy obvykle přicházely o den či o dva později. Přišly ale vždycky. Mé kamarádky mu říkávaly „nejskvělejší táta na světě". A jednoho dne mu zaslaly přání, ve kterém mu tento titul udělily, a všechny se podepsaly. Řekla bych, že nás všechny naučil, co je to otcovská láska. Nedivila bych se, kdyby mé kamarádky začaly posílat svým dětem ubrousky. Zanechal v nich dojem, který jim zůstane a který je bude inspirovat, aby vlastním dětem projevovaly svou lásku.

Během čtyř let studia na vysoké škole přicházely dopisy a telefonáty v pravidelných intervalech. Ale potom nastala doba, kdy jsem se rozhodla, že zajedu domů a že s ním pobudu, protože byl stále víc nemocný a protože jsem věděla, že se náš společný čas začíná naplňovat. To byly ty nejtěžší dny, jaké jsem kdy zažila. Pozorovala jsem tohoto muže, který se vždycky choval tak mladě, jak neúměrně rychle stárne. Na konci už nepoznával, kdo jsem, a oslovoval mě jménem jedné příbuzné, kterou už léta neviděl. I když jsem věděla, že za to může jeho nemoc, přesto mě bolelo, že si na mé jméno nemůže vzpomenout.

Dva dny před smrtí jsem s ním byla sama v jeho nemocničním pokoji. Drželi jsme se za ruce a dívali jsme se na televizi. Když jsem se chystala odejít, řekl: „Angie?“

„Ano, tati?“

„Mám tě rád.“

„Já tě mám taky ráda, tati.“

Angie K. Wardová-Kucerová

Dělník

Nikdy jsem neposlouchal potají, když si někdo s někým povídal.
Však jednou v noci, když jsem domů šel, sám sebe jsem přitom nachytal.
Má žena si vyprávěla s naším nejmladším, a já slyšel, co mu tam uvnitř říká,
nedělá se to, vím, ale odolejte, když se vás ta řeč týká...

Zaslechla před tím snad, jak děti se chlubí: „Táta je boháč! Můj větší! Ne, můj!“
Všichni že jsou to velcí šéfové... a pak pad' dotaz: „Bobe, co tvůj?“
„Řekni, čím je tvůj táta?“ doráželi a ne moc příjemně.
Náš Bob jen šeptl: „On je jen dělník.“ Byl celý rudý a koukal do země.

Má žena počkala, až odejdou, pak Boba zavolala.
Řekla jen: „Poslyš, synu,“ a na tvář s dolíčkem pusu dala.
„Řek' jsi, že táta je jen dělník, a je to tak, ne že to pravda není.
Jenže to vypadá, že nevíš, co to je, takže – teď vysvětlení.“

„Ve všech továrnách a stavbách, co naši zemi dělají tak skvělou,
jsou dobří dělníci, co staví, rozvážejí, mouku melou...
Když vidíš nový dům, vzpomeň si na jedno a pamatuj na to dál.
Je zapotřebí rukou dělníků a jejich díla, aby ten dům stál!“

„Ano, šéfové mají naleštěné stoly a za celý den se neušpiní.
Plánují velké projekty, účtují, píší, však domy staví jiní.
Aby se z těch snů stala skutečnost, můj synu,
pak to chce ruce dělníka, ty vydrží tu dřinu!“

„Kdyby ti šéfové byť na rok odjeli a opustili své naleštěné stoly,
kola průmyslu točila by se dál, dál by se pracovalo v polích.
Kdyby však odešli dělníci, jak je tvůj táta, všechno by stálo hned
Dělník je potřeba, ten nesmí zahálet!“

A tak jsem utřel slzy, odkašlal si a vešel dovnitř k nim.
Dvě zářící oči mě vítaly, když vyskočil a ke mně se hnal můj syn.
Objal mě: „Tati, jsem pyšný, že jsem tvůj syn, jsem rád...
Protože ty jsi z těch – speciálně nejdůležitějších lidí – bez nichž by všechna ta práce zůstala navždy stát.“

Ed Peterman

Záleží na tom, jak se hraje

Donald Jenson dostal do hlavy odhozenou pálkou, když dělal rozhodčího hře Malé ligy v Terre Haute v Indianě. Pokračoval ve hře, ale později toho večera ho odvezli do nemocnice k doktorovi. Zatímco si ho tam nechali přes noc na pozorování, Jenson napsal následující dopis:

Drahý rodiči člena Malé ligy!

Jsem rozhodčí. Neživím se tím, dělám to jen pro radost o sobotách a nedělích.

Sám jsem taky hrál, trénoval a byl divákem. Ale zdá se mi, že nic z toho nemůže nahradit soudcování. Možná je to proto, že v hloubi duše cítím, že všem dětem dávám stejnou šanci, aby hru hrály bez neshod a hádek.

Přes veškerou radost, kterou si užiju, mě ale na mé práci pořád jedna věc trápí... Někteří z vás dospělých prostě nechápou, proč tam vlastně vůbec jsem. Někteří si myslíte, že jsem tam proto, abych nad vaším synem nebo dcerou uplatňoval autoritu. Kvůli tomu na mě často křičíte, když udělám nějakou chybu, nebo své děti navádíte, aby řekli něco, co se mě dotkne.

Kolik z vás skutečně chápe, že se snažím být perfektní? Nedělám chyby záměrně. Nechci, aby si vaše dítě myslelo, že ho rozhodčí nemá rád.

Ale ať se snažím sebevíce, dokonalý být nemůžu. Počítal jsem, kolikrát jsem během dnešní šestisměnné hry musel zapískat. Všech rozhodnutí dohromady – jestli šlo o míč, či správný nadhoz, o míč v poli či o míč mimo pole – bylo 146.

Moc jsem se snažil, abych byl spravedlivý, ale jsem si jistý, že něco jsem musel přehlédnout. Když jsem si spočítal procenta na papíře, mohl jsem se přehlédnout osmkrát, a ještě bych docílil devadesáti pěti procent správných verdiktů... Ve většině zaměstnání by se takové procento považovalo za výborné. Kdybych byl ve škole, určitě bych dostal jedničku.

Ale vaše požadavky jsou mnohem vyšší. Dovolte mi, abych vám o dnešní hře řekl ještě něco.

Na konci hry došlo k jednomu opravdu těsnému rozhodnutí...

Běžec domácího družstva se pokoušel získat metu, když odpálený míček minul protivníka. Ten pak míč získal a hodil ho nadhazovači, který na metě stál. Nadhazovač se dotkl mety, a běžce tím vyřadil.

Když jsem si na odchodu sbíral svou výstroj, zaslechl jsem, jak jeden z rodičů poznamenal: „Je hodně špatné, že děti musí prohrát kvůli mizerným rozhodčím. Tohle bylo snad to nejhorší rozhodnutí, které jsem kdy v životě viděl."

Později u jednoho ze stánků dvě děti vyprávěly svým kamarádům: „Teda, ty rozhodčí byli dneska pěkně hrozný. Kvůli nim jsme prohráli."

Smyslem Malé ligy je naučit mladé lidi hrát baseball. Týmu, který v dané hře očividně nehraje dobře, ale který má přesto příležitost, aby ze ztráty vinil rozhodčího kvůli jednomu či dvěma rozhodnutím, se dává šance, aby ze svých ramen setřásl veškerou zodpovědnost za prohru. Rodič nebo dospělý vedoucí, který mladému hráči dovolí, aby své nezdary svaloval na rozhodčího, bez ohledu na kvalitu rozhodčího, páchá na mladistvém tu nejhorší nespravedlnost... Místo co by učil zodpovědnosti, takový přístup jen podporuje nesprávný názor na ideály samotné hry. Nezodpovědnost se s největší pravděpodobností s dětmi potáhne do dalších let.

Jak tu sedím a píšu tento dopis, už nejsem tak rozčilený, jako jsem byl dnes odpoledne. Chtěl jsem soudcování pověsit na hřebík. Ale naštěstí mi manželka připomněla jinou situaci, ke které došlo minulý týden.

Stál jsem za metou a rozhodoval jsem pro nadhazovače, který němohrou vyjadřoval svůj nesouhlas s každým rozhodnutím o nadhozu na pozemní čáře, které nepadlo ve prospěch jeho týmu. Dalo se vycítit, že tím chtěl dát všem najevo, že on je skvělý, talentovaný hráč, který dělá, co může, zatímco já že jsem ten ukrutný zlosyn, který pracuje proti němu.

Dítě se takto marně snažilo celé dvě směny... zároveň pokřikovalo na své spoluhráče, kteří se opovážili udělat nějakou chybu. Dvě směny se na to trenér díval. Když se dítě vrátilo na lavičku, aby odpalovalo uprostřed třetí směny, trenér si ho zavolal stranou.

Mohl jsem si všechno vyslechnout, protože lekce probíhala dost hlasitě. Vypadalo to násle-

dovně: „Tak poslouchej, hochu, je na čase, aby ses rozhodl. Můžeš být rozhodčí, herec nebo nadhazovač. Ale když hraješ za můj tým, pak můžeš být jen jedním z nich. Zrovna teď máš na práci nadhazování a v podstatě je tvůj výkon hrozný. Nech hraní pro herce, rozhodování pro rozhodčí, nebo tady už nadhazovat nebudeš. Takže co si vybereš?"

Samozřejmě že si dítě vybralo nadhazování a pokračovalo, aby mohlo vyhrát hru. Když hra skončila, přišel ten kluk za mnou k autu. Ze všech sil přemáhal slzy, omluvil se za svoje chování a poděkoval mi za rozhodování v jeho hře. Řekl, že dostal lekci, na kterou nikdy nezapomene.

Ale nemohu si pomoct... kolik skvělých mladíků ztrácí svou příležitost, aby se z nich stali vynikající hráči baseballu, protože je jejich rodiče podporují v tom, aby trávili čas spíš mluvením do rozhodování, než aby se ještě více snažili hrát tak, jak by se hrát mělo.

Následujícího rána Donald Jenson zemřel na otřes mozku.

Danny Warrick

Předložil Michael J. Bolander

Zdarma

Jednoho večera přistoupil malý chlapec ke své matce, zatímco v kuchyni připravovala večeři, a podal jí kus papíru, na který něco napsal. Když si utřela ruce do zástěry, přečetla si vzkaz, ve kterém stálo:

Za sekání trávy	$5.00
Za uklizení pokojíčku tento týden	$1.00
Za cestu do krámu místo tebe	.50
Za hlídání mého malého bratra, když jsi šla nakoupit	.25
Za vynesení odpadků	$1.00
Za dobré vysvědčení	$5.00
Za uklizení a shrabání zahrady	$2.00
Celkem:	$14.75

Podívala se na něj, jak tam tak s očekáváním postával, a myslí se jí začaly honit vzpomínky. Vzala do ruky pero, obrátila od něho popsaný papír a doplnila tam:

Za devět měsíců, kdy jsem tě nosila, když si ve mně rostl: Zdarma.

Za všechny noci, které jsem u tebe proseděla, starala se o tebe a modlila se za tebe: Zdarma.

Za všechny vyčerpávající chvíle, za všechny slzy, které jsi mi za ta léta způsobil: Zdarma.

Když si to všechno sečteš, cena mé lásky je: Zdarma.

Za všechny noci naplněné hrůzou a za všechny budoucí starosti: Zdarma.

Za hračky, jídlo, oblečení a dokonce i za utírání nosu, si nic neúčtuji, můj synu.

Když si o všechno sečteš, celková cena opravdové lásky je: Zdarma.

Když si hoch přečetl, co mu matka napsala, skutálely se mu po tvářích dvě veliké slzy. Podíval se mámě zpříma do očí a řekl: „Mami, já tě mám opravdu rád." A potom vzal pero a velkými písmeny napsal: ZAPLACENO V HOTOVOSTI.

M. Adamsová

Odvaha srdce

Sedím na rozviklané židli v sále, na rameni držím videokameru a cítím, jak se mi oči zalévají slzami. Má šestiletá dcera je na jevišti, klidná, vyrovnaná, soustředěná, hlasitě zpívá z celého srdce. Jsem nervózní, roztřesená a přemáhají mě city. Snažím se nebrečet.

„Poslouchej, slyšíš ten zvuk, jak po celém světě srdce bijí?" zpívá.

Její malý kulatý obličejík se natáčí ke světlu, obličejík tak drahý a tak povědomý, ale přesto tak odlišný od mých vlastních hubených rysů. Její oči – tak odlišné od mých – pohlížejí na diváky s naprostou důvěrou. Ví, že ji mají rádi.

„V údolí, na planinách, všude na světě zní tlukot srdce stejně."

Z jeviště na mě pohlíží obličej její biologické matky. Oči mladé ženy, které se kdysi s důvěrou dívaly do mých očí, nyní hledí na diváky. Tyto rysy má dcera zdědila po své biologické matce – oči, které se v koutcích zvedají, a růžové baculaté tvářičky, které musím neustále líbat.

„Černí nebo bílí, červení nebo snědí... je to srdce lidského rodu... ou, ou, které odbíjí, ou, ou, které odbíjí," zakončila svou písničku.

Diváci bouří. Já taky. Ohromující potlesk zaplňuje sál. Všichni vstáváme, abychom Melanii dali na srozuměnou, že se nám to moc líbilo. Usmívá se, věděla to předem. Teď pláču. Cítím velké požehnání, že smím být její maminka. Naplňuje mě takovou radostí, že mě z toho až bolí srdce. Srdce rodu člověka... srdce odvahy, které nám ukazuje cestu, když jsme ztraceni... srdce, které z prostého důvodu spojuje: takové srdce mi ukázala Melaniina biologická matka. Hluboko, v nejbezpečnější části sebe samé, Melanie zaslechla svou biologickou matku. Toto odvážné srdce patřilo šestnáctileté dívce, dívce, ze které se stala žena, protože se odevzdala absolutní lásce. Byla to žena, která zastávala přesvědčení, že by svému dítěti mohla dát něco, co nikdo jiný nikdy nebude moci: lepší život než měla ona.

Melaniino srdce bije hned vedle mého, jak ji držím v náručí a říkám jí, jak skvělé bylo její vystoupení. Zavrtí se mi v rukou a pohlédne na mě. „Proč brečíš, mami?"

Odpovídám jí: „Protože jsem tak šťastná a protože se ti tak dobře dařilo, a všechno jsi to zvládla úplně sama!" Cítím, jak se k ní přimykám a držím ji něčím více než jenom svýma rukama. Držím ji s láskou nejen za sebe, ale za tu krásnou a statečnou ženu, která se rozhodla porodit mou dceru a která se pak znovu rozhodla, že mi ji dá. Nosím lásku za nás obě... za biologickou matku s odvahou na rozdávání a za ženu, jejíž prázdné ruce se naplnily láskou... *protože sdílíme jediný tlukot srdce.*

Patty Hansenová

Co znamená být adoptován

Žáci první třídy učitelky Debbie Moonové hovořili o obrázku rodiny. Jeden chlapec na obrázku měl jinou barvu vlasů než ostatní členové rodiny.

Jedno dítě navrhlo, že ho asi adoptovali, a malá holčička, Jocelynn Jayová, řekla: „O adopcích vím všechno, protože jsem adoptovaná."

„Co to znamená být adoptovaná?" zeptalo se jiné dítě.

„Znamená to," odpověděla Jocelynn, „že jsi vyrostl svojí mamince v srdci, a ne v jejím bříšku."

George Dolan

Třídní sraz

Před několika týdny jsem byla načisto zabraná do svých myšlenek, když jsem obdržela „telefonát“ – to děsivé pronikavé vyzvánění telefonu, které přináší zprávy jen o trochu povzbudivější, než je smrt člena rodiny. Volala mi má bývalá spolužačka ze střední školy a žádala mě o pomoc při uspořádání třídního srazu po dvaceti letech.

Je možné, že už by to bylo dvacet let? Otřásla jsem se. Sáhla na mě smrt a na čele mi vyrazily malé kapičky potu. Co jsem udělala se svým životem za posledních dvacet let? Máma mi říkala, že tomu jednoho dne budu muset čelit, ale já jsem se jí jen vysmála, jako jsem se vysmívala těm trapným růžovým umělohmotným natáčkám, které nosila ve vlasech. (Zrovna minulý týden jsem zakoupila sadu na bleším trhu. Byla to skvělá koupě!)

Je až neuvěřitelné, jak jeden krátký telefonní hovor může člověku obrátit život vzhůru nohama. Náhle jsem začala slyšet ty písničky ze sedmdesátých let (nyní známé jako „staré kusy“) v jiných podáních, uvědomila jsem si, že Mickovi Jaggerovi je přes padesát, „Kouř na vodě“ vlastně nikdy nic neznamenal a má „Období na slunci“ doslova upadla v zapomnění. Jsem už za zenitem?

Zběžně jsem pohlédla do zrcadla. (No dobrá, zírala jsem do toho zatraceného zrcadla.) Zkoumala jsem každou malou prasklinku a pór, začala jsem u linie vlasů, přes ty urážlivě shovívavé „mimické vrásky" kolem krku. Ještě nemám dvojitou bradu, pomyslela jsem si.

Z následujících několika týdnů se stalo hotové peklo. Každý den začal vyčerpávajícím cvičebním programem – běh v 6:30 ráno v zoufalém pokusu setřást ten nevzhledný přítěžek, který se mi tak nějak přes noc navršil na stehnech. Vyrazila jsem nakupovat perfektní šaty – však víte, takové co by mě udělaly o dvacet let mladší. Zjistila jsem, že je přestali prodávat kolem roku 1975. Vyzkoušela jsem si troje šaty a pak jsem na to konečně přišla. Existovalo pouze jediné logické vysvětlení: zažívala jsem krizi středního věku.

Došlo mi, že ten podivný, skřípavý zvuk, který slýchám každou noc, když stoupám po schodech, vyluzují má kolena. Vážně jsem uvažovala o tom, že zvládnuté umění chození na nočník zahrnu do svého životopisu jako jeden ze svých největších životních úspěchů. Vločky se staly součástí mé každodenní rutiny – ne však proto, že bych je považovala za svou oblíbenou obilovinu. Pořádala jsem prodejní večírky, kde jsem prodávala umělohmotné nádobky do kuchyně, jen abych si mohla spočítat kolik mám přátel.

Život prostě nedopadl tak, jak jsem si ho naplánovala. Jasně že jsem šťastná. Středem mého života je můj skvělý manžel a dvě děti. Ale práce sekretářky na poloviční úvazek a mámy se tak nějak neshodovala s popisem někoho, koho mí spolužáci zvolili za „tu, která nejpravděpodobněji uspěje". To jsem opravdu promarnila dvacet let?

Právě ve chvíli, kdy jsem se rozhodla vzdát a odmítnout pozvání, mi na rameno poklepala má sedmiletá dcerka. „Mám tě ráda, mami. Dej mi pusu."

Víte, vlastně se na těch dalších dvacet let docela těším.

Lynne C. Gaulová

Dárek

Jednoho letního dne jí ho bohové vložili do rukou. Třásla se dojetím, když viděla, jak vypadá křehce. Šlo o velmi zvláštní dárek, který jí bohové svěřili. Dárek, co bude jednoho dne patřit světu. Do té doby ji poučili, že bude jeho andělem strážným a ochráncem. Žena řekla, že rozumí, a uctivě si ho odnesla domů, rozhodnutá, že se bude chovat podle důvěry, kterou do ní bohové vložili.

Nejprve z dárku skoro nespustila zrak, chránila ho přede vším, co považovala za škodlivé pro jeho pohodu, s obavami v srdci pozorovala, jak je mimo chráněný obal, který kolem něho vytvořila, vystaven nepříznivému okolí. Ale ta žena si uvědomila, že ho nebude moct chránit věčně. Potřeboval se naučit přežít v drsném prostředí, aby mohl zesílit. Takže mu s jemnou péčí poskytla více prostoru, aby mohl růst, dost na to, aby mu umožnila zdivočet a stát se neposlušným.

Někdy v noci ležela v posteli, připadala si naprosto nezpůsobilá. Napadalo ji, jestli se s tou strašlivou zodpovědností, co na ni byla vložena, vůbec kdy může vyrovnat. Pak slýchávala tichý šepot bohů, kteří ji ujišťovali, že vědí, že dělá, co může. A pak utěšeně usínala.

Žena si na svou zodpovědnost v průběhu let trochu zvykla. Ten dárek obohatil její život různými způsoby už jen svou vlastní existencí, takže si už ani nemohla vzpomenout, jaký byl její život před tím, než ho dostala, a ani si nedovedla představit, jaký by byl život bez něho. Skoro zapomněla na svou úmluvu s bohy.

Jednoho dne si uvědomila, jak moc se její dárek změnil. Už neměl ten bezbranný výraz. Nyní se zdálo, že z něj sálá síla a neochvějnost, skoro jako by je utvářel sám v sobě. Měsíc co měsíc žena pozorovala, jak dárek sílí a stává se ještě mocnějším, tehdy si vzpomněla na svůj slib. V hloubi srdce věděla, že se její čas strávený s dárkem blíží ke konci.

Přišel den, kdy si bohové pro svůj dárek přišli a chtěli ho ukázat světu. Žena velmi posmutněla, protože jeho neustálou přítomnost bude ve svém životě postrádat. Upřímně poděkovala bohům, že jí udělili tu výsadu, aby se tolik let mohla starat o ten drahocenný dar. Narovnala ramena, stála vzpřímeně, věděla, že šlo vskutku o velmi mimořádný dárek. Takový, který přidá okolnímu světu na kráse a i na podstatě. A pak matka nechala své dítě odejít.

Renee R. Vromanová

3

O VZDĚLÁVÁNÍ A UČENÍ

Učitelé jsou ti, kteří používají sami sebe jako mosty, jež pak nabízejí svým studentům k překročení. Když jim ty první kroky usnadní, s radostí se zbortí a své studenty vyzvou, aby si postavili své vlastní mosty.

Nikos Kazantzakis

Bethině učitelce z první třídy

Neznal jsem toho muže, který šel toho rána přede mnou. Ale všiml jsem si, že jsme oba kráčeli vzpřímeněji a o trochu pyšněji, když se naše dcery vedly za ruce. Byli jsme pyšní, i když jsme se trochu obávali tohoto důležitého dne. Naše holky začínaly chodit do první třídy. Zrovna jsme se jich vzdávali, alespoň na chvíli, ve prospěch instituce, které říkáme škola. Jak jsme vcházeli do budovy, pohlédl na mě. Naše oči se setkaly jen na okamžik, ale stačilo to. Prýštila z nich láska k našim dcerám, naše naděje v jejich budoucnost a naše starosti o jejich dobro.

Vy, jejich učitelka, jste nám přišla naproti ke dveřím. Představila jste se a ukázala jste jim, kam si mají sednout. Oba jsme jim dali pusu na rozloučenou a pak jsme vyšli ze dveří. Cestou zpátky na parkoviště a pak do našich zaměstnání jsme na sebe nemluvili. Příliš jsme se zaobírali myšlenkami na vás.

Tolik věcí jsme vám chtěli říct, paní učitelko. Příliš věcí zůstalo nevyřčeno. Tak vám tedy píšu. Rád bych vám řekl to, na co jsme toho prvního rána neměli čas.

Doufám, že jste si všimla Bethiných šatů. Vypadala v nich překrásně. Vím, že si možná pomyslíte, že jde o otcovskou zaujatost, ale ona si myslí, že v těch šatech vypadá překrásně, a to je to hlavní. Řekla byste, že jsme celý týden strávili prohledáváním obchodních domů, abychom ty správné šaty pro tuto zvláštní příležitost objevili? Asi vám to nepředvede, ale já vím, že si ty šaty vybrala kvůli tomu, jak krásně se točily, když v nich tancovala před zrcadly v obchodě s oděvy. Ve chvíli, kdy si šaty oblékla, věděla, že jsou to ty pravé. Zajímalo by mě, jestli jste si jich všimla. Jedno jediné slovo od vás by šaty udělalo ještě nádhernějšími.

Její boty vám řeknou hodně o Beth a její rodině. Zasloužily by si alespoň chvilku vaší pozornosti. Ano, jsou to ty modré boty s jedním páskem. Pevné, dobře vypracované boty, ne moc moderní, vy ten typ znáte. Nevíte ale, jak jsme se dohadovali, jestli jí pořídit ten druh bot, které, jak říkala, budou mít na sobě všechny holky. Fialové, růžové nebo oranžové umělohmotné boty jsme zavrhli.

Beth si dělala starosti, že se ostatní děti budou jejím dětským botkám posmívat. Nakonec si s úsměvem vyzkoušela modré uzavřené boty a řekla nám, že jí se tedy boty s páskem odjakživa líbily. To je ta naše prvorozená, dychtivá uspokojit rodiče. Je jako ty boty – pevná a spolehlivá. Jak by byla ráda, kdybyste se o těch páscích zmínila.

Doufám, že jste si brzy všimla, jak je Beth plachá. Bude mluvit bez přestání, až vás pozná, ale první krok bude muset vyjít z vaší strany. Nezaměňujte její stydlivost za nedostatek inteligence. Beth umí přečíst jakoukoli dětskou knížku, kterou před ni položíte. Naučila se číst správným způsobem. Naučila se to přirozeně, zachumlaná v posteli se svou maminkou a se mnou a četla své příběhy ve chvílích odpočinku, večer před spaním, ve chvílích mazlení během celého dne. Pro Beth knížky představují rovnítko mezi dobrou pohodou a milující rodinou. Neměňte, prosím, její lásku ke čtení tím, že z učení uděláte únavné břemeno. Celý život se jí snažíme vštípit radost z knih a z učení.

Věděla jste, že si Beth a její kamarádky hrály celé léto na školu, aby se připravily na svůj první den? Měl bych vám něco říct o její třídě. Všichni její žáci každý den něco napsali. Povzbuzovala ostatní děti, které říkaly, že nevědí, o čem by měly psát. Pomáhala jim s pravopisem. Jednou za mnou přišla pěkně rozzlobená. Řekla, že z ní možná budete zklamaná, protože nevěděla, jak má napsat „minus". Teď už to umí. Kdybyste se jí tak zeptala.... Její „škola" byla letos v létě plná pohody, podpory a nesl se v ní tichý uklidňující hlas „učitelky". Doufám, že se její vysněný svět stane ve vaší třídě skutečností.

Vím, že máte hodně práce se všemi věcmi, kterými se učitelé na začátku roku zabývají, a tak svůj dopis nebudu zbytečně prodlužovat. Jen jsem chtěl, abyste věděla o noci před prvním školním dnem. Zabalili jsme jí oběd do kufříku s obrázky. Tašku na záda jsme vybavili školními potřebami. Připravili jsme její „zvláštní školní" šaty a boty, přečetli jsme si příběh a já jsem potom zhasl. Dal jsem jí pusu a měl jsem se k odchodu. Zavolala mě nazpátek a zeptala se mě, jestli vím, že Bůh píše lidem dopisy a ukládá jim je do mysli.

Odpověděl jsem jí, že jsem o tom nikdy neslyšel, ale otázal jsem se, jestli ona takový dopis dostala. Dostala ho. Řekla, že v dopise stálo, že její první den ve škole bude jedním z nejlepších dnů jejího života. Setřel jsem si slzu a pomyslel jsem si: *Jen aby to byla pravda.*

Později toho večera jsem našel od Beth vzkaz. Stálo v něm: „Mám takové štěstí, že jseš můj táta."

Nu, Bethina paní učitelko z první třídy, myslím, že máte štěstí, že je vaší žačkou. Všichni na vás spoléháme. My všichni, co jsme toho dne zanechali své děti a své sny ve vašich rukou. Jak vezmete naše děti za ruce, stůjte trochu vzpřímeněji a jděte trochu pyšněji. Práce učitelky s sebou přináší strašlivou zodpovědnost.

Dick Abrahamson

Pan Washington

Jednoho dne v jedenáctém ročníku jsem vešel do třídy, abych počkal na svého kamaráda. Když jsem vstoupil, náhle se objevil učitel, pan Washington, a vyzval mě, abych šel k tabuli a něco tam napsal, abych něco vyřešil. Řekl jsem mu, že to udělat nemůžu. Opáčil: „Proč ne?"

Odpověděl jsem: „Protože nepatřím mezi vaše žáky."

Zareagoval: „To nevadí. Stejně jdi k tabuli."

Řekl jsem: „Nemůžu."

On se mě znovu zeptal: „A pročpak ne?"

Na chvíli jsem se odmlčel, protože mě tím trochu uvedl do rozpaků. Pak jsem odpověděl: „Protože patřím do zvláštního vyučování."

Přistoupil ke mně od svého stolu, pohlédl na mě a pronesl: „To už nikdy neříkej. Jaký na tebe mají názor ostatní, ještě nemusí představovat skutečnost."

Byl to pro mě velmi osvobozující okamžik. Na jednu stranu jsem cítil ponížení, protože se mi ostatní studenti vysmívali. Věděli, že patřím do programu zvláštního vyučování. Ale na druhou stranu jsem se cítil vysvobozený, protože mi ukázal, že nemusím žít v rámci názoru, který si na mě utvořil jiný člověk.

A tak se stal pan Washington mým učitelem. Před tím jsem ve škole dvakrát propadl. V páté třídě usoudili, že patřím do zvláštní třídy, a pak mě z páté třídy přemístili nazpátek do třídy čtvrté. Znovu jsem propadl, když jsem chodil do osmičky. Takže tento člověk podstatně změnil můj život.

Vždycky říkám, že se řídil Goethem, který řekl: „Dívej se na člověka takového, jaký je, a ten se jen zhorší. Ale když se na něj budeš dívat, jako by byl někým, kým by mohl být, pak se stane tím, kým by být měl." Podobně jako Calvin Lloyd, i pan Washington věřil, že „nikdo se nerozvíjí, když se na něj kladou nízké nároky". Tento muž vždycky dával studentům najevo, že od nich hodně očekává, a my všichni jsme se ze všech sil snažili, abychom jeho očekávání splnili.

Jednoho dne, když jsem ještě chodil do nižšího ročníku střední školy, jsem ho slyšel, jak promlouvá k několika maturantům. Řekl jim: „Uvnitř sebe samých máte velikost. Něco mimořádného. Jestli jen jeden z vás zachytí záblesk většího obrazu sebe samotného, toho, kým opravdu jste, toho, co přinášíte zemi, záblesk vaší jedinečnosti, pak v historickém rámci, nebude náš svět tím, čím býval. Vaši rodiče na vás mohou být pyšní. Vaše škola na vás může být pyšná. Vaše společnost na vás může být pyšná. Máte možnost se dotknout životů milionů lidí." Mluvil k maturantům, ale zdálo se, jako by ta řeč byla určená výhradně pro mě.

Pamatuji si, jak všichni povstali a tleskali mu. Potom jsem ho dostihl na parkovišti a řekl jsem: „Pane Washingtone, pamatujete si mě? Byl jsem mezi posluchači, když jste promlouval k maturantům."

Odvětil: „Co jste tam dělal? Vy přece nejste maturant."

Řekl jsem: „Já vím. Ale přes dveře do posluchárny jsem slyšel řeč, kterou jste pronášel. Ta řeč patřila mně, pane. Řekl jste, že se v nich samotných skrývá velikost. Já jsem mezi nimi seděl. Mám v sobě velikost, pane?"

Odvětil: „Ano, pane Browne."

„Ale jak si vysvětlíte skutečnost, že jsem propadl z angličtiny, matematiky a dějepisu a že musím chodit do letní školy. Co na to řeknete, pane? Jsem pomalejší než většina ostatních. Nejsem tak chytrý jako můj bratr nebo sestra, která navštěvuje univerzitu v Miami."

„Na tom nezáleží. Jen to znamená, že musíte pracovat tvrději. Vaše známky neurčují, kdo jste nebo čeho můžete ve svém životě dosáhnout."

„Chci koupit své matce dům."

„Nic vám v tom nebrání, pane Browne. Můžete to udělat." A otočil se, aby pokračoval v chůzi.

„Pane Washingtone?"

„Co máte na srdci teď?"

„No víte... já jsem ten jeden, pane. Zapamatujte si mě, zapamatujte si mé jméno. Jednoho dne ho znovu uslyšíte. Budete na mě pyšný. Já jsem ten jeden, pane."

Škola pro mě představovala opravdový boj. Přecházel jsem z jednoho stupně na druhý, protože jsem nebyl špatné dítě. Byl jsem milý, byla se mnou legrace. Uměl jsem lidi rozesmát. Byl jsem slušný. Respektoval jsem ostatní. Takže si mě učitelé předávali, což mi zrovna nepomáhalo. Ale pan Washington na mě nakladl požadavky. Učinil mě zodpovědným. Ale rovněž mi umožnil, abych se s tím mohl vypořádat.

Stal se mým učitelem v maturitním ročníku, i když jsem patřil do zvláštního vzdělávání. Normálně studenti zvláštního vzdělání nechodí na rétoriku a drama, ale pro mě vytvořili zvláštní předpis. Ředitel si uvědomil to pouto, které jsme spolu navázali, a vliv, který na mě pan Washington měl, protože se mi začalo ve škole dařit. Poprvé v životě jsem se dostal na čestnou listinu. Chtěl jsem jet s dramatickým kroužkem na výlet a to člověk musel být na čestné listině, aby mohl odjet na výlet mimo město. Pro mě to byl zázrak!

Pan Washington přetvořil můj vlastní obraz toho, kdo jsem. Poskytl mi širší pohled na mne samotného, na mé mentální předpoklady a mé dispozice.

O několik let později jsem vytvořil pět zvláštních pořadů, které se objevily ve veřejné televizi. Když se můj program „Zasloužíš si" vysílal na vzdělávacím kanálu v Miami, požádal jsem některé své kamarády, aby mu to zavolali. Seděl jsem u telefonu a čekal, když mi zavolal do Detroitu. Řekl: „Mohu mluvit s panem Brownem, prosím?"

„Kdo volá?"

„On ví, kdo volá."

„Ale, pane Washingtone, to jste vy."

„Takže vy jste vážně byl ten jeden, že ano?"

„Ano, pane, byl."

Les Brown

Víra, naděje a láska

Když mi bylo čtrnáct, poslali mě do Cheshireské akademie v Connecticutu. Šlo o internátní školu pro chlapce, kteří měli doma problémy. Mým problémem byla má matka alkoholička, která svým nezodpovědným chováním docela rozložila naši rodinu. Když se rodiče rozvedli, staral jsem se o matku, dokud jsem v osmé třídě nepropadl ze všech předmětů. Můj otec a ředitel školy rozhodli, že by mi disciplinární internátní škola, která vynikala ve sportech (a byla dostatečně vzdálená od mé matky alkoholičky), mohla dát příležitost, abych dostudoval střední školu. Na závěr úvodního setkání prvního ročníku v Cheshire promluvil promluvil hlavní autoritář – Fred O'Leary. Byl to bývalý hráč prestižního družstva v americkém fotbalu na Yaleské univerzitě. Měl mohutné čelisti a obrovský krk, vypadal jako maskot Yaleské univerzity – „Buldok". Když svou rozložitou postavu přesunul blíže k mikrofonu, aby mohl promluvit, všichni ztichli. Spolužák z vyššího ročníku, který seděl vedle mě poznamenal: „Hochu, nikdy tomuhle chlapovi nedovol, aby si tě jen všiml. Radši přejdi ulici na druhou stranu. Jen mu nikdy neukazuj, že existuješ!"

Proslov pana O'Learyho na školním shromáždění byl krátký a věcný: „Nechoďte, opakuji, nechoďte mimo prostory školního areálu, nekuřte, nepijte alkohol. Žádné kontakty s děvčaty z města. Jestliže tato pravidla porušíte, budete za to setsakramentsky platit, a já vám k tomu nakopu zadek!" Právě když jsem si myslel, že skončil, řekl mnohem tišším hlasem: „Budete-li mít někdy nějaké problémy, dveře do mé kanceláře jsou vám otevřené." Jak jen se mi to vrylo do mysli!

Jak ubíhal školní rok, pití mé matky se ještě zhoršilo. Volala mi na koleje v jakoukoli denní či noční hodinu. Špatně artikulovanými slovy mě zapřísahala, abych školy nechal a vrátil se k ní domů. Slibovala, že nechá pití a že bychom mohli jet na Floridu na prázdniny, a tak podobně. Měl jsem ji rád. Těžko se mi ji odmítalo a vnitřnosti se mi svíraly při každém hovoru s ní. Cítil jsem vinu. Cítil jsem stud. Byl jsem velmi, velmi zmatený.

Jednoho odpoledne na hodině angličtiny jsem přemýšlel o hovoru s matkou z předchozí noci a celého mě přemáhaly city. Cítil jsem, jak se mi do očí derou slzy, a tak jsem profesora požádal, jestli by mě mohl omluvit.

„Z jakého důvodu omluvit?" zeptal se mě profesor.

„Abych si mohl dojít za panem O'Learym," odpověděl jsem. Mí spolužáci ztuhli a upřeně na mě zírali.

„Co jsi provedl, Petře? Možná bych ti mohl nějak pomoct," navrhl mi profesor.

„Ne! Já chci jít do kanceláře pana O'Learyho hned teď," trval jsem na svém. Jak jsem opouštěl třídu, myslí se mi honila pouze slova: „Mé dveře jsou otevřené."

Kancelář pana O'Learyho byla součástí velké chodby v hlavní hale. Dveře jeho kanceláře tvořil velký panel skla, takže bylo vidět dovnitř. Když byl někdo ve velkém průšvihu, vtáhl ho dovnitř, práskl dveřmi a zatáhl roletu na okně. Často bylo slyšet, jak řve: „Včera večer tě viděli kouřit za benzínovou pumpou ještě s jedním klukem a tou městskou holkou z kavárny!" Ten nešťastník si to pak pěkně odskákal.

Před jeho kanceláří byla neustále fronta: chlapci z internátní školy se všemi možnými problémy tam posedávali se spadlým hřebínkem. Když jsem se zařadil do řady, ostatní kluci se mě ptali, co jsem provedl.

„Nic," řekl jsem jim.

„Zbláznil ses? Ihned odsud zmiz!" křičeli, ale já jsem nevěděl o jiném místě, kam bych se mohl obrátit.

Nakonec na mě přišla řada. Dveře kanceláře pana O'Learyho se otevřely a já jsem zíral přímo do čelistí disciplíny. Třásl jsem se a připadal jsem si padlý na hlavu, ale měl jsem v sobě to bláznivé tušení, že mě něco – nebo někdo – postavil před tohoto muže – nejobávanějšího muže z celé školy. Vzhlédl jsem, naše oči se setkaly.

„Proč jseš tady?" vyštěkl na mě.

„Na začátku školního roku jste řekl, že jsou vaše dveře otevřené, kdyby měl někdo nějaký problém," vykoktal jsem.

„Pojď dál," řekl, když ukázal na velké zelené křeslo a zatáhl roletu přes vstupní dveře. Pak došel za svůj pracovní stůl, sedl si a pohlédl na mě.

Podíval jsem se na něj a po tváři mi začaly stékat slzy. „Moje matka je alkoholička. Opíjí se a volá mi sem. Chce, abych nechal školy a přestěhoval se domů. Nevím, co mám dělat. Bojím se, mám strach. Prosím nemyslete si, že jsem blázen."

Zabořil jsem hlavu mezi kolena a nekontrolovatelně jsem se rozbrečel. Nestaral jsem se o své okolí, a proto jsem neslyšel, jak se tento mohutný bývalý atlet potichu přesunul zpoza svého stolu, přistoupil odzadu a postavil se za toho malého dospívajícího chlapce, který vzlykal ve velkém zeleném křesle. Jedno bohem zapomenuté dítě v tmavém, studeném místě.

Pak se to stalo – jeden z těch zázraků, které Bůh koná prostřednictvím lidí. Velká ruka pana O'Learyho se jemně dotkla mého ramene, jeho palec mi spočinul na krku.

Slyšel jsem, jak tento obávaný gigant disciplíny měkce pronáší: „Vím, jak se cítíš, hochu. Víš, já jsem také alkoholik. Udělám všechno, co je v mých silách, abych tobě i tvé matce pomohl. Řeknu svým přátelům z anonymní protialkoholické léčebny, aby se s ní ještě dnes spojili."

V tom okamžiku jsem to najednou zřetelně viděl. Bylo mi jasné, že všechno bude lepší, a už jsem vůbec neměl strach. S jeho rukou spočívající na mém rameni jsem cítil, že se mě dotkl Bůh, Kristus, Mojžíš. Víra, naděje a láska se pro mě poprvé v životě staly skutečností. Viděl jsem je, zažil jsem je na vlastní kůži, naplnily mě pro každého kolem. Nejobávanější muž ve škole se stal mým tajným přítelem a já jsem za ním pravidelně jednou týdně docházel. Kdykoli jsem u oběda prošel kolem jeho stolu, vždycky na mě pohlédl a zamrkal. Srdce mi přetékalo pýchou, že se o mě tento obávaný muž disciplíny tak laskavě a s takovou láskou zajímá.

Vztáhl jsem ruku ve chvíli, kdy jsem potřeboval pomoci... On tam stál pro mě.

Peter Spelke
s malou pomocí Dawn Spelkeové a Sama Dawsona

Jméno Fred O'Leary je pseudonym. Ke změně jména jsme přistoupili, abychom ochránili soukromí skutečné osoby.

Boty

Proč žijeme, když ne proto, abychom si navzájem usnadňovali život?

George Eliot

Ve třicátých letech byla v těžebním a zpracovatelském průmyslu ve všech oblastech velmi obtížná situace. V mém starém rodném městě v západní Pennsylvánii tisíce chlapů chodily po ulicích a hledaly práci. Mezi takové patřili i mí starší bratři. Ne, že bychom hladověli, to ne, ale ani jsme nijak moc nejedli.

Protože jsem byl jedním z mladších chlapců v rodině, všechny své svršky jsem po někom podědil. Dlouhé kalhoty ustřihli u kolenou a ustřižené nohavice sloužily jako záplaty na zkrácené kalhoty. Košile se přešívaly. Ale boty – boty to bylo něco jiného. Boty každý prochodil. Byly úplně obnošené a vyměňovaly se jen tehdy, když se bosá noha už proklubala svrškem ven.

Vzpomínám si, že než jsem dostal nízké zavazovací boty oxfordky, nosil jsem pár bot s rozšklebenými boky a uvolněnými podrážkami, které byly vpředu načisto odchlíplé, takže při chůzi pleskaly. Uřízl jsem dva pruhy ze staré duše a přetáhl jsem si je přes prsty, aby mi držely podrážky bot.

Tehdy jsem měl sestru. Odstěhovala se s manželem na západ a usadila se v Coloradu. Když mohla, pomáhala tím, že nám posílala obnošené šaty.

Jednou před Díkůvzdáním jsme od ní obdrželi krabici právě s takovými věcmi. Všichni jsme se kolem krabice shromáždili. Pěkně v rohu byly uhnízděné boty. Tenkrát jsem ale ještě nevěděl, co je to za boty. Maminka to taky nevěděla, a když si na to tak vzpomínám, tak to nevěděl ani táta, a ani žádný z kluků. Stejně jako já si mysleli, že jde o nějaké boty, které sestra přestala mít v oblibě.

Maminka pohlédla na mé nohy, které se klubaly ze starých bot, a pak se natáhla ke krabici, vyndala ty darované boty a podala mi je. Dal jsem si ruce za záda, podíval jsem se po rodinném kruhu a začal jsem si sám pro sebe slabě pobrekávat. Jen zázrakem se mi žádný z bratrů neposmíval a ani mě nenazýval uplakánkem.

Ještě teď, po třiceti letech, mě při té vzpomínce zabolí. Maminka si mě vzala stranou, řekla, že ji to moc mrzí, ale že pro mě žádné jiné boty prostě nemají, a jelikož se blíží zima, budu muset vzít zavděk těmihle. Táta mě pohladil, ale neříkal nic. Můj nejmilejší bratr Mike mi rozcuchal vlasy a řekl, že všechno bude zase dobrý.

Nakonec, když jsem zůstal úplně sám, jsem si sestřiny boty nazul. Byly světle hnědé, vepředu zašpičatělé, měly docela vysoké podpatky, ale cítil jsem se v nich docela dobře. Díval jsem se na ně skrz slzy v očích, tiše jsem plakal.

Následujícího rána jsem vstal a oblékal jsem se do školy, protahoval jsem to, jak jen to šlo, boty jsem si nechal až nakonec. Znovu se mi vedraly slzy do očí, ale přemohl jsem je. Pak už jsem musel vyrazit do školy, šel jsem postranní cestou, abych na nikoho nenarazil, dokud nebudu na školním hřišti. A právě tam postával Timmy O'Toole, můj úhlavní nepřítel, starší a větší než já, který se mnou chodil do třídy paní učitelky Millerové.

Pohlédl na boty mé sestry, čapnul mě za ruku a začal povykovat: „Evan nosí holčičí boty! Evan nosí holčičí boty!“ Mohl jsem mu klidně natlouct, ale byl o hodně větší a silnější! Nejdřív mě nechtěl pustit. Držel mě, dokud se kolem nás neutvořil hlouček dětí. Nevím, co jsem provedl, ale náhle u toho byl starý Weber, ředitel.

„Pojďte dovnitř,“ řekl, „je čas na poslední zvonění.“ Vyrazil jsem ke dveřím a dostal jsem se do třídy dřív, než mě mohl Timmy zmučit ještě víc.

Tiše jsem seděl se sklopenýma očima, nohy jsem zasunul pod sebe, ale ani to ho nezastavilo. Nepřetržitě pokračoval. Pokaždé, když přišel k mé lavici, trochu zatancoval, říkal mi Edno a trousil o botách mé sestry hloupé poznámky. Dopoledne jsme probírali osídlování Západu a paní učitelka Millerová nám hodně vyprávěla o průkopnících v Kansasu, Coloradu a Texasu a dalších místech. Právě v tu dobu vstoupil starý Weber do třídy, postavil se mezi dveře a tiše naslouchal.

Před tím jsem byl stejný jako většina kluků. Což znamená, že jsem starého Webera neměl moc rád. Říkalo se, že je opravdu zlý. Je vzteklý. Nadržuje holkám.

Stál mezi dveřmi do naší třídy. Nikdo z nás nevěděl, snad možná jen s výjimkou paní učitelky Millerové, že starý Weber kdysi bydlel na ranči v Oklahomě. Paní učitelka Millerová se k němu obrátila a zeptala se ho, jestli by se nechtěl připojit k naší diskusi, a on k našemu velkému překvapení souhlasil. Místo toho, aby nám starý Weber vedl ty své obvyklé řeči, začal mluvit o životě kovbojů a o Indiánech. Dokonce zazpíval několik kovbojských písniček! Vydrželo mu to skoro tři čtvrtě hodiny.

Už se blížilo poledne a my jsme měli vyrazit domů na oběd, když starý Weber začal procházet mou uličkou, a stále ještě vyprávěl. Najednou se zastavil u mé lavice a ztichl. Pohlédl jsem mu do obličeje a došlo mi, že upřeně zírá dolů pod mou lavici a hledí na boty mé sestry. Cítil jsem, jak rudnu, když jsem zasunoval nohy pod sebe. Než jsem je ale stačil zasunout úplně, zaslechl jsem ho šeptnout: „Kovbojské oxfordky!“

Já jsem řekl jen: „Prosím?“

A on znovu prohlásil: „Kovbojské oxfordky!“ Jak se ostatní děti snažily zahlédnout, na co tak upřeně zírá, a zaslechnout, co říká, potěšeně zvolal: „Evane, kde jsi jen proboha sehnal kovbojské oxfordky?“

Nu, brzy se všichni ze třídy nahrnuli co nejblíž k němu a ke mně, dokonce i paní učitelka Millerová. A říkali: „Evan má opravdové kovbojské oxfordky!“ Šlo bezmála o jeden z nejšťastnějších dnů mého života.

Jelikož už nám moc času nezbývalo, pan Weber řekl paní učitelce Millerové, že je v pořádku, jestli s tím bude Evan souhlasit, aby chlapcům a dívkám dovolila, aby si opravdu dobře prohlédli tyhle kovbojské oxfordky. A tak se všichni nahrnuli kolem mé lavice, včetně Timmyho O'Toolea, a pohlíželi na mé překrásné boty. Cítil jsem se hrozně důležitý, ale od své maminky jsem věděl, že nemám být pyšný, a proto jsem tam jen seděl a pokoušel jsem se nevypadat příliš nafoukaně. Nakonec přišel čas oběda.

Nemohl jsem se skoro dostat ven, protože každý chtěl jít vedle mě. Pak si je všichni chtěli vyzkoušet, mám na mysli ty mé kovbojské oxfordky. Řekl jsem, že si to musím nechat projít hlavou. Po tom všem!

Toho odpoledne jsem se zeptal pana Webera, co si myslí o tom, abych všem nechal vyzkoušet své kovbojské oxfordky, a on o tom dlouho přemýšlel. Nakonec řekl, že je v pořádku, abych je nechal vyzkoušet klukům, ale rozhodně ne holkám. Dá rozum, že holky přece nikdy nemůžou nosit kovbojské oxfordky. Bylo legrační, že na to měl pan Weber stejný názor jako já.

Tak jsem všem klukům ze třídy dovolil, aby si je vyzkoušeli, dokonce i Timmymu O'Tooleovi, i když ten přišel na řadu až poslední. A kromě mě byl jediný, komu padly. Chtěl, abych napsal své sestře, jestli by pro něj taky nemohla jeden pár obstarat. Já jsem se jí ale nezeptal. Měl jsem jediný pár kovbojských oxfordek ve městě a moc mi to tak vyhovovalo.

Paul E. Mawhinney

Plešoun

Nikdy nezapomenu na své první setkání s Alvinem C. Hassem v roce 1991. Ten vězeň, co nás ve vězeňské třídě představoval, neužil jméno „Alvin Hass“ – ani náhodou! Představil Alvina jako „Plešouna“. Alvinova přezdívka se mi hned nějak nezamlouvala. Vysoký vězeň s jemným hlasem nezvedl zrak, když si se mnou potřásl rukou. Snad ani nemusím podotýkat, že „Plešoun“ byl samozřejmě plešatý. Vlasy, které mu rostly po stranách, splývaly hodně pod ramena. Měl jsem pocit, že od něj nemohu odtrhnout oči a zároveň jsem se snažil na něj nedívat. Na temeni hlavy měl velké (a velmi hrozivě vyhlížející) tetování. (Nelžu! Měl tetování na hlavě!) Tetování představovalo křídla Harleye-Davidsona a pokrývalo mu celé temeno hlavy.

Jako učitel se snažím ve stresových chvílích zachovat naprostý klid, a tak se mi podařilo první den vyučování přežít. Na konci hodiny, když odcházel ze třídy, mi „Plešoun“ podstrčil vzkaz. Pomyslel jsem si: „Ale ne! Patrně mi sděluje, že mě jeho ostatní přátelé motorkáři ‚vezmou na projížďku‘, když mu nedám dobrou známku. Po chvíli jsem měl možnost si poznámku přečíst. Stálo v ní: „Účo (vždycky mě oslovoval „Účo“) snídaně je důležité jídlo, a jestli tou dobou ještě nebýváte doma, jaj, tak to budou trable! – Plešoun, hippík z hor.“

Během několika měsíců u mě zakončil řadu šesti předmětů. Byl to skvělý student, který jen zřídka něco řekl. Nicméně mi skoro každý den předal lístek s rčením, pikantní novinkou, anekdotou nebo nějakou moudrou radou do života. Těšil jsem se na ně a býval jsem trochu zklamaný, když mi náhodou žádnou nedal. Ještě teď je všechny mám.

Padli jsme si s Plešounem do oka. Nějak jsem cítil, že mi pokaždé, když jsem otevřel ústa, abych začal učit, rozumí. Potichu nasával všechno, co jsem vykládal. Došlo mezi námi ke spojení.

Na závěr každého kursu všichni studenti dostávali osvědčení. Plešoun celou dobu podával skvělý výkon a já jsem měl velkou radost, že jsem mu osvědčení mohl předat.

Byli jsme spolu sami, když jsem mu osvědčení o zakončení kursu předával. Potřásl jsem mu rukou a krátce jsem mu řekl, že mi bylo potěšením, že jsem ho mohl mít ve své třídě a jak si cením jeho pilné práce, skvělé účasti a nadprůměrného přístupu. Jeho odpověď se mi vryla do paměti a neustále silně působí na můj život. Plešoun svým jemným hlasem poznamenal: „Děkuji vám, Larry. Vy jste první učitel v mém životě, který mi řekl, že jsem něco udělal správně."

Jak jsem odcházel, zmocňovaly se mě city. Jen stěží jsem zadržoval slzy, když jsem myslel na to, že Plešounovi za celou tu dobu nikdo neřekl, že něco udělal správně.

Nu, pocházím ze staré školy. Vyrostl jsem v konzervativním prostředí a věřím, že zločinci musí za své zločiny pykat a že za na ně musí zodpovídat. Přesto jsem se sám sebe několikrát ptal: „Mohla by náhodou, jen čirou náhodou, skutečnost, že Plešoun nikdy od nikoho neslyšel: ‚Tohle se ti tedy vážně povedlo' nebo ‚Dobrá práce', mít něco společného s tím, že skončil ve vězení?"

Zkušenost toho okamžiku mi do srdce vštípila touhu, abych se postaral o to, že kladně ocením každého studenta, který udělá něco „správně“.

Díky, Plešoune, žes mi řekl, že jsem i já udělal něco správně.

Larry Terherst

Stopy v mém srdci

Někteří lidé vstoupí do našeho života a rychle z něj zase odejdou. Někteří v něm nějakou dobu zůstanou a zanechají stopy v našich srdcích, my už pak nikdy nejsme stejní.

Neznámý zdroj

Jednoho lezavě studeného lednového dne vstoupil do mé páté třídy pro studenty s poruchami schopnosti učení nový žák a zanechal stopy v mém srdci. Když jsem Bobbyho zahlédla poprvé, měl na sobě v tom studeném počasí jen nátělník a rozdrbané džíny, zjevně příliš těsné. Na jedné botě mu chyběla tkanička, bota mu při chůzi pleskala o chodidlo. Ale i kdyby byl Bobby slušně oblečený, stejně by nevypadal jako normální dítě. Vypadal utrápeně, zanedbaně a ztraceně, nikdy před tím jsem nic podobného neviděla a doufám, že už nikdy neuvidím.

Nejen že Bobby vypadal divně, ale jeho chování bylo tak abnormální, že jsem byla přesvědčená, že patří do třídy, ve které se vyučuje společenské chování. Bobby měl za to, že okrouhlé umyvadlo v chodbě slouží jako pisoár, že normální tón hlasu je křik, byl posedlý kačerem Donaldem a nikdy se nikomu nedíval do očí. Během vyučování nepřetržitě vykřikoval nějaké poznámky. Jednou všem pyšně oznamoval, že mu učitel tělocviku řekl, že zapáchá, a donutil ho, aby se nastříkal voňavkou.

Nejen že bylo jeho sociální chování nechutné, ale neměl vůbec žádné všeobecné znalosti. Neuměl dokonce napsat ani písmena abecedy. Kdybych řekla, že mezi studenty z mé třídy nezapadl, vyjádřila bych se poněkud shovívavě.

Byla jsem přesvědčená, že mi Bobbyho do třídy přidělili omylem. Nahlédla jsem do jeho záznamů a velmi mě šokovalo, když jsem zjistila, že má normální I. Q. Z čeho tedy mohlo takové nenormální chování pramenit? Promluvila jsem si se studijním poradcem, který mi řekl, že se setkal s Bobbyho matkou. Poznamenal: „Bobby je mnohem normálnější než ona.“ Podrobněji jsem se probrala jeho záznamy a objevila jsem, že Bobby první tři roky svého života strávil v dětském domově. Potom se vrátil k matce a alespoň jednou za rok se stěhovali do jiného města. Takhle to tedy bylo. Bobbyho inteligence byla normální, a on přes své prapodivné chování zůstane u mě ve třídě.

Nerada si to připouštím, ale jeho přítomnost ve třídě mě obtěžovala. Má třída byla beztak už přeplněná a měla jsem na starost několik studentů, kteří vyžadovali zvláštní pozornost. Nikdy jsem nezkoušela učit někoho, jehož schopnosti byly na tak nízkém stupni. Jen pouhé vymýšlení hodin pro něj bylo velmi namáhavé. Prvních pár týdnů, když začal chodit k nám do školy, jsem se probouzela se staženým žaludkem, hrozila jsem se jít do práce. Byly doby, kdy jsem jela do školy a doufala jsem, že on tam nebude. Byla jsem hrdá na to, že jsem dobrá učitelka, a byla jsem zhnusená sama sebou za to, že ho nemám ráda a že ho nechci mít u sebe ve třídě.

I když mě doháněl k šílenství, přesto jsem se statečně snažila, abych se k němu chovala jako ke všem ostatním studentům. Nikdy jsem nikomu ve třídě nedovolila, aby si z něho utahovali. Nicméně mimo učebnu se studenti bavili tím, že na něj byli zlí. Jako smečka divokých zvířat, která útočí na člena z vlastních řad za to, že je nemocný nebo zraněný.

Měsíc po tom, co k nám Bobby začal chodit do školy, přišel do třídy s roztrženým trikem a zakrvaveným nosem. Pustilo se do něj několik studentů z mé třídy. Bobby si sedl do lavice a předstíral, že je všechno v pořádku. Otevřel si knihu a pokoušel se číst, jak se krev mísila se slzami a skapávala mu na stránky. Rozzuřeně jsem Bobbyho poslala ke školní zdravotnici a začala jsem spílat těm, co ho zranili. Řekla jsem jim, že by se měli stydět za to, že ho nemají rádi jen proto, že je jiný než oni. Křičela jsem, že by se k němu měli chovat slušně právě proto, že on se chová tak podivně. V jednom okamžiku svého slovního útoku jsem ale začala poslouchat vlastní slova a rozhodla jsem se, že také já sama budu muset změnit *své* názory na něj.

Tato příhoda změnila můj náhled na Bobbyho. Konečně jsem pronikla za to prapodivné chování a spatřila jsem malého kluka, který zoufale potřebuje, aby se o něj někdo staral. Uvědomila jsem si, že opravdová zkouška učitele nespočívá jen v předávání akademických vědomostí, ale i v tom, že vyjde vstříc potřebám studentů. Bobby měl mimořádné potřeby, které bylo třeba uspokojit.

Začala jsem Bobbymu kupovat ošacení od Armády spásy. Věděla jsem, že si z něj studenti dělají legraci, protože má jenom tři trička. Pečlivě jsem vybírala věci, které byly v dobrém stavu a byly moderní. Oblečení mu udělalo hroznou radost a obrovsky mu zvýšilo sebevědomí. Doprovázela jsem Bobbyho do hodin, kdykoli měl strach, že mu někdo nabije. Trávila jsem s ním před vyučováním čas navíc a věnovali jsme se domácímu úkolu.

Bylo neuvěřitelné pozorovat, jaká změna se s Bobbym udála díky novému oblečení a zvláštní pozornosti. Vystrčil hlavu ze své ulity a já jsem zjistila, že je to velmi příjemný chlapec. Jeho chování se zlepšilo a dokonce mi i na krátkou dobu začal pohlížet do očí. Už jsem se neobávala chodit do práce. Ve skutečnosti jsem se těšila, až ho ráno uvidím procházet chodbou. Dělala jsem si starosti, když ve škole chyběl. Všimla jsem si, že se změnou mého chování k němu se změnilo i chování ostatních studentů. Přestali si ho dobírat a začlenili ho mezi sebe.

Jednoho dne přišel Bobby do školy se vzkazem, že se bude za dva dny stěhovat. Zlomilo mi to srdce. Ještě jsem mu neobstarala všechno oblečení, které jsem měla v úmyslu. O přestávce jsem zašla do obchodu a koupila jsem mu věci, které se k sobě hezky hodily. Dala jsem mu je a řekla jsem mu, že je to dárek na rozloučenou. Když zahlédl na oblečení visačky, pronesl: „Nevzpomínám si, že bych měl někdy na sobě úplně nové šaty."

Několik studentů ze třídy zjistilo, že se Bobby stěhuje, a po vyučování mě požádali, jestli by pro něj nemohli následujícího dne uspořádat oslavu na rozloučenou. Odpověděla jsem: „Samozřejmě," ale pomyslela jsem si: „Zapomněli, že mají udělat domácí úkol. Na zítřejší ráno rozhodně žádnou oslavu nepřipraví." K mému velkému překvapení však všechno zorganizovali. Následujícího rána přinesli dort, fáborky, balónky a dárky pro Bobbyho. Z jeho mučitelů se stali jeho přátelé.

Posledního den u nás ve škole Bobby vstoupil ke mně do učebny s obrovským batohem naplněným dětskými knížkami. Oslava se mu moc líbila, a když jsme všechno zase uklidili, zeptala jsem se ho, na co má všechny ty knihy. Řekl: „Tyhle jsou pro vás. Mám knížek hodně, a tak mě napadlo, že bych vám nějaké mohl dát." Byla jsem přesvědčená, že Bobbymu doma nepatří nic, rozhodně ne knihy. Jak by mohlo dítě, které mělo jednu dobu jen tři trika, vlastnit spousty knížek?

Jak jsem se knihami probírala, zjistila jsem, že se ve většině případů jedná o knížky z knihoven z různých míst, kde dřív bydlel. Některé knihy měly uvnitř vepsáno – Výtisk učitele. Věděla jsem, že knihy Bobbymu opravdu nepatří a že je získal za poněkud podezřelých okolností. Ale dával mi všechno, co mi dát mohl. Nikdy před tím mi nikdo takový překrásný dárek nedal. Kromě šatů na vlastním těle, které jsem dala já jemu, mi Bobby dával všechno, co vlastnil.

Když Bobby toho dne odcházel ze třídy, zeptal se mě, jestli by si se mnou mohl dopisovat. Vyšel ze třídy s mou adresou a mě zanechal se svými knihami a s trvalými stopami v mém srdci.

Laura D. Nortonová

4

O SMRTI A UMÍRÁNÍ

Nestůjte u mého hrobu a neroňte slzy.
Nejsem tam.
Nespím, to zjistíte brzy.
Jsem tisíc větrů a všechno jejich vlání.
Jsem jiskření stříbřitých sněžných plání.
Jsem sluneční svit na zralém obilí.
Jsem podzimní déšť, všechno zaliji.
Když se probudíte do ranního ticha,
já jsem ten čilý šum, co na vás svěže dýchá,
zpěv ptáků, co v kruhu víří ve výškách.
Jsem hvězdy, co nocí září jako zlatý prach.
Nestůjte u mého hrobu a neroňte slzy.
Nejsem tam.
Nespím, to zjistíte brzy.

Neznámý autor

Zlatý jeřáb

Jelikož Art Beaudry vyučoval origami (starodávné japonské umění skládání papíru) v Celoživotním vzdělávacím institutu LaFarge v Milwaukee ve Wisconsinu, požádali ho, aby reprezentoval školu na výstavě, kterou pořádali ve velkém nákupním středisku v Milwaukee.

Rozhodl se, že si s sebou vezme několik set složených papírových jeřábů, aby je rozdal lidem, kteří se zastaví u jeho pultu.

V předvečer toho dne se však stalo něco divného – nějaký hlas mu našeptával, aby našel list pozlaceného papíru a aby z něj udělal zlatého jeřába origami. Ten hlas byl tak neodbytný, že se Art začal doma prohrabovat svou sbírkou papírů na origami, dokud nenašel jeden hladký, lesklý kus zlaté fólie.

„Proč tohle vlastně dělám?" ptal se sám sebe. Art nikdy nepracoval s lesklým zlatým papírem, protože nešel tak snadno a úhledně skládat jako pevné mnohobarevné papíry. Ale ten vnitřní hlas ho nepřestával pošťuchovat. Art si odkašlal a pokoušel se vnitřní našeptávání ignorovat. „Proč vlastně zlatou fólii? S papírem se pracuje o mnohem snadněji," reptal Art.

Ten hlas ale pokračoval. „Udělej ho! A zítra ho musíš darovat výjimečnému člověku."

Tou dobou byl Art už trochu rozmrzelý. „Jakému výjimečnému člověku?“ zeptal se toho hlasu.

„Však ty už budeš vědět komu,“ odpověděl hlas.

Toho večera Art velmi pečlivě skládal a tvaroval nemilosrdnou zlatou fólii, až z ní nakonec stvořil jeřába stejně elegantního a křehkého, jako je skutečný jeřáb, který se právě chystá vzlétnout. Přibalil tohoto nádherného ptáka ke všem těm asi dvěma stům papírových jeřábů, které zhotovil v průběhu několika předchozích týdnů.

Následujícího dne se v obchodním středisku u Artova pultu zastavilo nespočet lidí, kteří se zajímali o origami. On jim to umění předváděl. Skládal, rozkládal, překládal. Vysvětloval složité detaily, nutnost přesných skladů.

Pak se před Artem objevila žena. Výjimečný člověk. Art ji nikdy předtím neviděl a ona neřekla ani slovo, když ho pozorovala, jak z jasně růžového kusu papíru opatrně skládá jeřába se zašpičatělými, elegantními křídly.

Art jí zběžně pohlédl do obličeje, a dřív než věděl, co vlastně dělá, už měl ruku zabořenou ve velké krabici, která obsahovala zásobu papírových jeřábů. Byl v ní i ten jemný pták ze zlaté fólie, kterého zhotovil předchozí noci. Vyndal ho a opatrně ho položil ženě do ruky.

„Nevím proč, ale mám v sobě velmi pronikavý vnitřní hlas, který mi našeptává, abych vám předal tohoto zlatého jeřába. Jeřáb je starodávný symbol míru,“ řekl Art prostě.

Žena nic neřekla, když křehkého jeřába brala do dlaní tak opatrně a pomalu, jako by byl živý. Když se jí Art podíval do obličeje, zahlédl, jak jí oči přetékají slzami.

Nakonec se žena zhluboka nadechla a řekla: „Před třemi týdny mi zemřel manžel. Dnes jsem poprvé vyšla z domu. Dnes...“ utřela si volnou rukou slzy a v té druhé stále něžně ochraňovala zlatého jeřába.

Mluvila velmi tiše. „Dnes bychom měli zlatou svatbu.“

Pak zřetelně dodala: „Děkuji vám za tento překrásný dárek. Teď vím, že můj manžel odpočívá v pokoji. Cožpak to nevidíte? Ten hlas, který jste slyšel, byl hlas Boží a tenhle překrásný jeřáb je dárek od něj. Jde o nejkrásnější dárek k našemu padesátému výročí svatby, jaký jsem kdy mohla dostat. Děkuji, že jste naslouchal svému srdci."

A tak se Art naučil pozorně naslouchat vnitřnímu hlasu, který ho nabádá, aby udělal něco, čemu v dané chvíli zrovna moc nerozumí.

Patricia Lorenzová

Poslední dopis řidiče náklaďáku

Hora Steamboat Mountain je zabiják a řidiči náklaďáků, kteří přepravují náklady po aljašské dálnici, z ní mají velký respekt, obzvlášť pak v zimě. Silnice se vine přes horu a strmé stěny se příkře svažují ze zledovatělé silnice. Už tam zmizelo nespočetně nákladních vozů a řidičů a mnozí další je ještě budou následovat.

Když jsem jednou vyjížděl dálnici, narazil jsem na Kanadskou královskou jízdní policii a několik havarijních vozů, které z velmi strmého srázu navijákem vyzvedávaly zbytky nákladního vozu. Zaparkoval jsem a došel jsem ke ztichlé skupince řidičů, kteří pozorovali, jak se vrak pomalu objevuje.

Přistoupil k nám jeden člen jízdní policie a tiše promluvil.

„Mrzí mě to," řekl, „řidič byl mrtvý, už když jsme ho objevili. Musel se zřítit přede dvěma dny, když jsme tu měli silnou sněhovou bouři. Moc stop tady nebylo. Jen čirou náhodou jsme si všimli odrazu slunce od chrómu."

Pomalu pokýval hlavou a sáhl do kapsy své bundy.

„Tady máte, chlapi, možná byste si tohle měli přečíst. Hádám, že žil ještě několik hodin, než ho zima dostala."

Nikdy jsem neviděl slzy v očích policajta – vždycky jsem měl za to, že ti už viděli tolik smrti a zoufalství, že už vůči nim musí být imunní, ale on si utřel slzy a podal mi dopis. Jak jsem ho pročítal, začal jsem taky brečet. Každý řidič si ta slova potichu přečetl a pak se mlčky vrátil ke svému vozu. Ta slova se mi vryla do paměti a nyní, po letech, je ten dopis ve mně stejně živý, jako kdybych ho držel před sebou. Chci se o něj podělit s vámi a s vašimi rodinami.

Prosinec, 1974

Má milovaná ženo!

Tohle je dopis, který žádný chlap nechce psát, ale já mám to štěstí, že mi zbývá trochu času, abych ti řekl, co jsem ti tolikrát říct zapomněl. Miluji tě, miláčku.

Dělala sis ze mě legraci, že mám ten svůj náklaďák radši než tebe, protože s ním trávím víc času. A já mám opravdu rád tenhle kus železa – vždycky mi dobře sloužil. Doprovázel mě v těžkých dobách a na těžkých místech. Na dlouhých cestách na něj vždycky bylo spolehnutí, na rovinkách se pěkně rozjížděl. Nikdy mě nezklamal.

Ale chceš něco vědět? Mám tě rád úplně ze stejných důvodů. Taky jsi stála při mně v těžkých dobách a místech.

Pamatuješ si na první náklaďák? Ten uštvaný starý kombajn, kvůli kterému jsme byli věčně na mizině, ale vždycky nám vydělal dost peněz, abychom měli co jíst? Našla sis práci, abychom mohli platit nájem a účty. Každý cent, který jsem vydělal, jsem vrazil zpátky do ná-

klaďáku, zatímco tvoje peníze nám obstarávaly jídlo a střechu nad hlavou.

Vzpomínám si, jak jsem si na náklaďák stěžoval, ale nevzpomínám si, že by sis někdy stěžovala ty, když jsem přišel z práce domů unavený a žádal jsem tě o peníze, abych mohl zas vyjet. Jestli sis přece jen stěžovala, pak bych řekl, že jsem to neslyšel. Topil jsem se pouze ve vlastních problémech, než abych myslel na ty tvoje.

Myslím teď na všechno, čeho ses kvůli mně vzdala. Šatů, dovolených, večírků, přátel. Nikdy sis nestěžovala a já jsem si nikdy nevzpomněl, abych ti poděkoval za to, jaká jsi.

Když jsem seděl s klukama u kafe, vždycky jsem mluvil o svém náklaďáku, o návěsu, o splátkách. Řekl bych, že jsem zapomínal, že jsi můj partner, i když jsi neseděla se mnou v kabině. Tvé oběti a tvá rozhodnutí, stejně jako moje, nám nakonec obstaraly nový náklaďák.

Byl jsem na ten náklaďák nesmírně pyšný. Byl jsem pyšný i na tebe, ale nikdy jsem ti to neřekl. Bral jsem za samozřejmost, že to víš, ale kdybych strávil tolik času hovory s tebou, jako jsem trávil leštěním chrómu, možná bych ti to byl řekl.

Během všech těch let, co jsem brázdil silnice, jsem vždycky věděl, že tvé modlitby jezdí se mnou. Ale tentokrát nestačily.

Jsem zraněný a je to vážné. Ujel jsem svůj poslední kilometr a chci říct věci, které jsem měl říct již tolikrát před tím. Věci, na které jsem zapomněl, protože jsem se příliš zabýval náklaďákem a svou prací.

Myslím na všechna ta zmeškaná výročí a narozeniny. Na školní představení a hokejové zá-

pasy, na které ses chodila dívat sama, protože já jsem byl pryč.

Myslím na ty osamělé noci, které jsi trávila beze mě, a ptala ses sama sebe, kde asi jsem a jak se mi daří. Myslím na všechny ty chvíle, kdy jsem měl v plánu, že ti zavolám, jen abych slyšel tvůj hlas, ale nějak jsem se k tomu nikdy nedostal. Myslím na klid v duši, protože jsem věděl, že jsi doma s dětmi a že na mě čekáš.

A na rodinné večeře, kdes celou dobu strávila tím, že jsi svým rodičům vysvětlovala, proč jsem nemohl být doma. Musel jsem vyměnit olej, sháněl jsem náhradní díly, spal jsem, protože jsem následujícího rána brzy odjížděl. Vždycky byl nějaký důvod, ale nějak mi v této chvíli nepřipadají moc důležité.

Když jsme se vzali, nevěděla jsi, jak máš vyměnit prasklou žárovku. Za dva roky jsi ve sněhové vánici spravovala kotel topení, zatímco já jsem na Floridě čekal na náklad. Stal se z tebe dobrý mechanik, pomáhala jsi mi s opravami a já jsem byl na tebe neskonale pyšný, když jsi skočila do kabiny a zacouvala jsi přes keříky růží.

Byl jsem na tebe pyšný, když jsem zajel na dvůr a našel jsem tě tam, jak spíš v autě a čekáš na mě. Ať byly dvě ráno nebo odpoledne, vždycky jsi v mých očích vypadala jako filmová hvězda. Jsi krásná, víš? Myslím, že jsem ti to v poslední době mockrát neřekl, ale je to pravda.

Udělal jsem v životě hodně chyb, ale jestli jsem vůbec někdy udělal nějaké dobré rozhodnutí, pak to bylo tehdy, když jsem tě požádal o ruku. Nikdy jsi nechápala, co mě tak žene k řízení náklaďáku. Taky jsem to nechápal, ale byl to můj způsob života, a ty jsi při mně stála. Dobré časy, špatné časy, vždycky jsem se na tebe mohl spolehnout. Miluju tě, miláčku, a děti taky miluju.

Bolí mě tělo, ale srdce mě bolí ještě víc. Nebudeš se mnou, až skončím tuhle cestu. Poprvé od té doby, co jsme spolu, jsem opravdu sám a nahání mi to hrůzu. Tak strašně tě potřebuju a vím, že už je moc pozdě.

Asi je to směšné, ale nyní mám náklaďák. Ten zatracený náklaďák, který nám tak dlouho řídil životy. Tenhle pokroucený kus oceli, ve kterém a se kterým jsem tolik let žil. Ale nemůže mi oplatit lásku. To můžeš udělat jen ty.

Jsi přes tisíc šest set kilometrů odsud, ale já cítím, že tu jsi se mnou. Vidím tvůj obličej a cítím tvou lásku, bojím se doběhnout ten závěrečný běh sám.

Řekni dětem, že je mám moc rád, a klukům nedovol, aby se živili řízením náklaďáku.

Tak to je asi tak všechno, drahoušku. Můj Bože, jak já tě mám rád. Dávej na sebe pozor a vždycky si pamatuj, že jsem tě nade všechno miloval. Jen jsem ti to zapomněl říct.

Miluji tě,
Bill

Rud Kendall

Předložila Valerie Teshimaová

Z lásky k dítěti

Sedmnáctiletý Mike Emme řídil Ford Mustang ’67. Ten postával zanedbaný na poli v Coloradu, nikdo s ním víc než sedmnáct let nejezdil, dokud ho Mike nekoupil, neopravil a nenatřel jasně žlutou barvou. Mike byl nadaný student, veselý, vstřícný mladík s budoucností tak jasnou a zářivou, jako bylo jeho auto. Kamarádi mu říkali „Mustang Mike“.

„Kdybych se tak mohl naučit nenávidět,“ stálo na lístku. „Neviňte se. Mami a tati, mám vás rád. Pamatujte, vždycky budu s vámi.“ A závěrem: „S láskou, Mike. 11:45.“

Mikeova letní láska náhle skončila, když se jeho dívka 23. srpna zasnoubila s někým jiným. 8. září Mike vklouzl na přední sedadlo svého jasně žlutého Mustanga, zavřel dveře a zastřelil se, což překvapilo každého, kdo ho znal.

V 11:52 zajeli jeho rodiče, Dar a Dale Emmeovi a jeho bratr Viktor k příjezdové cestě hned za zářivě žlutého Mustanga – o sedm minut pozdě.

V poledne následujícího dne se k Emmeovým začala sjíždět dospívající mládež s tričky, na kterých nad zářivě žlutým Mustangem stálo: „NA PAMĚŤ MIKEA EMMEA“. (Udělal je Mikeův nejlepší kamarád Jarrod a jeho maminka.)

Proud příběhů, které již dlouho kolovaly, začal vycházet na světlo. Většina z nich byla pro Mikeovu rodinu úplnými novinkami. Některé zacházely zpátky až do základní školy, kdy se rozdělil o svůj oběd s méně šťastným dítětem nebo své peníze na oběd věnoval nějakému fondu.

Jakási cizí žena zatelefonovala, aby se s nimi podělila o to, jak se jí jednou pozdě v noci rozbilo auto a jak musela zůstat sama s dvěma malými dětmi bez pomoci na tmavé silnici. Mike zastavil, ukázal jí svůj řidičský průkaz, aby ji ujistil, že jim neublíží, nastartoval jí auto a doprovodil je domů, aby se ubezpečil, že dorazili v pořádku.

Spolužák, který pocházel z rozvrácené rodiny, vypověděl, že Mike zrušil svou objednávku na úplně novou, kompletní převodovku, na kterou si ušetřil a kterou chtěl namontovat do svého Mustanga, a koupil místo ní dvě použité převodovky z vrakoviště, aby on mohl také jezdit.

Dále přišla na řadu mladá dívka, která přiznala, že kdyby nebylo Mikea, byla by nemohla jít na absolventský večírek. Když se Mike doslechl, že nemá peníze, aby si mohla koupit večerní šaty, zaplatil za velmi pěkné šaty, které objevila v obchodě s použitými oděvy.

Když bylo Mikeovi čtrnáct, narodila se jeho neteř s vážným postižením. Mike se naučil, jak jí z hrdla odstranit tracheotomickou trubici, kdyby došlo k nebezpečí, a jak ji vyměnit za novou, jak na neteři provádět kardiopulmonární resuscitaci a jak používat znakovou řeč, aby si s ní mohl ukazovat písničky, protože kvůli tracheotomické trubici, bez které by zemřela, nemohla mluvit. Jejich oblíbená písnička, kterou si spolu ukazovali, měla refrén: „Bůh na nás z dálky pohlíží..." Zdálo se, že Mike vždycky rozdával štěstí, podával pomocnou ruku nebo obejmutí.

Dospívající mládež se scházela v domě Emmeových, aby utěšila rodinu a taky sama sebe. Hovořili mezi sebou o tragédii sebevražd mladistvých a o skutečnosti, že největší počet sebevražd mladistvých páchají nadané děti (s vysokým I. Q.). Dozvěděli se, že sebevražda představuje šestou nejčastější příčinu smrti dětí mezi 5. až 14. rokem a třetí nejčastější mezi 15. až 24. rokem. Zjistili, že sebevraždy si každým rokem vyžádají životy přes 7000 dětí mezi 10. a 19. rokem a že se nyní stávají epidemií dokonce i na základních školách. Někdo se zmínil o studii, která srovnávala dospívající mládež, která sebevraždu spáchala, ale která nebyla postižená žádnou zjevnou duševní poruchou, s mládeží téhož věku, která sebevraždu nespáchala. Závěrem byl jediný rozdíl – nabitá zbraň v domě.

Když se snažili přijít na to, co by sami mohli podniknout, aby zabránili tomuto druhu tragédie, někdo pozvedl hlavu, oko mu padlo na jasně žlutého Mustanga na jednom z triček a projekt Žlutá stuha byl na světě. Linda Bowlesová, přítelkyně rodiny, přinesla velkou roli žluté stuhy a natiskla na malé papíry o velikosti navštívenky návod, jak tyto stuhy používat. Stálo na nich:

„PROJEKT ŽLUTÁ STUHA“

K uctění památky Michaela Emmea

TATO STUHA JE ZÁCHRANNÝ PÁS: Skrývá v sobě poselství, že na světě existují ti, kterým na vás záleží a kteří vám pomohou. Jestli vy sami (nebo někdo jiný) potřebujete pomoc, ale nevíte, jak o ni požádat, pak zaneste tuto nebo jakoukoli jinou žlutou stuhu nebo kartičku k poradci, učiteli, knězi, rabínovi, duchovnímu, rodiči nebo kamarádovi a řekněte:
„RÁD BYCH POUŽIL SVOU ŽLUTOU STUHU.“

Usazeni na podlaze v obývacím pokoji u Emmeových, sdíleli Mikeovi kamarádi své příběhy, svůj zármutek a své slzy, když truchlili nad ztrátou svého kamaráda a připínali kus žluté stuhy na každou kartičku s návodem.

Pět set takovýchto žlutých stuh bylo umístěno do proutěného košíku při mši k uctění Mikeovy památky. Na konci obřadu byl košík prázdný, všech pět set malých žlutých stuh společně s návodem k použití začalo svou misi na záchranu dalších dětí před sebevraždou. Jen v několika prvních týdnech projekt Žlutá stuha zabránil nejméně třem mladistvým, aby spáchali sebevraždu. Brzy ho zavedli do všech středních škol v Coloradu. Od té doby se jen rozrůstá.

Díky vnitřní povaze deprese, pocitu samoty a strachu, tisíce našich skvělých dětí – které vypadají naprosto normálně – tiše křičí ze své nejhlubší citové bolesti. Co s tím můžeme udělat?

Bezplatné stuhy a návrhy jsou k dispozici v projektu Žlutá stuha, P.O. Box 644, Westminster, CO 80030 nebo na telefonu (303) 429-3530.

Thea Alexanderová

Poslední tanec

Jedním z mých prvních úkolů, když jsem byl ještě malý, bylo sbírání dřeva na oheň. Dělal jsem to hrozně rád. Chodil jsem s tátou do lesa řezat a štípat dříví. Byli jsme chlapi, kteří společně pracovali jako silní dřevorubci a kteří se podíleli na tom, abychom náš dům a naše ženy udržovali v teple. Ano, naučil mě, abych se stal živitelem rodiny. Byl to skvělý pocit. Častokrát se se mnou sázel, že nerozsekám velký kus sukovitého dřeva, řekněme tak asi na pět set seknutí. Jak já se snažil! Většinou jsem vyhrál, ale myslím, že mi vždycky nabídl spoustu ran, protože viděl, jak jsem byl pyšný a šťastný při tom posledním úderu (499.), kdy se ten kus dřeva nakonec rozpadl. Z nosů nám teklo, když jsme domů táhli saně naložené dřevem a těšili jsme se na pořádný kus žvance a teplý uklidňující oheň.

Když jsem chodil do první třídy, dívali jsme se s tátou v úterý večer na televizní seriály: *Wyatt Earp, Cheyenne, Maverick* a *Sugar Loaf*. Úplně mě přesvědčil, že s nimi v minulosti jezdil. Vždycky byl schopen předpovědět, co se stane, ještě než k tomu došlo. Proto jsem mu věřil. Říkal, že je všechny zná tak dobře, že může předpovídat jejich činy. Jak já jsem byl pyšný, že byl můj táta opravdový kovboj, který jezdil s těmi nejlepšími. Šel jsem do školy a pochlubil se kamarádům. Vysmáli se mi a řekli, že mi můj táta lže. Abych ubránil jeho čest, neustále jsem se pral. Jednou jsem dostal pěkně na frak. Když učitel zahlédl mé roztržené kalhoty a natržený ret, vzal si mě stranou, aby zjistil, co se stalo. Jedna věc šla ruku v ruce s druhou a můj táta musel vyjít s pravdou ven. Nemusím ani říkat, jak mě to zdrtilo, ale stejně jsem ho měl vroucně rád.

Když mi bylo asi třináct, začal můj táta hrát golf. Nosil jsem mu hole. Vždycky když jsme se dostali z dohledu klubovny, nechával mě odpálit pár ran. Hru jsem si zamiloval a začal jsem v ní být velmi dobrý. Jednou za čas si s sebou táta přivedl dva přátele. Když jsme si to s nimi rozdali a vyhráli jsme, zářil jsem štěstím. Byli jsme tým.

Druhá láska mého otce a matky (my děti jsme byly tou první) byl tanec. Báječně jim to spolu šlo. Lidé v sále mým rodičům přezdívali Marvin a Maxine, skvělí M & M tanečního parketu. Jejich romantická fantazie se stala skutečností. Když spolu tančili, na tvářích jim pokaždé hrály šťastné úsměvy. Mé dvě sestry Nancy a Julie a já jsme nikdy nechyběli na svatebních tancích. Byli skvělí!

V neděli ráno po mši jsme s tátou měli na starost přípravu snídaně. Když jsme čekali, až se uvaří ovesná kaše a rozinky, procvičovali jsme si na maminčině čistě umyté navoskované podlaze stepování. Nikdy si nestěžovala.

Jak jsem vyrostl, zdálo se, že už spolu nemáme moc společného. Když jsem začal navštěvovat nižší střední školu, všechen volný čas mi začaly zabírat mimoškolní činnosti. Mí kamarádi byli atleti a muzikanti – sportovali jsme, hráli jsme ve skupině, běhali jsme za holkama. Vzpomínám si, jak jsem se cítil ublíženě a sám, když táta začal pracovat v noci a přestal chodit na všechny mé mimoškolní činnosti. Začal jsem se intenzivně věnovat hokeji a golfu. Můj nazlobený přístup byl: „Já ti ukážu. Budu ten nejlepší, i když ty u toho nebudeš." Stal jsem se kapitánem hokejového i golfového týmu, ale on se nepřišel podívat ani na *jeden* z mých zápasů. Cítil jsem, jako kdyby mě ztráta jeho zájmu měla připravit na drsný život člověka, který přežije. Potřeboval jsem ho. Copak to nevěděl?

Součástí mého společenského života se stala spotřeba alkoholu. Táta už mi nepřipadal jako hrdina, ale jako člověk, který nerozumí mým citům, a ani tomu, že procházím velmi obtížnou dobou. Jen jednou za čas, když jsme se oba napili a namazali, pak se zdálo, že k sobě máme zase o trochu blíž, ale ty zvláštní city z minulosti už ve mně nebyly. Od mých patnácti do šestadvaceti jsme si ani jednou neřekli, že se máme rádi. Jedenáct let!

Pak se to stalo. Jednoho dne jsme se s tátou připravovali do práce. On se holil a já jsem si všiml výrůstku na jeho krku. Zeptal jsem se: „Tati, co to máš na krku?"

„Nevím. Jdu dneska k doktorovi, abych se to dozvěděl," odpověděl.

Toho rána jsem poprvé viděl tátu vypadat ustrašeně.

Doktor diagnostikoval bulku na tátově krku jako rakovinu a po dobu následujících čtyř měsíců jsem viděl, jak můj táta kus po kousku, den za dnem, umírá. Zdál se tak zmatený tím, co se stalo. Pořád byl tak zdravý, najednou bylo nesnesitelné pozorovat, jak se z téměř pětasedmdesáti kilo svalů a masa stává sotva dvaapadesát kilo kostí a kůže. Snažil jsem se k němu přiblížit, ale řekl bych, že toho měl v mysli tolik, že se nebyl schopen soustředit na mě nebo na naše vzájemné city.

Takhle to bylo až do Štědrého večera.

Toho večera jsem přijel do nemocnice a zjistil jsem, že tam maminka se sestrou strávily celý den. Vystřídal jsem je, aby si mohly jít domů trochu odpočinout. Táta spal, když jsem k němu vešel do pokoje. Sedl jsem si na židli, která stála vedle jeho lůžka. Čas od času se probudil, ale byl tak slabý, že jsem skoro neslyšel, co mi chce říct.

Asi v půl dvanácté v noci se mi začalo chtít spát, tak jsem si lehl a usnul jsem na rozkládacím lůžku, které sanitář přinesl do pokoje.

Znenadání mě táta probudil. Vykřikoval mé jméno: „Ricku! Ricku!“ Když jsem se posadil, všiml jsem si, jak se táta s odhodlaným výrazem ve tváři zvedá na posteli. „Chci tancovat. Chci tancovat, hned teď,“ řekl.

Nevěděl jsem hned, co mám říct nebo udělat, tak jsem tam jen tak seděl. Znovu trval na svém. „Chci tancovat. Prosím tě, synu, zatancujme si tenhle poslední tanec.“ Došel jsem k jeho posteli, slabě jsem se uklonil a zeptal jsem se: „Zatancuješ si se mnou, tati?“ Bylo to neuvěřitelné. Skoro jsme mu nemusel pomáhat vstát z postele. Jeho energie musela prýštit z Boží milosti. Ruku v ruce, jsme ve vzájemném objetí tančili po pokoji.

Žádný spisovatel by nebyl schopen popsat slovy tu energii a lásku, kterou jsme spolu té noci sdíleli. Stali jsme se jedinou osobou, spojoval nás pravý význam lásky, pochopení a zájem jednoho o druhého. Zdálo se, že celý náš společný život probíhá právě v tomto okamžiku. Stepování, lov, chození na ryby, golf – všechno jsme to zažívali najednou. Čas neexistoval. Nepotřebovali jsme gramofon ani rádio, protože každá píseň, která kdy byla napsána, nebo napsána teprve bude, zněla ve vzduchu. Ten malý pokoj byl větší než kterýkoli sál, ve kterém jsem kdy tancoval. Tátovi se oči rozzářily jasem a tesklivou radostí, kterou jsem nikdy před tím nezažil. Slzy nám kanuly z očí, jak jsme nepřestávali tančit. Loučili jsme se jeden s druhým a jen s trochou času, co nám zbývala, jsme si oba znovu uvědomili, jak skvělé bylo, že jsme spolu tuhle upřímnou lásku sdíleli.

Když jsme skončili, pomohl jsem tátovi zpátky na postel, protože nyní už byl na pokraji vyčerpání. Pevně mi sevřel ruku, pohlédl mi přímo do očí a řekl: „Díky, můj synu. Jsem tak rád, že jsi tu dnes večer se mnou. Moc to pro mě znamená.“ Následujícího rána zemřel.

Ten poslední tanec byl dárek k Vánocům od Boha – dárek štěstí a moudrosti, protože jsem zjistil, jak silná a smysluplná může láska mezi otcem a synem být.

No, tati, mám tě moc rád a těším se, až si znovu zatancujeme v Božím sále.

Rick Nelles

Můj tatínek

Když mi byly tři roky, umřel mi tatínek. Ale když mi bylo sedm, maminka se znovu provdala. Stala se ze mě ta nejšťastnější holka na světě. No, víte, mohla jsem si tatínka vybrat. Když spolu maminka a „tatínek" nějakou dobu chodili, řekla jsem mamince: „Tohle je ten pravý. Toho berem."

Když se maminka s tatínkem brali, nesla jsem ve svatebním průvodu květiny. Kolik lidí se může pochlubit tím, že byli na svatbě svých rodičů (a mohli s nimi procházet uličkou v kostele)?

Můj tatínek byl na svou rodinu moc pyšný. (O dva roky později se naše rodina rozrostla o jednu malou sestřičku.) Lidé, kteří nás skoro neznali, mé mamince říkávali: „Charlie je vždycky tak pyšný, když je s vámi a s dětmi." Nebylo to jen z materialistického důvodu. Tatínek byl pyšný na naši inteligenci, naše přesvědčení, náš zdravý rozum a na naši lásku k lidem (a taky na můj kouzelný úsměv).

Chvíli před mými sedmnáctými narozeninami se stalo něco hrozného. Tatínek onemocněl. Po několika dnech testování doktoři nemohli přijít na nic neobvyklého. „Když my, *všemocní,* nemůžeme na nic přijít – pak musí být zdravý." Řekli tatínkovi, aby se vrátil zpátky do práce.

Následujícího dne přišel domů z práce a po tváři se mu řinuly slzy. Tehdy nám došlo, že je smrtelně nemocný. Nikdy před tím jsem tatínka plakat neviděla. Tatínek měl za to, že pláč je známkou slabosti. (Někdy to nebylo bez zajímavosti, protože já jsem dospívala a hormony ve mně jen bouřily – brečela jsem nade vším, včetně reklam firmy Hallmark.)

Nakonec se nám podařilo umístit tatínka do nemocnice. Objevili mu rakovinu slinivky břišní. Doktoři nám sdělili, že může zemřít kdykoli. Ale my jsme věděli svoje. Věděli jsme, že má alespoň další tři týdny života. Víte, moje sestra měla narozeniny následující týden a já za tři týdny po ní. Můj táta by vzdoroval smrti – modlil by se o Boží sílu – aby vydržel až do těch slavných dnů. Nenechal by nás jít zbytkem života s takovou hroznou vzpomínkou na naše narozeniny.

Skutečnost, že život musí pokračovat, není nikdy zřejmější než ve chvíli, kdy někdo umírá. Táta si nesmírně přál, abychom své životy žily dál. Zoufale chtěl zůstat jejich součástí. Uzavřeli jsme kompromis. Souhlasily jsme, že ve svých „normálních" činnostech budeme pokračovat, ale tatínek se stane jejich aktivnější součástí – dokonce i z nemocnice.

Po jedné z našich každodenních návštěv vyšel za maminkou do chodby muž, který ležel s tatínkem na pokoji. „Charlie je vždycky tak tichý a plný síly, když jste tady. Nemyslím si, že si uvědomujete, jakou trpí bolestí. Veškerou svou sílu a schopnost snášet bolest využívá, aby ji nedal znát."

Moje maminka odpověděla: „Vím, že tu bolest tají, ale on už je takový. Nikdy by nechtěl, abychom se trápily, a ví, jak bolí nás, když ho vidíme trpět."

Na Den matek jsme všechny naše dárky zanesly do nemocnice. Tatínek se s námi sešel v hale (protože moje mladší sestra byla příliš malá, aby jí dovolili jít na pokoj). Přinesla jsem tatínkovi dárek, aby ho předal mamince. Měli jsme v našem malém rohu haly skvělou oslavu.

Následující týden měla narozeniny moje sestra. Tatínkovi nebylo dobře, aby mohl sejít dolů, tak jsme oslavovali s dortem a dárky v čekárně na jeho poschodí.

Následující víkend jsme měli školní ples. Po obvyklém focení u nás doma a v domě mého partnera jsme šli do nemocnice. Ano, kráčela jsem nemocnicí v dlouhých plesových šatech s krinolínou. (Skoro jsem se nevešla do výtahu.) Trochu mi to vadilo. Obavy mě však přešly, když jsem spatřila výraz v tatínkově tváři. Čekal tolik let, aby svou malou holčičku viděl jít na její první školní ples.

Každoroční taneční recitál mé sestry měl vždy před samotným vystoupením kostýmové zkoušky. Tehdy si členové rodin mohli udělat fotky. Přirozeně, že jsme po zkoušce šli do nemocnice. Moje sestra pochodovala chodbami ve svém tanečním kostýmu. Pak zatančila pro tatínka. Celou dobu se usmíval – i když mu všechno to klepání podpatky způsobovalo nesnesitelnou bolest hlavy.

Nadešel den mých narozenin. Propašovaly jsme sestru k tatínkovi do pokoje, protože on nemohl jít ven. (Sestry se laskavě podívaly opačným směrem.) A znovu jsme slavili. Ale tatínkovi nebylo dobře. Už mu život visel na vlásku, ale on se ho držel.

Toho večera nám zavolali z nemocnice. Tatínkův stav se velmi zhoršil. Za několik dní zemřel.

Jednou z nejtěžších lekcí, kterou se člověk ze smrti musí naučit, je skutečnost, že život musí pokračovat dál. Táta trval na tom, abychom nepřestávaly žít své životy. Až do samotného konce si o nás dělal starosti a byl na nás pyšný. Jeho poslední přání? Aby byl pochován s fotkou své rodiny v kapse.

Kelly J. Watkinsová

Kam odlétají vrabčáci, když umřou?

Když jsem byla malá, často jsem si kladla otázku: „Kam odlétají vrabčáci, když umřou?“ Tehdy jsem odpověď neznala, a ještě teď by mě zajímala. Když vidím ptáka, kterého umlčela nějaká zlá síla, vím, že neumřel. Něco ho zabilo: vzaly si ho živly, ztracená duše v noci.

Když mi bylo šest, měla jsem u nás v ulici nejlepšího kamaráda. Hráli jsme si spolu v mé bedně s pískem, mluvili jsme o věcech, na které dospělí už dávno zapomněli – jako třeba že nikdy nevyrosteme nebo o příšerách, které se schovávají pod našimi postelemi a ve tmavých skříních. Jmenoval se Tommy, ale já jsem mu říkala Vrabčák, protože byl na svůj věk malý. Je trochu smutnou ironií myslet na to jméno, protože on také umřel.

Pamatuji se na den, kdy jsem se dozvěděla, že Tommy umírá. Čekala jsem na písku, polovičatě jsem pokračovala ve stavbě hradu, který jsme začali předchozího dne. Bez Tommyho mě byla jenom polovička, a tak jsem nekonečně dlouho čekala, a začalo pršet. Pak jsem zaslechla z domu vzdálené zazvonění. Asi za deset minut vyšla ven moje maminka, nad hlavou měla deštník, ale i přesto měla mokrý obličej. Šly jsme spolu zpátky do domu. Než jsme vstoupily, otočila jsem se a pozorovala jsem, jak déšť bortí hrad z písku, který jsme s Tommym stavěli.

Když jsem byla vevnitř a v žaludku mě hřál šálek horké čokolády, maminka si mě zavolala ke stolu. Položila své ruce na moje. Třásly se jí. Ihned jsem to vycítila: něco se stalo Tommymu. Řekla, že doktoři před nějakou dobou provedli několik krevních testů. Když jim přišly testy nazpátek, ukázalo se, že něco není v pořádku. Měl leukemii. Nevěděla jsem, co to je, a zmateně jsem pohlédla mamince do očí, ale srdce mě tížilo, věděla jsem. Řekla, že lidé, kteří dostali to, co Tommy – ne: *co dostalo Tommyho* – musí odejít. Nechtěla jsem, aby někam chodil. Chtěla jsem, aby, zůstal se mnou.

Následující den jsem se s Tommym musela vidět. Musela jsem se přesvědčit, jestli je to opravdu všechno pravda, a tak jsem poprosila řidiče, aby mě vysadil u jeho domu, a ne u našeho. Když jsem došla ke dveřím, Tommyho maminka mi řekla, že mě Tommy nechce vidět. Neměla ani tušení, jak snadno může zranit malou holčičku. Rozbila mi srdce jako kus levného skla. Běžela jsem domů v slzách. Když jsem se vrátila domů, Tommy mi zatelefonoval. Řekl, že na mě počká u bedny s pískem, až naši rodiče usnou, a tak jsem se tam vydala.

Vypadal úplně stejně, snad byl jen o trochu bledší, ale byl to Tommy. On mě vidět chtěl. Mluvili jsme o těch věcech, které dospělí nechápou a celou tu dobu jsme přestavovali náš hrad z písku. Tommy řekl, že bychom mohli bydlet v jednom přesně takovém a že bychom nikdy nevyrostli. Z celého srdce jsem mu věřila. A tak jsme tam usnuli, zaplaveni opravdovým přátelstvím, obklopeni teplým pískem a chráněni naším hradem z písku.

Probudila jsem se chvíli před svítáním. Naše bedna s pískem byla malá jako opuštěný ostrov obehnaný mořem trávy, které přerušovala jen veranda za domem a ulice. Dětská představivost je bezmezná. Rosa dodala tomu pomyslnému moři třpytivý odraz a já si pamatuji, jak jsem se natáhla, abych se rosy dotkla, abych zjistila, jestli to předstíranou vodu rozčeří, ale nerozčeřilo. Otočila jsem se a Tommy mě vrhnul zpátky do skutečnosti. Už byl vzhůru a zíral na hrad. Přidala jsem se k němu a jen tak jsme tam seděli, uzavření do toho neuvěřitelného kouzla, které pro dvě malé děti hrad představoval.

Tommy přerušil ticho a řekl: „Teď odejdu do hradu." Pohybovali jsme se jako roboti, jako kdybychom věděli, co děláme, a řekla bych, že jsme to svým způsobem věděli. Tommy složil hlavu do mého klína a ospale řekl: „Odcházím do hradu. Přijď na návštěvu. Bude mi smutno." Z celého srdce jsem mu slíbila, že přijdu. Pak můj Vrabčák zavřel oči a odletěl pryč do místa, kam, jak jsem v té chvíli pochopila, odlétají všichni vrabčáci, když umřou. A mě tam zanechal s bezduchým maličkým vrabčákem v rukou.

Po dvaceti letech jsem se vrátila k Tommyho hrobu a umístila jsem na něj malý hrad. Na hrad jsem vyryla: „Pro Tommyho, mého Vrabčáka. Jednou přijdu do našeho hradu navždycky."

Až budu připravená, zajdu do míst, kde stála naše bedna s pískem, a představím si náš hrad. Pak se má duše, podobně jako duše Tommyho přemění na vrabčáka a odletí zpátky do hradu a k Tommymu a ke všem těm dalším malým ztraceným vrabčákům. Znovu šestiletá, co nikdy nevyroste.

Casey Kokoskaová

„Možná sis hochu nevšiml, že tu máme předepsaný oděv."

Obleč mě, prosím, do červeného

Ve své dvojí profesi pedagožky a pracovnice ve zdravotnictví jsem už pracovala s mnohými dětmi nakaženými virem, který způsobuje AIDS. Vztahy, které jsem s těmito zvláštními dětmi měla, byly dary mého života. Naučily mě tolik věcí, obzvláště jsem se ale dozvěděla, že velkou odvahu je možné objevit právě v těch nejmenších uzlíčcích. Budu vám vyprávět o Tylerovi.

Tyler se narodil nakažen virem HIV, jeho matka jím byla také infikovaná. Od narození byl závislý na lécích, které mu umožňovaly přežívat. Když mu bylo pět, vpravili mu chirurgickým zákrokem hadičku do žíly v hrudníku. Tato hadička byla napojená na pumpu, kterou si nosil v malém baťůžku na zádech. K pumpě měl připojené léky, které mu prostřednictvím hadičky nepřetržitě zásobovaly krevní oběh. Občas také potřeboval dodatečný kyslík, který podporoval jeho dýchání.

Tyler se rozhodně nehodlal vzdát jediného okamžiku svého dětství ve prospěch této smrtelné nemoci. Normálně ho bylo možné vidět, jak si hraje a pobíhá po hřišti, s baťůžkem naloženým léky na zádech a za sebou v svém malém vozíku táhne bombu se vzduchem. Všichni, co jsme

Tylera znali, jsme se obdivovali jeho radosti ze života a z energie, kterou mu poskytovala. Maminka si ho častokrát dobírala tím, že se pohybuje tak rychle, že ho bude muset obléknout do červeného, aby ho tak mohla snadno najít, když vyhlédne z okna a chce ho zkontrolovat, jak si hraje na dvorku.

Tato obávaná nemoc však nakonec zlomila i takové malé dynamo, jako byl Tyler. Vážně onemocněl a jeho matka nakažená virem HIV také. Když bylo zřejmé, že Tyler nepřežije, promluvila s ním jeho maminka o smrti. Utěšila ho tím, že ona také umře a že se s ním brzy setká v nebi.

Několik dní před smrtí si mě Tyler kývnutím přivolal ke svému nemocničnímu lůžku a zašeptal: „Možná brzo umřu. Nebojím se. Ale až umřu, obleč mě, prosím, do červeného. Maminka mi slíbila, že potom taky půjde do nebe. Budu si určitě hrát, až se tam dostane, a tak si chci být jistý, že mě tam rychle najde.“

Cindy Dee Holmsová

Neboj, všechno bude v pořádku

Jako matka a školní psycholožka jsem mezi dětmi viděla už mnoho pozoruhodných přátelství. Můj syn Court a jeho kamarád Wesley jsou kamarádi na život a na smrt. Jejich přátelství je vskutku mimořádné.

Court neměl lehké dětství. Postihla ho vada řeči a jazyka a celkové opoždění motoriky. Ve čtyřech letech se ve školce zvláštního vzdělávání seznámil s Wesleym. Wesley měl nádor na mozku, který u něho způsobil obdobné opoždění ve vývoji jako u Courta. Ihned se mezi nimi utvořilo pouto a stali se nejlepšími kamarády. Den pro ně nebyl úplný, jestliže jeden z nich zmeškal den školy.

Ve dvou letech určili u Wesleyho diagnózu „neoperovatelného" nádoru na mozkovém kmeni. Podstoupil několik neúspěšných operací. Jak si chlapci hráli, Wesley za sebou začal znatelně tahat jednu nohu. Magnetické znázornění rezonance odhalilo znatelný nárůst nádoru. A Wesley musel znovu podstoupit další operaci, tentokrát ji měli provést v Oklahoma City.

Court a Wesley měli ve školce velké štěstí na skvělou učitelku. Děti jí s láskou říkaly „Bachmannová". Byla to nejlepší učitelka, s jakou jsem se za svou kariéru školní psycholožky setkala. Bachmannová se snažila své třídě jazykově opožděných předškoláků vysvětlit Wesleyho operaci a připravit je na jeho cestu do Oklahoma City. Courta to velmi rozrušilo a začal brečet. Nechtěl, aby jeho nejlepší kamarád odjel tak daleko letadlem, a rozhodně si nepřál, aby nějaký doktor Wesleymu ubližoval.

V den odjezdu se Wesley rozloučil s celou třídou. Po Courtově tváři se koulely velké slzy. Bachmannová potom třídu rozpustila, aby se Court s Wesleym mohli spolu rozloučit o samotě. Court měl strach, že už svého nejlepšího kamaráda nikdy neuvidí. Wesley, křehounký a mnohem menší než Court, objal Courta kolem prsou, záměrně pohlédl Courtovi do očí a konejšivě odpověděl: „Neboj, všechno bude v pořádku."

Operace byla velmi nebezpečná, ale Wesley se z ní zase zotavil. Po mnoha týdnech se vrátil do školy. Court a Wesley k sobě pak přilnuli ještě víc.

Jak roky plynuly, Wesley musel podstoupit několik dalších kritických operací a musel užívat mnoho experimentálních léků. Pokaždé ho postihly škodlivé vedlejší účinky. Většinu času musel trávit na vozíku nebo jeho křehké tělo přenášeli z místa na místo.

Wesley miloval školní dobročinný běh. Účastnil se ho všemi možnými způsoby. I když mu selhaly nohy, ti, co mu byli nablízku, neselhali. Jeden rok ho jeho maminka tlačila na vozíčku, zatímco on radostně vykřikoval: „Rychlejc, mami!" Další rok se Wesley účastnil tak, že ho tatínek jiného dítěte nesl na ramenou.

Když mu bylo jedenáct, prodělal už každou možnou operaci a vyzkoušel všechny dostupné alternativní medicíny. Nádor převzal vládu nad jeho tělem. 9. března toho roku Bachmannová upozornila Courta, že nastal čas, aby se s Wesleym, se svým drahým přítelem, navždycky rozloučil. Tehdy už Wesley zůstával doma, nedávali mu šanci na přežití.

Do jedenáctých narozenin se Court ve svém vývoji velmi zlepšil. Stále však byly patrné problémy s učením a ve školním běhu zrovna nevynikal. Den poté, co mu Bachmannová zavolala, Court běžel ve školním dobročinném běhu. Uzdravoval se z nachlazení a astmatických potíží, ale přesvědčil mě, abych ho nechala jít do školy. Když jsem ho toho odpoledne vyzvedla ze školy, řekl, že mu plíce jen hoří. V rukou svíral osvědčení a zářivou stuhu za první místo. Na osvědčení stálo: „První místo za žáky pátých tříd uděleno Courtovi a věnováno jeho nejlepšímu příteli Wesleymu."

Court, který normálně není příliš aktivní a rozhodný, trval na tom, že večer půjdeme Wesleyho navštívit. Wesleyho maminka zařídila, abychom přišli mezi podáváním léků. Wesley ležel v posteli v obývacím pokoji. Slabé světlo osvětlovalo jeho křehké andělské tělo, zatímco v pozadí hrála křesťanská hudba. Mezi léky na rakovinu a léky na tišení bolesti Wesley mohl dělat jen velmi málo. Příležitostně se mu podařilo stisknout někomu prst a otevřít jedno oko.

Bachmannová Wesleyho nadzvedla a řekla mu, že ho přišel navštívit Court. Court držel Wesleyho za ruku, když mu ukazoval osvědčení o prvním místě. Court mu dal najevo, jak zoufale chtěl pro něj vyhrát, protože on tam být nemohl. Wesley mu sevřel prst a podíval se na Courta způsobem, kterému rozuměli jen oni dva. Když se Court k Wesleymu naklonil, aby mu dal pusu, pošeptal mu: „Sbohem, Wesley, můj kamaráde. Neboj. Všechno bude v pořádku."

Wesley se dožil svých jedenáctých narozenin a potom v červnu téhož roku zemřel. Court si prošel formalitami pohřbu, ale když se ho zeptali, co cítí, vysvětlil, že už se se svým nejlepším kamarádem rozloučil a že ví, že Wesley bude „v pořádku".

Myslela jsem, že jejich přátelství Wesleyho smrtí skončilo. Zmýlila jsem se. Přesně rok po Wesleyho smrti, Court vážně onemocněl zánětem mozkových blan. Když jsme spolu čekali na pohotovosti, Court se ke mně zoufale tiskl. Oba jsme měli strach. Court měl zimnici a nepřestával se třást. Zatímco mu doktor proklepával páteř, rozprostřelo se nad Courtem a nade mnou teplo a nepopsatelný klid. Court se ihned uvolnil a přestal se třást. Když doktor a sestra odešli z pokoje, jen jsme na sebe s Courtem zírali. Court se na mě úplně klidný obrátil a řekl: „Mami, Wesley byl tady v pokoji a řekl: ‚Neboj, všechno bude v pořádku.‘ “

Z celého srdce věřím, že některá přátelství nikdy neumírají.

Janice Huntová

Věčný optimista

Měli jsme to štěstí, že jsme byli požehnáni třemi syny. Každý z nich nám svou individuální osobností přinášel jedinečnou radost, ale náš prostřední syn, Billy, je láskyplně přezdíván coby „věčný optimista". Kdybychom tak mohli tento přístup připsat výchově, ale zde jde prostě o něco, s čím se narodil! Například vždycky brzy vstával a rád si k nám v pět hodin ráno lehal do postele. Když si k nám vlezl, napomenuli jsme ho, aby byl potichu a aby šel zase spát. Lehl si na záda a vysokým hláskem zašeptal: „Bude překrásné ráno. Slyším, jak ptáci zpívají."

Když jsme ho požádali, aby na nás přestal mluvit, odpovídal: „Já na vás nemluvím, mluvím na sebe!"

Ve školce ho vyzvali, aby nakreslil tygra. No, zatímco optimismus je Billyho silnou stránkou, umění jí rozhodně není. Jeho tygr měl hlavu celou šišatou a jedno oko vypadalo, jako by bylo zavřené. Když se ho učitelka zeptala, proč má tygr jedno oko zavřené, odpověděl: „Protože na mě pochvalně mrká!"

Když mu bylo pět, pohádal se se svým starším bratrem o to, zda je pán v televizi plešatý. Billy tvrdil: „Není plešatý. On je jako táta. Je plešatý, jen když se na tebe kouká. Když se otočí, tak má vlasů dost!"

Tyto a mnohé a mnohé další vzpomínky vedly k nepřekonanému výroku optimisty. Našeho třetího syna, Tannera, postihl jedno úterý hemolytický uremický syndrom a následující neděli zemřel. Billymu bylo sedm. Večer po Tannerově pohřbu jsem uložila Billyho do postele. Často jsem si lehávala vedle něj, abychom si popovídali o uplynulém dni. Této noci jsme leželi tiše, neměli jsme co říct. Náhle Billy promluvil ze tmy.

Řekl: „Je mi nás líto, ale skoro víc mi je líto všech těch dalších lidí.“ Zeptala jsem se ho, o kterých lidech to mluví. Vysvětlil mi: „O těch, kteří Tannera nikdy nepoznali. Měli jsme přece velké štěstí, že jsme Tannera u sebe mohli mít dvacet měsíců! Jen si pomysli, existuje tolik lidí, kteří nikdy neměli ani tolik štěstí, aby ho poznali. Jsme opravdu šťastní lidi.“

Beth Daltonová

Na mou památku

Přijde den, kdy mé tělo spočine na bílém prostěradle pečlivě zastrkaném pod čtyři rohy matrace, v nemocnici, již obývají živí a umírající. V určitém okamžiku doktor rozhodne, že můj mozek přestal fungovat a že můj život vlastně skončil.

Až k tomu dojde, nepokoušejte se do mého těla zavést umělý život pomocí přístroje. A neoznačujte to, na čem ležím, za mé smrtelné lože. Ať se mu místo toho říká Lože života, odneste z něj mé tělo, abyste ostatním pomohli vést plnější životy.

Můj zrak dejte muži, který nikdy nespatřil východ slunce, obličejík dítěte ani lásku v očích ženy. Mé srdce dejte člověku, jehož vlastní srdce mu působí jen nekonečné dny bolesti. Mou krev darujte mladíkovi, kterého vytáhli z vraku jeho auta, aby se mohl dožít svých vnoučat. Mé ledviny dejte tomu, kdo je závislý na přístroji, aby mohl přežívat z týdne za týden. Vezměte mé kosti, každý sval, každou žilku a nerv z mého těla a najděte způsob, abyste umožnili malému mrzáčkovi chodit.

Prozkoumejte každý záhyb mého mozku. Když to bude nutné, odeberte mé buňky a nechte je růst, aby jednoho dne němý chlapec mohl jásat z plných plic a hluchá dívka aby slyšela nárazy deště na svém okně.

Spalte to, co ze mě zbude, a popel rozhoďte do větru, aby květinám pomohl růst.

Jestli musíte něco pohřbít, tak ať to jsou mé chyby, mé slabosti a všechny předsudky proti mým bližním.

Mé hříchy dejte ďáblu. A mou duši Bohu.

Jestli si mě čirou náhodou chcete pamatovat, pak tak učiňte dobrým skutkem nebo slovem pro někoho, kdo vás potřebuje. Jestli uděláte všechno, oč jsem vás požádal, pak budu žít věčně.

Robert N. Test

Předložil Ken Knowles

Nechte si vidličku

Když bratr Jim zaslechl v telefonu hlas Marthy, vždycky se mu na tváři objevil úsměv. Nejen že byla jedna z nejstarších členek kongregace, ale byla rovněž i jednou z nejvěrnějších. Zdálo se, že z tetičky Martie, jak ji všechny děti oslovovaly, všude vyzařuje víra, naděje a láska.

Tentokrát měl ale pocit, že se v jejích slovech skrývá neobvyklý tón.

„Pane kazateli, mohl byste se u mě dnes odpoledne zastavit? Potřebuji s vámi mluvit."

„Samozřejmě. Budu tam kolem třetí? Vyhovuje to tak?"

Jak tak seděli naproti sobě v tichu jejího malého obývacího pokoje, Jim se dozvěděl příčinu toho, co vycítil v jejím hlase. Martha mu sdělila, že u ní doktor právě objevil v minulosti nezjištěný nádor.

„Říká, že mám asi šest měsíců života." Marthina slova byla bezesporu vážná, ona však zůstávala nevýslovně klidná.

„Moc mě mrzí..." ale než mohl Jim větu dokončit, Martha ho přerušila.

„To není třeba. Bůh byl dobrý. Prožila jsem dlouhý život. Jsem připravená odejít. Vy to víte."

„Ano, vím," zašeptal Jim a konejšivě přikývl.

„Ale já s vámi přesto chci mluvit o svém pohřbu. Přemýšlela jsem o něm a je zde několik věcí, o nichž vím, že bych si je přála."

Ti dva dlouhou dobu tiše rozmlouvali. Hovořili o Marthiných oblíbených církevních písních, o úryvcích z Písma svatého, které pro ni v průběhu let mnoho znamenaly, a o množství vzpomínek, které spolu za těch pět let Jimova působení v kostele Central Church sdíleli.

Když se zdálo, že už probrali téměř všechno, tetička Martie se odmlčela, pohlédla na Jima s jiskřičkou v oku a dodala: „Ještě něco, kazateli. Až mě budou pochovávat, chci mít v jedné ruce svoji starou Bibli a v druhé vidličku."

„Vidličku?" Jim si byl jistý, že slyšel správně, ale velmi ho to překvapilo. „Proč chcete být pohřbená s vidličkou?"

„Přemýšlela jsem o všech těch církevních večeřích a banketech, kterých jsem se za všechna ta léta zúčastnila," vysvětlovala. „Ani bych je všechny nedokázala spočítat. Ale jedna věc mi utkvěla v paměti."

„Když se na těch velmi pěkných shromážděních už skoro dojedlo, obsluha nebo hostitelka přišla sebrat špinavé nádobí. Ještě teď slyším ta slova. Při těch nejlepších hostinách se mi totiž vždycky někdo naklonil nad rameno a zašeptal: ‚Můžete si nechat vidličku.' A víte, co to znamenalo? Následoval moučník!"

„Ne nějaký aspik nebo pudink, ani zmrzlina ne. Na ty člověk nepotřebuje vidličku. Šlo o ty dobré věci, jako je čokoládový dort nebo třešňový koláč! Když mi řekli, že si můžu nechat vidličku, věděla jsem, že to nejlepší teprve přijde!"

„A přesně o tom chci, aby lidé na mém pohřbu mluvili. No, mohou také mluvit o všech těch dobrých časech, co jsme spolu prožili. To by bylo pěkné."

„Ale až budou chodit kolem mé rakve a budou se dívat na mé pěkné modré šaty, chci, aby se jeden druhého ptali: ‚Na co ta vidlička?'

Chci, abyste jim to řekl. Chci, abyste jim řekl, že jsem si nechala vidličku, protože to nejlepší teprve přijde.“

Roger William Thomas

V nebi nejsou vozíčky

Můj pradědeček byl buddhistický kněz. Než zemřel, byl nejvýše postaveným bílým kazatelem na světě. Nebyla to však jeho skvělá pověst, které si člověk v dědečkově přítomnosti všiml, šlo o vnitřní sílu, která z něj vyzařovala. Dědečkovy jasné zelené oči svítily záhadnou vitalitou. I když byl tichý, nedal se v davu přehlédnout. Sálala z něj vnitřní záře. Zdálo se, že ticho kolem něj skutečně promlouvá.

Jeho manželka, moje babička, byla horlivá římská katolička. Byla to velmi nadaná a energická žena, která o hodně předstihla svou dobu. Oslovovala jsem ji „Gagi", protože první slovo, které jsem jako dítě vyloudila, bylo „gaga", a ona byla přesvědčená, že jsem se pokoušela říct její jméno. No a tak z ní byla Gagi a nikdy jí být nepřestane.

Gagi svůj život zasvětila svému muži, celých padesát let jejich manželství vydělávala na ně samotné a na svých pět dětí. Dědeček tak měl volné ruce, aby dovedl do cíle svou misi kazatele a prostředníka pro ty, kteří ho potřebovali, a aby hostil církevní hodnostáře, kteří ze všech krajů světa často navštěvovali jeho chrám. Když dědeček zemřel, zhaslo světlo v Gagině životě a vkradla se do něj hluboká deprese. Protože ztratila střed svého zájmu, uzavřela se před světem a ponořila se do stavů zármutku a žalu.

Tehdy jsem ji začala pravidelně jednou týdně navštěvovat, jen abych jí dala najevo, že se o mě může opřít. Čas plynul a jako obvykle začalo docházet k opravdovému a přirozenému hojení srdce.

O několik let později jsem se jednoho dne vydala ke Gagi na obvyklou návštěvu. Vešla jsem dovnitř a našla jsem ji, jak sedí na vozíčku a celá září – život se jí vrátil do očí. Když jsem se o této zjevné změně v jejím chování nezmínila dostatečně brzy, hned na mě udeřila.

„Cožpak nechceš vědět, proč jsem tak šťastná? To nejseš ani trochu zvědavá?"

„Ale samozřejmě, Gagi," omluvila jsem se. „Řekni mi, proč jsi tak šťastná? Copak má tohle tvé nové rozpoložení na svědomí?"

„Včera večer jsem dostala odpověď. Konečně jsem se dozvěděla, proč si Bůh vzal tvého dědečka, a mě tady nechal," prohlásila.

„Proč, Gagi?" zeptala jsem se.

Pak, jako kdyby vyzrazovala největší tajemství na světě, snížila hlas, předklonila se na vozíčku a svěřila se mi. „Tvůj dědeček znal tajemství dobrého života a žil ho každý den. Tvůj dědeček se svým jednáním stal neomezenou láskou. Proto musel odejít první a já jsem tady musela zůstat." Zamyšleně se odmlčela a pak pokračovala.

„Co jsem považovala za trest, bylo ve skutečnosti darem. Bůh mě tady nechal, abych mohla svůj život obrátit v lásku. Víš," pokračovala, „včera večer mi ukázali, že *tam* už se lekci lásky naučit nemůžeš." A ukázala při tom na nebe. „Láska se musí žít tady na zemi, až odejdeš, už je příliš pozdě. Takže jsem dostala dar života, abych se tady a teď mohla naučit žít lásku."

Od té doby byly mé návštěvy u Gagi naplněné jedinečnou kombinací vzájemného sdílení a neustálých překvapení. I když jí zdraví přestávalo sloužit, byla opravdu šťastná. Znovu získala smysl života a cíl, který stál za žití.

Když jsem ji zase jednou přišla navštívit, vzrušeně rukou zabušila do svého vozíčku a řekla: „Nikdy bys neuhodla, co se dneską ráno přihodilo."

Odpověděla jsem, že bych to opravdu neuhodla, a ona s rostoucím nadšením pokračovala: „No, dneska ráno se na mě tvůj strejda zlobil za něco, co jsem provedla. Ani jsem sebou necukla. Přijala jsem jeho hněv, zabalila jsem ho do lásky a s radostí jsem ho vrátila!" V očích jí zajiskřilo, když dodala: „Bylo to docela zábavné, přirozeně že ho hněv přešel."

Ubíhal den za dnem, návštěva za návštěvou, Gagi mezitím procvičovala své lekce lásky – celou tu dobu však stárnutí pokračovalo ve svém nezadržitelném běhu. Každá návštěva se stala novým dobrodružstvím, když mi vyprávěla své příběhy. Zdolávala v sobě hory návyků a neustále byla někým jiným. Skutečně nechávala vzniknout novému tvoru plného života.

Během let se její zdraví postupně zhoršilo. Často musela do nemocnice. Nakonec, když jí bylo devadesát sedm, nastoupila do nemocnice hned po Díkůvzdání. Výtahem jsem vyjela do čtvrtého patra a zašla jsem na sesternu. „Na kterém pokoji leží paní Huntová?" zeptala jsem se.

Sestra ve službě rychle vzhlédla od své práce, sundala si brýle a odpověděla: „Vy musíte být její vnučka! Už vás očekává a požádala nás, abychom hlídaly váš příchod." Vyšla ze sesterny a řekla: „Já vás k ní doprovodím." Jak jsme vyšly do chodby, sestra se najednou zastavila, pohlédla mi přímo do očí a tiše pronesla: „Vaše babička je velmi mimořádná paní, víte. Je to světýlko. Všechny sestry na patře, které právě konají službu, chtějí mít na starost její pokoj. Rády jí nosí léky, protože říkají, že je něčím zvláštní." Odmlčela se, skoro se styděla, že toho řekla tolik. „Ale to vy, samozřejmě, víte, že?"

„Ano, rozhodně je mimořádná," odtušila jsem a vnitřní hlásek mi našeptával: „Gagi dosáhla svého cíle. Její čas se naplnil."

Stalo se to dva dny po Vánocích. Toho dne jsem u Gagi na návštěvě strávila dvě hodiny, večer jsem dorazila domů, abych si odpočinula, když se náhle znovu ozval ten hlas: „Vstaň! Běž ihned do nemocnice! Nezdržuj se! Běž do nemocnice! Hned teď."

Hodila jsem na sebe džíny a tričko, skočila jsem do auta a vyrazila jsem do nemocnice. Rychle jsem zaparkovala, dala jsem se do běhu a zbytek cesty k výtahu a do čtvrtého patra jsem vyběhla. Jak jsem dorazila k jejím dveřím, nahlédla jsem dovnitř a spatřila jsem, jak moje teta drží Gaginu hlavu v rukou. Pohlédla na mě se slzami v očích. „Odešla, Trin," oznámila mi. „Opustila nás před pěti minutami. Jseš tady první."

Hlavou mi vířily myšlenky, když jsem přistupovala ke Gaginu lůžku. Nechtěla jsem tomu uvěřit, položila jsem jí ruku na hrudník, abych zkontrolovala srdce. Nebilo, Gagi zemřela. Stála jsem tam, svírala jsem její stále teplou ruku a pohlížela jsem na překrásné tělo, v němž sídlila duše ženy, kterou jsem tolik obdivovala. Když jsem byla hodně malá, Gagi se o mě starala. Oblékala mě a zaplatila mi školu, když mí rodiče byli mladí a jen tak tak vycházeli s penězi. Byla jsem ztracená, nemohla jsem uvěřit, že moje milovaná babička, moje nejdražší Gagi, odešla.

Vzpomínám si na tu bolestivou prázdnotu, když jsem té noci přecházela kolem její postele a dotýkala jsem se každého místa na jejím vzácném těle. Byla jsem zdrcená, zaplavená dojmy, které jsem nikdy před tím nezažila. Přede mnou ležely ruce a nohy, které jsem znala tak dobře, ale kde je ona? Její tělo bylo prázdné, kam tedy odešla? Hluboko v mysli jsem prosila o odpověď. V jednu chvíli tělo oživuje duše, ta pak najednou zmizí a nic na světě nemůže tělo přimět, aby se pohybovalo nebo aby znovu obživlo. Kde je Gagi? Kam odešla?

Náhle se zablýsklo a odkudsi vyšlehla silná energie. Má babička se vznášela kousek od stropu nad svým prázdným tělem. Vozíček zmizel a ona v tom světle tančila.

„Trin, já jsem neodešla!“ zvolala. „Opustila jsem své tělo, ale jsem pořád tady. Podívej, Trin, zase můžu používat své nohy. V nebi nejsou vozíčky, víš. Jsem teď s tvým dědečkem a moje radost je bezmezná. Jak se díváš na mé prázdné tělo, uvědom si tajemství života. Vždycky si pamatuj, že si s sebou nemůžeš vzít nic materiálního, až budeš odcházet. Nemohla jsem si s sebou vzít své tělo ani všechny peníze, které jsem za život vydělala, a ani žádnou z věcí, co jsem nashromáždila. Dokonce i můj nejcennější majetek, snubní prstýnek od tvého dědečka, musel zůstat, když jsem odešla.“

Gagino světlo bylo velmi jasné, když pokračovala: „Setkáš se s mnoha lidmi, Trin, a se všemi se o tuhle pravdu musíš podělit. Řekni lidem, že jediná věc, kterou si s sebou bereme, když odcházíme, je záznam, kolik lásky jsme rozdali. Náš život se, mé dítě, měří tím, kolik jsme dali, a ne kolik jsme dostali.“ A s tím se světlo mé babičky rozplynulo a zmizelo.

Mnoho let uplynulo od té chvíle u lůžka, přesto však vzkaz mé babičky zůstává. Je nesmazatelně vepsán v mém srdci a převtělen do maličkostí, které se pokouším každodenně udělat, abych si vylepšila charakter. Gagi mě milovala celým svým srdcem. Za svého života mě zahrnovala dárky, ale já jsem věděla, že mi dala svůj poslední a největší dárek. Svou smrtí oživila můj život.

D. Trinidad Huntová

5

ÚHEL POHLEDU

Věci se nemění. Jen vy se na ně díváte jinak.

Carlos Castaneda

Zloděj sušenek

Noc byla dlouhá a jistá mladá dáma
čekala na svůj let, tak znuděná a sama.
Koupila sušenky a knihu, že si bude číst,
s očima na stránkách pak z nudy začla jíst.

Zabraná do knihy však přece všimla si,
že pán co přised' si, tlustý a bezvlasý,
ležérně hoví si tak těsně vedle ní,
že z jejího si nabízí a bezostyšně jí.

Četla a dělala, že se nic neděje,
však zásoby mizely pod rukou zloděje.
Už se v ní vařil vztek z té sprosté krádeže,
být místo dámy chlap, tak mu snad nařeže!

Za každou její sušenku i on si jednu vzal.
Až zbyla jediná. Co asi bude dál?
S grácií pro ni sáh' a ještě se přitom culil,
jak by se nemetlo, přelomil sladkost v půli.

Zlostně ji zchroustala a už jí cloumal vztek,
takový nezdvořák, kdo by to do něj řek'!
Cpe se, a bez díků, tohle je vážně k zlosti,
ten tlustý ohava je vzor vší nevděčnosti!

Sotva by vzpomněla, kdy měla větší zlost...
Už hlásí její let... však toho bylo dost!
Shrábla svou kabelu a vyskočila v mžiku,
ani se neohlédla po tom loupežníku.

Až v letadle koukla se do vlastní kabely...
Byly tam. Hned navrchu pěkně si zavřené hověly.
Nešťastné sušenky, v balíčku, nenačaté.
Jen na to zírala, v hlavě stud, děs a zmatek.

„Jestli jsou tyhle *mé,* a Pánbůh chraň mě zlého,
pak tamty koupil on. To já jsem jedla z *jeho!*
Pozdě se omlouvat, konec vší naděje,
já jsem tím hulvátem, lotrem a zlodějem!“

Valerie Coxová

Pravdivý příběh o Albatrosovi a Rackovi Mořském

Moje babička měla nepřítelkyni, kterou byla paní Wilcoxová. Babička a paní Wilcoxová se jako nevěsty nastěhovaly do sousedících domů v ospalé, jilmy lemované Hlavní ulici na malém městě, ve kterém měly prožít své životy. Nevím, co tu válku začalo – k tomu došlo dlouho před mým narozením – a nemyslím si, že když jsem se o více než třicet let později objevila, že by si ony samy pamatovaly, co vlastně onu válku způsobilo. Stále v ní však nelítostně bojovaly.

Abyste se nepletli. Nešlo o žádný uctivý lehký zápas. Šlo o válku mezi ženami, což je absolutní válka. Nic ve městě jejich válčení neuniklo. Tři sta let starý kostel, který přestál Revoluci, občanskou a španělsko-americkou válku, se skoro zbortil, když babička a paní Wilcoxová bojovaly v bitvě o vedení spolku Pomoc žen. Babička to vyhrála, ale šlo jen o prázdné vítězství. Protože paní Wilcoxová nemohla být prezidentkou, zlostně ze spolku vystoupila, a jakou radost můžete mít z vedení, když nepřítele na život a na smrt nemůžete srazit na kolena?

Paní Wilcoxová vyhrála bitvu o městskou knihovnu, protože se jí podařilo, že místo knihovnice dostala její neteř Gertruda, a ne moje teta Phyllis. V den, kdy Gertruda nastoupila, přestala babička číst knihy z knihovny – ty „špinavé zavšivené věci", co se z nich přes noc staly – a začala si kupovat své vlastní.

Bitva o střední školu skončila nerozhodně. Ředitel dostal lepší místo a odešel dřív, než se ho paní Wilcoxové podařilo vyštípat a než mu babička udělila doživotní právo k zastávání funkce.

Kromě těchto hlavních střetů docházelo k neustálým výpadům a odvetným výstřelům do hlavních bojových linií. Když jsme jako děti babičku navštěvovali, součástí naší legrace bylo, že jsme dělali obličeje na vnoučata paní Wilcoxové – která byla skoro stejně nemožná jako my, teď to už vidím – kradli jsme hrozny na straně plotu paní Wilcoxové. Také jsme honili Wilcoxovy slepice, na tramvajové koleje přímo před domem Wilcoxových jsme pokládali bouchací kuličky a kapsle, které jsme si schovávali z oslav Dne nezávislosti, a doufali jsme, že když kolem projede tramvaj, tak výbuch – ve skutečnosti zanedbatelná záležitost – vyděsí paní Wilcoxovou k smrti.

Jednoho krásného dne jsme Wilcoxovým do sudu na vodu strčili hada. Babička symbolicky protestovala, ale my jsme vycítili tichou sympatii, která se tak lišila od důrazného ‚ne' mé matky, a s naší nehoráznou lumpárnou tiše souhlasila. Kdyby to bylo moje dítě... ale ne, to už by byl zas jiný příběh.

Ani na chvíli si nemyslete, že šlo pouze o jednostrannou kampaň. Jak víte, i paní Wilcoxová měla vnoučata, která byla chytřejší než ta, co měla moje babička. Ani babička nevyvázla bez újmy. Nasadili jí do sklepa skunky. Na Halloween se všechny volně položené zapomenuté předměty, jako třeba zahradní nábytek, záhadně dostaly na střechu stodoly, odkud je museli sundat silní chlapi, které bylo třeba najmout za horentní denní sazbu.

Za větrného dne se praní prádla nikdy neobešlo bez toho, aby se prádelní šňůra záhadně nepřetrhla a aby se prostěradla nevyválela ve špíně, a nemusela se proto znovu vyprat. Některé z těchto případů se mohly stát náhodou, ale vždycky se připisovaly vnoučatům Wilcoxovým.

Nevím, jak by babička bývala mohla své strasti snášet, kdyby v každodenním výtisku bostonských novin neexistovala stránka pro domácnost.

Byla to skvělá věc. Kromě obvyklých rad pro vaření a uklízení se skládala z úryvků dopisů, které si čtenáři vzájemně psali. Šlo o to, že když jste měli problém – nebo jste si jen potřebovali trochu ulevit – napsali jste dopis do novin a podepsali jste se nějakým svérázným jménem jako třeba Albatros. Tak se podepisovala babička. Pak jí nějaká jiná žena, kterou trápil stejný problém, odepsala a vypověděla jí, co s tím podnikla ona, a podepsala se například jako Ta, která ví nebo Xantipa. Velmi často se na problém zapomnělo a člověk si s tím druhým léta dopisoval prostřednictvím novinových sloupků a vzájemně se informoval o dětech, zavařování a novém obývacím pokoji.

Přesně to se stalo babičce. Ona a žena, která si říkala Racek Mořský, si spolu dopisovaly čtvrt století a babička se Rackovi Mořskému svěřila s věcmi, které předtím neprozradila živé duši – jako že doufala, že bude mít další dítě, ale neměla ho, a jak strejda Steve dostal ve škole do vlasů – vždyť vy víte co – a jak se cítila hrozně poníženě, i když se jich zbavila, než na to mohl někdo ve městě přijít. Racek Mořský se stal babiččiným opravdovým přítelem.

Když mi bylo asi šestnáct, paní Wilcoxová zemřela. Na malém městě, i když jste svého souseda odvedle sebevíc nesnášeli, je obecnou slušností, že k truchlícím zaběhnete a zjistíte, jak byste jim mohli pomoct.

Babička upravená ve své jemné bavlněné zástěrce, aby ukázala, že opravdu myslí to, aby ji zapojili do práce, vážně, přešla dva trávníky k Wilcoxovým, kde jí Wilcoxovy dcery přidělily úklid už tak bezvadně čistého vstupního předpokoje. A tam na stolku, na čestném místě, ležela velká kniha k nalepování výstřižků a uvnitř byly úhledně v souběžných sloupcích nalepené dopisy, které ona za ta léta napsala Rackovi Mořskému a které Racek Mořský napsal jí. Babiččina nejhorší nepřítelkyně byla současně její nejlepší přítelkyní.

Tehdy jsem viděla babičku poprvé brečet. Tehdy jsem přesně nevěděla, proč brečí, ale teď už to vím. Plakala nad všemi těmi promarněnými roky, které se už nedaly zachránit. Tenkrát na mě zapůsobily pouze slzy a donutily mě, abych si zapamatovala ten den, který měl větší cenu než jen ty slzy. Byl to den, kdy jsem poprvé začala tušit něco, čemu nyní z celého srdce věřím, a jestli tomu někdy budu muset přestat věřit, chci přestat žít. Jde o tohle:

Může se zdát, že jsou lidé úplně nemožní. Možná vám připadají zlí, malí a zlomyslní. Ale jestliže odstoupíte o deset kroků doleva a podíváte se znovu pod jiným úhlem, pak s velkou pravděpodobností zjistíte, že jsou šlechetní, vřelí a laskaví. Všechno záleží na úhlu, ze kterého se na ně díváte.

Louise Dickinson Richová

Paní, jste bohatá?

Tísnily se mezi vstupními dveřmi – dvě děti v roztrhaných kabátech, ze kterých už dávno vyrostly.

„Máte nějaké staré noviny, paní?"

Měla jsem naspěch. Chtěla jsem je odbýt – dokud jsem neshlédla na jejich nohy. Tenoučké sandálky měly promočené studeným deštěm. „Pojďte dál, udělám vám šálek horkého kakaa." Nic neřekly. Jejich nacucané sandálky zanechávaly stopy na kamenné podlaze.

Podala jsem jim kakao a toast s džemem, abych je obrnila proti venkovnímu chladu. Pak jsem se vrátila do kuchyně a znovu jsem začala dělat rozpočet pro domácnost...

Dolehlo na mě ticho v předním pokoji. Nahlédla jsem dovnitř.

Holčička držela v rukou prázdný hrneček a dívala se na něj. Chlapec se monotónním hlasem zeptal: „Paní... jste bohatá?"

„Já a bohatá? Vůbec ne!" Pohlédla jsem na ošuntělé ochranné potahy na nábytku.

Holčička umístila šálek zpátky na talířek – velmi opatrně. „Vaše šálky patří k podšálkům." Její hlas zněl staře, hladově, ne však hladem po jídle.

Pak odešly, chránily se před větrem svazky novin. Nepoděkovaly. Nebylo třeba. Udělaly mnohem víc. Prosté modré keramické hrníčky a talířky. Ale patřily k sobě. Zkusila jsem brambory a zamíchala omáčku. Brambory s hnědou omáčkou, střecha nad hlavou, můj muž s dobrou stálou prací – tyhle věci k sobě taky patřily.

Odtáhla jsem židle od ohně a uklidila obývací pokoj. Blátivé stopy malých sandálků byly v mém srdci stále živé. Nechala jsem je tam. Chtěla jsem je tam mít pro případ, kdybych zase zapomněla, jak moc jsem bohatá.

Marion Doolanová

Květina v jejích vlasech

Pořád nosila ve vlasech květinu. Neustále. Většinou jsem si myslela, že to vypadá divně. Květina uprostřed dne? Do práce? Na schůze? Byla to ctižádostivá grafička ve velké rušné firmě, kde jsem pracovala i já. Každý den vplula do kanceláře s ultramoderním perfektním zařízením a ve vlasech dlouhých k ramenům měla květinu. Obvykle barvou ladila s jinak přiměřeným oděvem, rozkvetlý malý deštníček jasné barvy, který si připevnila k husté hřívě tmavě hnědých vln. Byly doby, jako třeba na vánočním večírku firmy, kdy květina dodávala nádech svátečnosti a zdála se vhodná. Ale do práce se poněkud nehodila. Některé více „profesionálně založené“ ženy v kanceláři se nad tím pobuřovaly a měly za to, že by si ji někdo měl vzít stranou a měl by ji informovat, jaká „pravidla“ je třeba dodržovat, když mají člověka ve světě byznysu „brát vážně“. My ostatní, mě nevyjímaje, jsme to považovali za podivný vtip a po straně jsme o ní mluvili jako o „květinové síle“ nebo „květince“.

„Dokončila už květinová síla předběžný návrh projektu pro Wal-Mart?“ zeptal se někdo z nás s nepatrně pokřiveným úsměvem.

„Ale jo. Dopadlo to skvěle – její práce opravdu vykvetla,“ zněla případná odpověď doprovázená blahosklonnými úsměvy obecně sdílené zábavy. Tehdy jsme své zesměšňování považovali za nevinné. Pokud je mi známo, nikdo se té mladé ženy nezeptal, proč ji každý den do práce doprovází květina. Patrně bychom se jí byli zeptali, kdyby se objevila bez ní.

A to se také jednoho dne stalo. Když mi do kanceláře přinesla vypracovaný projekt, poznamenala jsem nenuceně: „Všimla jsem si, že dnes nemáte ve vlasech květinu. „Jsem tak zvyklá vás s ní vídat, že se mi skoro zdá, jako by tady něco chybělo."

„Ach, ano," odpověděla tiše a poněkud zachmuřeně. Docela velká změna vzhledem k její normálně veselé a energické povaze. To dusné ticho, které se rozhostilo, hlasitě křičelo, a tak jsem se rychle zeptala: „Jste v pořádku?" I když jsem doufala, že uslyším odpověď: „Ano, jsem", podvědomě jsem věděla, že jsem se dotkla něčeho mnohem většího než jen nepřítomné květiny.

„Víte," řekla tiše s výrazem zatíženým vzpomínkami a lítostí, „dnes je výročí dne úmrtí mé matky. Moc ji postrádám. Řekla bych, že jsem trochu v depresi."

„Chápu," odvětila jsem, soucítila jsem s ní, ale nechtěla jsem zabrousit do emotivních vod. „Jsem si jistá, že se vám o tom musí velmi těžko mluvit," pokračovala jsem, profesionální část mého já doufala, že se mnou bude souhlasit, ale srdce mi napovídalo, že se v tom skrývá ještě něco.

„Ne. To je v pořádku. Vím, že jsem dneska extrémně citlivá. Dnešek je dnem zármutku, řekla bych. Víte..." a začala mi vyprávět celý příběh.

„Moje matka věděla, že umírá na rakovinu. Nakonec zemřela. Tehdy mi bylo patnáct. Měly jsme k sobě hodně blízko. Byla tak milující, tak štědrá. Protože věděla, že umírá, předem mi nahrála přání k narozeninám, které jsem měla poslouchat každý rok v den svých narozenin od šestnácti let do dvaceti pěti. Dneska mám své pětadvacáté narozeniny a ráno jsem se dívala na videozáznam, který pro dnešní den připravila. Řekla bych, že to stále ještě nemohu strávit. Tak bych si přála, aby byla naživu.“

„Velmi s vámi cítím,“ prohodila jsem a byla to pravda.

„Děkuji vám za vaši laskavost,“ poznamenala. „Chtěla jste vědět, co se stalo s mou květinou. Když jsem byla malá holka, maminka mi často dávala do vlasů květiny. Jednoho dne, když byla v nemocnici, jsem jí donesla překrásnou velkou růži ze zahrady. Jak jsem jí růži pozvedla k nosu, aby si mohla přivonět, vzala mi ji z rukou, nic neřekla, jen si mě přitáhla blíž k sobě, pohladila mě po vlasech, odhrnula mi je z obličeje a růži mi vetkla do vlasů, stejně jako to dělávala, když jsem byla malá. Později, ještě téhož dne, zemřela.“ Oči se jí zalily slzami, když dodala: „Od té doby jsem nosila ve vlasech květinu – měla jsem pocit, že je tak se mnou, i když jen v duchu. Ale,“ povzdechla si, „dneska jsem se dívala na video, které bylo určené k těmto narozeninám a ve kterém říkala, jak moc ji mrzí, že zde nemohla být, když jsem vyrůstala, a že doufá, že byla dobrou matkou a že by chtěla nějaký náznak toho, že se stávám soběstačnou. Takto má matka myslela – a takto hovořila.“ Podívala se na mě, při vzpomínce se láskyplně usmála. „Byla tak moudrá.“

Souhlasně jsem přikývla. „Ano, zní to velmi moudře.“

„Tak jsem přemýšlela, nějaký náznak, co by to tak mohlo být? A napadlo mě, že jde o květinu, kterou budu muset odložit. Ale bude mi chybět a s ní i to, co představovala.“

Její oříškově hnědé oči se při vzpomínce zahleděly do dálky a ona pokračovala. „Byla jsem tak šťastná, že jsem ji měla.“ Hlas se jí vytratil a její oči se znovu setkaly s mými, pak se smutně usmála. „Ale nemusím nosit květinu, abych si ty věci připomínala. Já to vím. Šlo jen o vnější symbol mých drahých vzpomínek – ty stále zůstávají, i když už nemám květinu ve vlasech... ale stejně, stejně ji budu postrádat... A, tady je ten projekt. Doufám, že s ním budete spokojená.“ Podala mi pečlivě připravený fascikl, podepsaný a pod jménem byla ručně nakreslená květina – ochranná známka jejího podpisu.

Když jsem byla mladá, pamatuji si, jak jsem slýchávala frázi: „Nikdy nikoho neposuzuj, dokud nebudeš alespoň chvíli v jeho kůži.“ Vybavily se mi všechny ty chvíle, kdy jsem se k této mladé ženě s květinou ve vlasech chovala necitlivě, a bylo to smutné, protože jsem tak učinila z nedostatku informací, neznala jsem osud té mladé ženy a její trápení. Pyšnila jsem se, že jsem podrobně ovládala složité aspekty společnosti a že jsem přesně znala každou roli a funkci a to, jak se vzájemně doplňují. Nebylo ode mě moudré, že jsem zastávala názor, že osobní život člověka se nevztahuje k jeho profesionálnímu životu a že ho má odložit za dveřmi, když vstupuje mezi ostatní. Toho dne jsem se dozvěděla, že květina ve vlasech této mladé ženy představovala symbol její přetékající lásky – zůstávala tak spojená se svou mladou matkou, kterou ztratila, když sama byla ještě mladičká dívka.

Prohlédla jsem si projekt, který vyhotovila, a cítila jsem se poctěná tím, že nad ním pracoval někdo s takovou hloubkou a schopností *citu... a bytí.* Nebylo divu, že její práce byla neustále vynikající. Každodenně žila ve svém srdci. A přiměla mě k tomu, abych i já znovu navštívila své srdce.

Bettie B. Youngsová

Lavina

V každé nevýhodě se skrývá odpovídající výhoda.

W. Clement Stone

Šlo o naši vysněnou chalupu – kolem tisíce metrů čtverečních luxusního místa, ze kterého byla vyhlídka na velkolepý vodopád na zadní straně hory Mount Timpanogos v blízkosti svahů známého lyžařského střediska Roberta Redforda – Sundance Ski Resort. Trvalo nám se ženou několik let, než jsme to místo navrhli, naplánovali, postavili a zařídili.

K jeho zničení však stačilo pouhých deset vteřin.

Na odpoledne, kdy došlo ke katastrofě, si pamatuji, jako by se to stalo včera. Čtvrtek, 13. února 1986, den před devátým výročím naší svatby. Toho dne hustě sněžilo. Napadlo něco přes metr sněhu. Přesto má žena statečně čelila počasí, když musela třicet minut stoupat kaňonem od našeho domu v Provo, v Utahu, aby se dostala k našemu nedávno dokončenému horskému obydlí. Vzala s sebou našeho šestiletého syna Aarona a odjela časně po poledni, po cestě se zastavila na nákupu několika přísad do dortu, kterým jsme měli tento speciální den oslavovat. Měl jsem se za ní vydat později a vzít s sebou naši devítiletou dceru Aimee a našeho nejmladšího syna Huntera.

První zmínka o nebezpečí ke mně dorazila asi ve tři hodiny odpoledne, když mi zavolala lyžařská hlídka ze Sundance.

„U vás na chatě se vyskytl problém. Měl byste ihned přijet.“

Žádné další podrobnosti mi nesdělili. I když jsem byl pozadu s termínem dokončení knihy, nechal jsem počítač počítačem a s obavami jsem se hnal kaňonem po sněhem ucpaných silnicích. Když jsem dorazil do lyžařského střediska, ředitel a jeho zaměstnanci mě přivítali s chmurnými výrazy ve tvářích.

„Na vaší chatě došlo ke katastrofě. Myslíme si, že tam byla vaše žena se synem. Naskočte si ke mně do terénního vozu. Pojedem.“

Chalupa sousedila s hlavní lyžařskou sjezdovkou Sundance a dalo se k ní dostat jen po úzké klikaté horské cestě. Jak jsme zoufale spěchali nahoru po silnici, vysoké břehy sněhu po obou stranách v nás vzbuzovaly pocit, že projíždíme labyrintem. Když jsme zahnuli do zatáčky, setkali jsme se s dalším vozem, který sjížděl z úzké silnice. Oba jsme šlápli na brzdy. Když jsme se srazili, obě vozidla utrpěla jen nepatrné škody. Vyměnili jsme si mezi sebou potřebné informace a pak jsme pokračovali v našem závodu nahoru po úzké silnici, dokud se v dálce neobjevila měděná střecha naší chalupy.

Jak jsme dojeli blíž, zahlédl jsem svou ženu a syna na silnici, kolem nich postávalo několik členů lyžařské obsluhy ze Sundance. Když jsem vyskočil z auta a rozběhl se k ženě, ukázala na stromy nad chalupou. To, co jsem uviděl, mě šokovalo. Po svahu hory se přehnal pás obrovské laviny a zanechal za sebou vyvrácené mohutné stromy zlámané jako zápalky. Znovu jsem pohlédl na chalupu a spatřil jsem, jak lavina proletěla naším horským domovem.

V několika vteřinách vyrazila všechna okna a navezla tuny sněhu do našeho velkého obývacího pokoje, čímž se zbortily všechny podlahy a zcela se zničily naše sny. Zůstala jen jakási kostra. Venku na sněhu ležel všude kolem na kusy rozbitý nábytek, který jsme tak pečlivě vybírali. Díval jsem se na to šokující zničení, na které nikdy nezapomenu.

Lyžařská hlídka nás rychle vyhnala z lavinové oblasti, protože hrozily další laviny. Vrátili jsme se domů jako ve snách, ohromení a v šoku. Musím připustit, že námi ztráta chalupy pěkně otřásla. Několik měsíců potom jsem se ptal sám sebe, proč nás musela postihnout taková smůla, že jsme museli ztratit náš překrásný horský domov. Proč Bůh dovolil, aby k tomu došlo?

A to by mohl být konec příběhu. Ale to byste potom nevěděli o zázraku, který se toho dne udál. I já jsem se o něm dozvěděl až o osm měsíců později.

Na pracovní schůzi mi jeden kolega položil zdánlivě jednoduchou otázku:

„Řekla vám vaše žena o tom, že se s mou ženou skoro srazily na silnici k vaší chalupě toho dne, kdy se přehnala lavina?"

„Neřekla," odpověděl jsem. „Co se stalo?"

„No moje žena a kluci pobývali na naší chalupě v Sundance. Protože tak hustě sněžilo, rozhodli se, že pojedou zpátky domů. Než chalupu opustili, navrhl jeden z našich synů, aby se pomodlili za bezpečnou cestu domů. Sklonili hlavy, krátce se pomodlili a pak se vydali dolů po úzké silnici. Vaše žena, která jela v protisměru, zahlédla mou ženu a kluky v našem Suburbanu. Ale když má žena šlápla na brzdu, auto nechtělo zastavit. Klouzalo po hladkém povrchu a nabíralo rychlost. Nemohla udělat nic, aby auto zastavila. Nakonec, chvilku před srážkou stočila volant a narazila předkem auta do sněhového břehu po straně silnice. Zadek vozu se zabořil do břehu na druhé straně silnice, takže vaší ženě doslova zablokovala cestu. Skoro hodinu se všichni pokoušeli Suburban vyprostit a nakonec museli dojít pro pomoc do lyžařského střediska."

„To mě překvapuje," řekl jsem. „Má žena se o tom nikdy nezmínila."

Zasmáli jsme se nad tou „nehodou" a rozešli jsme se. Pak na mě dolehla síla toho, co mi právě sdělil.

Kdyby nebylo této skoro „nehody", má žena a syn by určitě zahynuli v lavině!

Často jsem o této „nehodě" na silnici přemýšlel. Představoval jsem si svou ženu, jak tam bezmocně sedí, když jí Suburban zablokoval cestu k chalupě. Vidím ženu svého přítele, kterou celá situace uvedla do rozpaků. Vidím její kluky rozzlobené a zmatené, jak se sami sebe ptají, jestli Bůh skutečně slyší modlitby.

Tehdy všichni celou situaci posuzovali jako úplnou katastrofu. Ale přesto, z jiného pohledu, je jasné, že se všichni nevědomky účastnili zázraku.

Nyní už tak rychle neposuzuji katastrofy, které se čas od času v mém životě přihodí. Nakonec, když mám k dispozici víc informací, se pak z mnohých vyklubou zázraky. Když dojde k „nehodám", snažím se si položit otázku: „Jaký zázrak asi Bůh z toho neštěstí udělá?"

Místo abych se ptal: „ Bože, proč právě já?", jednoduše říkám: „Díky Bože."

Pak si počkám, až se mi do rukou dostanou veškerá fakta.

Robert G. Allen

Ty moc dobrý, ty moc rychlý

Když jsem žila v oblasti zátoky San Franciska, přijela mě na několik dní navštívit má matka. Poslední den jejího pobytu jsem se připravovala, že si půjdu ven zaběhat. Pracovala jsem v nezdravém prostředí, a proto jsem ranní běhání považovala za velmi prospěšné. Jak jsem vycházela ze dveří, má matka pronesla: „Jen si nemysli si, že je běhání bůhvíjak zdravé – ten slavný běžec umřel."

Začala jsem jí vyprávět, co jsem se dočetla o Jimu Fixxovi a o tom, jak běh pravděpodobně přispěl k jeho delšímu životu, než jaký žili ostatní členové jeho rodiny, ale věděla jsem, že to stejně nemá žádnou cenu.

Jak jsem vyběhla na svou oblíbenou cestu, zjistila jsem, že se té její poznámky nemůžu zbavit. Byla jsem tak znechucená, že jsem skoro nemohla běžet. Hlavou se mi honily myšlenky: „Proč vlastně vůbec běhám? Závodní běžci si patrně myslí, že jsem směšná! Můžu tady na cestě dostat infarkt – můj táta měl infarkt, když mu bylo padesát, a byl zdánlivě v lepší kondici než já."

Poznámka mé matky mě tížila jako obrovská peřina. Zpomalila jsem, pak jsem pokračovala chůzí a cítila jsem se neuvěřitelně poraženecky. Tak ve svých skoro padesáti letech pořád ještě doufám, že uslyším od své matky povzbudivé slovo, a zároveň se na sebe zlobím, že stále ještě očekávám souhlas, který nikdy nepřijde.

Zrovna když jsem se chystala, že se po třech kilometrech obrátím a půjdu domů – ještě sklíčenější než kdykoli jindy – zahlédla jsem postaršího čínského džentlmena, který kráčel směrem ke mně z opačného směru. Už jsem ho tam viděla chodit jiná rána, pokaždé jsem řekla: „Dobré ráno," a on se usmál a pokýval hlavou. Toho rána přešel na mou stranu a postavil se mi do cesty, takže mě donutil, abych se zastavila. Trochu mě to rozladilo. Nechala jsem poznámku své matky (společně s nesčetnými podobnými poznámkami), aby mi zkazila celý den, a teď mi ještě tenhle člověk překážel v cestě.

Měla jsem na sobě tričko, které mi z Havaje poslala jedna má přítelkyně k čínskému novému roku – na přední části byly tři čínské znaky a na zádech výjev z čínské čtvrti v Honolulu. Mé tričko, které zahlédl v dálce, ho vybídlo, aby mě zastavil. Ukázal na písmena a velmi špatnou angličtinou se vzrušeně zeptal: „Ty mluvit?"

Odpověděla jsem mu, že čínsky nemluvím, ale že jsem tričko dostala od kamarádky z Havaje. Vycítila jsem, že nerozumí všemu, co říkám, ale pak velmi nadšeně řekl: „Každý čas vidět tě... ty moc dobrý... ty moc rychlý."

No, nejsem ani moc dobrá, ani moc rychlá, ale toho dne jsem odešla nevysvětlitelně pružným krokem. Nevrátila jsem se, jak to předtím chtěla má chmurná nálada, ale pokračovala jsem skoro ještě dalších deset kilometrů, a víte, toho rána jsem byla moc dobrá. Byla jsem moc rychlá v duchu a v srdci.

Díky tomu malému povzbuzení jsem nepřestala běhat a nedávno jsem doběhla svůj čtvrtý maraton na Honolulu. Tento rok se chystám na maraton do New Yorku. Vím, že ho nikdy nevyhraji, ale nyní, když se mi dostane nějaké negativní odezvy, myslím na milého džentlmena, který opravdu věřil, že „já moc dobrý... moc rychlý.“

Kathi M. Curryová

Přej si něco

Nikdy nezapomenu na den, kdy mě maminka *donutila,* abych šla na oslavu narozenin. Chodila jsem do třetí třídy paní učitelky Blackové ve Wichita Falls v Texasu a přinesla jsem si domů poněkud neumělé pozvání.

„Nepudu tam," řekla jsem. „Je to nová holka, jmenuje se Ruth. Berniece a Pat taky nejdou. Pozvala celou třídu, všech třicet šest dětí."

Jak si maminka prohlížela podomácku zhotovené pozvání, vypadala prapodivně smutně. Pak oznámila: „No, ty ale půjdeš! Zítra vyberu dárek."

Nemohla jsem tomu uvěřit. Maminka mě nikdy nenutila jít na žádnou oslavu! Byla jsem přesvědčená, že prostě umřu, když tam budu muset jít. Žádná hysterie však maminku neoblomila.

Když přišla sobota, maminka mě vyhnala z postele, donutila mě zabalit pěkné růžové zrcátko a hřebínek s perletí, které koupila za dva dolary devadesát osm centů.

Zavezla mě tam ve svém žlutobílém Oldsmobilu z roku 1950. Ruth otevřela dveře a pokynula mi, abych ji následovala po nejstrmějším, nejhrozivějším schodišti, jaké jsem kdy viděla.

Jak jsem vešla dovnitř, velmi se mi ulevilo. Podlahy z tvrdého dřeva zářily ve sluncem zalitém předpokoji. Sněhobílé ozdobné dečky pokrývaly opěradla opotřebovaného čalouněného nábytku.

Na stole stál snad největší dort, jaký jsem kdy viděla. Zdobilo ho devět růžových svíček, na sobě měl neuspořádaný nápis Všechno nejlepší Ruthey a něco, o čem jsem si myslela, že má představovat poupátka růží.

U dortu bylo třicet šest papírových pohárků naplněných domácím fondánem – na každém bylo jméno.

Nebude to tak hrozný, až dorazí ostatní, usoudila jsem.

„Kde máš maminku?" zeptala jsem se Ruth.

Pohlédla na podlahu a odpověděla: „No, ona je trochu nemocná."

„Aha. A kde máš tátu?"

„Je pryč."

Pak se rozhostilo ticho, které přerušilo jen několik chraplavých zakašlání za zavřenými dveřmi. Uběhlo asi patnáct minut... pak dalších deset. Náhle mi to s hrůzou došlo. *On už nikdo jiný nepřijde.* Jak bych se jen odsud mohla dostat? Jak jsem se ponořila do sebelítosti, zaslechla jsem tlumené vzlyky. Vzhlédla jsem a spatřila jsem Ruthin obličej zbrázděný slzami. Mé osmileté srdce začalo ihned překypovat sympatií k Ruth a zaplavil ho vztek na všech třicet pět sobeckých spolužáků.

Vyskočila jsem na nohy obuté do bílých kožených bot na přezku a hlasitě jsem prohlásila: „Kdo o ně tady vůbec stojí?"

Ruthin poplašený výraz se změnil v nadšený souhlas.

Tak jsme tam byly jen my dvě – dvě malé holky a třípatrový dort, třicet šest pohárků s cukrovím, zmrzlina, litry červené limonády, tři tucty oblíbených pochoutek, hry ke hraní a výhry k vyhrání. Začaly jsme s dortem. Nemohly jsme najít žádné zápalky a Ruthey (už to nebyla jen Ruth) nechtěla rušit svou maminku, tak jsme jen předstíraly, že jsme je zapálily. Zazpívala jsem jí „Hodně štěstí, zdraví", zatímco Ruth si něco přála a sfoukla pomyslné svíčky.

Za chvíli bylo poledne. Maminka na mě troubila před domem. Sebrala jsem si všechny dobroty, opakovaně jsem Ruthey děkovala a vyběhla jsem k autu. Celá jsem překypovala.

„Vyhrála jsem *všechny* hry! No, teda, Ruthey vyhrála Samá voda, přihořívá, ale řekla, že není správné, aby oslavenkyně vyhrála nějakou cenu, tak mi ji dala a ostatní drobné dárky jsme si rozdělily půl na půl. Mami, to zrcátko a hřeben se jí hrozně líbily. Byla jsem tam jediná – jediná z celé třetí třídy paní Blackové. A nemůžu se dočkat, až všem ostatním řeknu, jakou skvělou oslavu zmeškali!“

Maminka zajela ke kraji silnice, vypnula motor a pevně mě objala. Se slzami v očích řekla: „Jsem na tebe tak pyšná!“

Tehdy jsem se naučila, že jeden člověk může něco znamenat. Já jsem znamenala hodně o devátých narozeninách Ruthey a maminka moc znamenala v mém životě.

LeAnne Reavesová

Nehoda

Naše opravdová požehnání se nám často zjevují jako bolesti, ztráty a zklamání, ale mějme trpělivost, a brzy je spatříme v jejich skutečných podobách.

Joseph Addison

Štědrý večer připadl toho roku na neděli. Z toho důvodu se obvyklé nedělní setkání mladých v kostele mělo stát velkou oslavou. Maminka dvou dospívajících dívek mě po ranní mši požádala, jestli bych na ten večer nemohl pro její dcery zařídit odvoz. Byla rozvedená. Její bývalý manžel se odstěhoval. Velmi nerada řídila v noci, obzvlášť, když se té noci měla tvořit námraza. Přislíbil jsem, že dívky na setkání odvezu.

Toho večera dívky cestou do kostela seděly vedle mě. Vyjeli jsme kopec na silnici, jen abychom viděli, že před námi na železničním přejezdu došlo k mnohonásobné kolizi aut. Protože začalo namrzat a silnice velmi klouzala, nemohli jsme včas zastavit a zezadu jsme narazili do jednoho vozu. Otočil jsem se, abych se přesvědčil, jestli jsou dívky v pořádku, když jsem zaslechl, jak dívka vedle mě křičí: „Á-á-á, Donno!“ Naklonil jsem se dopředu, abych se podíval, co se stalo dívce, která seděla u okna. Odehrálo se to v době, kdy ještě ve vozidlech nebyly nainstalovány záchranné pásy. Nejprve ji náraz prohodil obličejem skrz přední sklo. Jak padla zpátky na sedadlo, zubatý okraj rozbitého okna zanechal na její levé tváři dvě hluboké rány. Silně krvácely. Byl to příšerný pohled.

Naštěstí měl někdo v dalších autech lékárničku s první pomocí a přiložil Donně na tvář tlakový obvaz, aby zastavil krvácení. Příslušník, který nehodu vyšetřoval, konstatoval, že jí nebylo možné zabránit a že nikdo nikoho nebude žalovat. Já jsem se přesto cítil hrozně, protože krásná šestnáctiletá dívka bude muset procházet životem s jizvami na obličeji. A došlo k tomu, když mi byla svěřena.

Na pohotovosti v nemocnici Donnu ihned odvezli k doktorovi, aby jí sešil rány. Zdálo se mi, že to trvá velmi dlouho. Obával jsem se, že došlo ke komplikacím, a proto jsem se zeptal sestry, proč to tak dlouho trvá. Řekla, že doktor ve službě je plastický chirurg. Sešil rány drobnými, velmi náročnými stehy, které si vyžádaly spoustu času. Z toho rovněž plynulo, že dojde k minimálnímu zjizvení. Snad Bůh přece jen trochu držel nad celou tou věcí ochrannou ruku.

Hrozil jsem se návštěvy u Donny v nemocnici, obával jsem se, že se na mě bude zlobit a že mě bude ze všeho vinit. Protože byly Vánoce, snažili se lékaři z nemocnice poslat pacienty domů a rovněž odložit vybrané chirurgické zákroky. Z toho důvodu nebylo u Donny na patře mnoho pacientů. Zeptal jsem se sestry, jak se Donně daří. Sestra se usmála a řekla, že se jí daří docela dobře. Donna ve skutečnosti zářila jako sluneční paprsek. Vypadala šťastně a neustále se vyptávala na lékařské postupy. Sestra se mi svěřila, že když mají na patře tak málo pacientů, mají sestry víc volného času a mohou si něco vymyslet, aby si mohly zajít k Donně do pokoje popovídat.

Řekl jsem Donně, jak moc mě mrzí, co se stalo. Omluvu smetla ze stolu a pronesla, že bude moct jizvy zamaskovat tuhým makeupem. Pak začala nadšeně vysvětlovat, co sestry dělají a proč. Sestry postávaly kolem postele a usmívaly se. Donna se zdála být velmi šťastná. Byla poprvé v nemocnici a velmi ji to fascinovalo.

Později se ve škole Donna stala středem pozornosti, když znovu a znovu popisovala vrak a to, co se dělo v nemocnici. Její maminka a sestra mě nevinily z toho, co se toho večera přihodilo, a dokonce mi přišly poděkovat, že jsem se o dívky té noci postaral. Pokud jde o Donnu, její obličej nebyl zohyzděný a tuhý makeup opravdu jizvy skoro zakryl. Trochu se mi ulevilo, ale pořád jsem soucítil s hezkou dívkou s jizvami na obličeji. O rok později jsem se odstěhoval do jiného města a s Donnou a její rodinou jsem ztratil kontakt.

O patnáct let později jsem byl pozván do kostela na řadu kázání. Posledního večera jsem si všiml, že mezi lidmi, kteří čekali v řadě, aby se se mnou mohli rozloučit, stojí i Donnina maminka. Otřásl jsem se při vzpomínkách na vrak, a krev a jizvy se přede mnou znovu objevily. Když Donnina matka stála přímo přede mnou, na obličeji jí zářil široký úsměv. Skoro se smála, když se mě ptala, jestli vím, co se přihodilo Donně. Ne, nevěděl jsem, co se přihodilo. No, pamatuji prý si, jak se zajímala o to, co dělaly sestry? Ano, na to jsem si pamatoval. Pak pokračovala:

„Nu, Donna se rozhodla, že bude zdravotní sestrou. Šla do školy, vystudovala s vyznamenáním, dostala dobrou práci v nemocnici, setkala se s mladým doktorem, zamilovali se do sebe, žijí spolu ve šťastném manželství a mají dvě překrásné děti. Kladla mi na srdce, abych vám určitě řekla, že ta nehoda byla tou nejlepší věcí, jaká se jí kdy přihodila!“

Robert J. McMullen, Jr.

Z úst malého chlapce

V roce 1992 jsem se svým manželem odjela na přátelský výměnný program do Německa, kde jsme přebývali v domovech u tří skvělých rodin. Nedávno nás velmi potěšilo, když nás jeden pár, který jsme poznali v Německu, přijel navštívit do Iowy.

Naši přátelé, Reimund a Toni, bydlí ve městě v průmyslové oblasti Ruhr, kterou během druhé světové války postihlo silné bombardování. Jednoho večera během jejich týdenní návštěvy u nás je můj manžel, který je učitelem dějepisu, vyzval, aby nám řekli, co si pamatují ze svého dětství v Německu za války. Reimund nám začal vyprávět příběh, který nás rozplakal.

Jednoho dne krátce před koncem války Reimund zahlédl dva letce, jak s padákem vyskakují z nepřátelského letadla, které bylo sestřeleno. Podobně jako mnozí další zvědaví občané, kteří zpozorovali parašutisty padat odpolední oblohou, zašel i jedenáctiletý Reimund na hlavní náměstí, aby počkal, až se dostaví policie s válečnými zajatci. Konečně se dostavili dva policisté se dvěma britskými vězni v závěsu. Čekali tam na náměstí na auto, které britské letce odveze do vězení v sousedním městě, kam se posílali váleční zajatci.

Když dav zahlédl vězně, ozvaly se rozzlobené výkřiky: „Zabijte je! Zabijte je!“ Samozřejmě mysleli na těžké bombardování, které postihlo jejich město z rukou Britů a jejich spojenců. Davu také nechyběly prostředky, aby svůj záměr mohl provést. Mnozí zrovna pracovali na zahrádce, když uviděli z oblohy padat nepřítele, a přinesli si s sebou vidle, lopaty a další zahradnické náčiní.

Reimund pohlédl do tváří britských vězňů. Byli velmi mladí, tak asi devatenáct, dvacet. Viděl, že jsou velmi vyděšení. Také mu bylo jasné, že ti dva policisté, jejichž prací bylo válečné zajatce chránit, rozhodně nemohou proti rozzlobenému davu s vidlemi a lopatami obstát.

Reimund věděl, že musí něco udělat a že to musí udělat rychle. Rozběhl se, aby se postavil mezi vězně a dav, čelem se obrátil k davu a křičel, aby přestali. Protože lidé nechtěli zranit malého chlapce, na chvíli se zastavili a Reimund jim stačil říct:

„Podívejte se na ty zajatce. Jsou to jen mladí kluci! Vůbec se neliší od vašich vlastních synů. Dělají jen to, co dělají vaši vlastní synové – bojují za svou zemi. Kdyby byli vaši synové sestřeleni v cizí zemi a stali se z nich váleční zajatci, určitě byste nechtěli, aby tamější lidé vaše syny zabili. Tak prosím těm klukům neubližujte.“

Reimundovi spoluobčané užasle poslouchali a pak se zastyděli. Nakonec jedna žena promluvila: „Bylo třeba malého chlapce, aby nám řekl, co je dobré a co špatné.“ Dav se začal rozcházet.

Reimund nikdy nezapomene na výraz neuvěřitelné úlevy a vděčnosti, které spatřil na tvářích mladých britských letců. Doufá, že žijí dlouhé, šťastné životy a že nezapomněli na malého chlapce, který jim je zachránil.

Elaine McDonaldová

Vyhrál jsem, protože jsem prohrál

Žiji, abych mohla Bohu poděkovat, že nevyslyšel všechny mé modlitby.

Jean Ingelowová

Začalo to jako sen asi před dvaceti pěti lety. Sledoval jsem své hrdiny se jmény Shepard, Glenn a Grissom, jak nastupují do těsných kabin a potom ve špicích šlehajících raket vystřelují do vesmíru. Astronauti se vydali prozkoumávat nové hranice, já jsem začal prozkoumávat nový sen.

Věděl jsem, že to chci dělat – chtěl jsem být astronaut, chtěl jsem létat do vesmíru. Ale neměl jsem k tomu „potřebné věci" – neměl jsem titul z vysoké školy, ani jsem nebyl uznávaný zkušební pilot. A ještě k tomu mi bylo teprve třináct let! To mi ale nezabránilo ve snění.

Protože jsem pocházel z malého, konzervativního hornického města a protože jsem měl velmi omezený pohled na svět, udělal jsem to, co i mnozí jiní mladí lidé. Vystudoval jsem střední a vysokou školu a začal jsem pracovat jako učitel exaktních věd jen necelých třináct kilometrů od místa, kde jsem se narodil. Ale můj sen o létání do vesmíru se nikdy nerozplynul. Noví hrdinové a nové mise s posádkami mě během všech vesmírných letů drželi doslova přikovaného k obrazovce. Vždycky jsem si sám sebe představoval v jedné z těch kabin, jak letím do vesmíru. Možná... jednou snad.

Ale jak čas plynul, mé rozumné já mi začalo našeptávat, že můj sen o létání do vesmíru se nikdy nesplní. Jako učitel přírodních věd jsem si předsevzal, že semínko zájmu o prozkoumávání vesmíru zaseju tedy aspoň do svých studentů. Možná že jeden z nich jednou do vesmíru poletí, protože jsem ho svým snem inspiroval.

A pak se to stalo! Na začátku roku 1985, jako rána z čistého nebe, Bílý dům oznámil, že prezident Reagan dal pokyn Úřadu pro letectví a kosmonautiku – NASA, aby začal s výběrem řadových občanů, kteří by letěli do vesmíru na palubě kosmické lodě. Prezident dále specifikoval, že tímto občanem má být učitel. Byl jsem učitel a byl jsem prostý člověk. Znamenalo to snad, že teď už ty „správné věci" mám? Mohla by tohle být má šance, aby se mi splnil celoživotní sen?

O dva týdny později NASA oznámil, že každý učitel, který se chce ucházet o čest prvního řadového občana a učitele ve vesmíru, jim má napsat o formulář na žádost. Ještě téhož dne spěchal můj dopis do Washingtonu... expresní poštou! Zajímalo mě, jestli i ostatní učitelé mají stejný sen.

Z podání žádosti se stal dlouhý proces, který přiváděl k zamyšlení. Dokonce i pro učitele, který je zvyklý spíš na zadávání testů než na jejich vyplňování, nebylo vyplnění pětadvacetistránkové žádosti snadným úkolem. Strávil jsem dny a noci nad tím, že jsem se pokoušel přijít na odpovědi, které se jim v NASA budou zamlouvat. Odpověděl jsem na každou otázku, jako by na ní závisel můj život – to jsem ještě nevěděl, že vskutku závisí.

Když jsem hodil svou vyplněnou žádost do schránky, dozvěděl jsem se, že mnozí další učitelé doufali, že se jim splní sen a že je vyberou jako člena posádky 51-L – kosmické lodi Challenger. V NASA obdrželi více než čtyřicet tři tisíce žádostí o formulář. Jakou jsem měl šanci?

Každý den jsem spěchal ke schránce, abych zjistil, jestli jsem prošel podrobným sítem vesmírné agentury. V NASA několik měsíců prozkoumávali jedenáct tisíc podaných žádostí, ale pak to přišlo... úředně vyhlížející obálka s logem NASA v levém horním rohu. Čekal jsem na tyto zprávy tak dlouho, a teď když jsem je konečně dostal, měl jsem strach obálku otevřít. Co když jsou to špatné zprávy? Modlil jsem se, aby byly dobré, když jsem rozrušeně pročítal dopis.

Mé modlitby byly vyslyšeny! Prošel jsem prvním sítem! Chtěli o mně vědět víc. Prudce mi stouplo sebevědomí a rovněž se zvýšila i podpora od mé rodiny, studentů a veřejnosti. Tak se mi to přece jen nezdálo!

Během následujících několika týdnů se uskutečnění mých snů ještě přiblížilo, když na mně v NASA provedli sérii fyzických a psychologických testů. Po jejich dokončení nastalo další čekání, další modlení. Věděl jsem, že jsem ke svému snu zase o kousek blíž. Už jsem své jméno viděl vedle Dicka Scobbeho, Judy Resnikové, Michaela Smithe a dalších astronautů, kteří se účastnili letů Challengeru.

Na každém stupínku k cíli jsem se o své zážitky dělil s rodinou, studenty, veřejností. Čím víc jsem se blížil k tomu, že by mě opravdu mohli vybrat, tím víc lidí se mnou mé nadšení sdílelo. Mí spoluobčané si mě představovali jako někoho, kdo malé společnosti dvou tisíc lidí zajistí viditelné místo na mapě. Můj sen se stal i jejich snem. Nemohl jsem je nyní zklamat.

Konečně jsem obdržel telefonát, za který jsem se modlil. Z NASA mě informovali, že jsem byl vybrán, abych se účastnil speciálního kosmického cvičebního programu v kosmickém středisku Kennedy Space Center! Tak to přišlo, tohle je poslední krok k cíli! Mé sebevědomí vyletělo k oblakům, protože jsem věděl, že budu prvním učitelem ve vesmíru.

Jedenáct tisíc žadatelů zúžili na méně než stovku mužů a žen se stejným snem, na elitní skupinu, která se shromáždila k závěrečnému ohodnocení. Jen jednomu se splní sen. Musím to být já. Nejen že šlo o *můj* sen, ale byl to sen i mých studentů, mé rodiny a mně blízkých spoluobčanů.

Přátelští, ale nelítostně soupeřiví, tak bych popsal těch několik vyvolených. Nikdy jsme nevěděli, jestli nás právě netestují a nehodnotí, a proto jsme byli neustále ve střehu. Sebemenší úkol se pro nás všechny stal soupeřivou výzvou. Pak došlo na simulátory, testy na klaustrofobii, cvičení obratnosti, experimenty kinetózy, všechny připravené tak, aby se odhalilo, kdo z nás má tu „správnou věc". Který z nás nejlépe přestojí tyhle závěrečné testy? Bože, prosím, ať jsem to já, modlil jsem se. Tak moc si to přeju!

Když náš výcvik skončil, rozloučili jsme se a vzájemně si popřáli hodně štěstí. Nadešel čas závěrečného čekání, abychom se dozvěděli, koho vybrali. Těch několik vybraných sdílelo zkušenost, která se poštěstí jen velmi málo lidem. Bylo mezi námi zvláštní pouto, zvláštní starostlivost jednoho o druhého, ale v hloubce, sám v sobě, se každý modlil, aby k účasti na misi Challengeru vybrali právě jeho. Jsem si jistý, že nikdo jiný se za tento sen nemodlil víc než já. Všichni jsme odjeli domů čekat.

Pak přišla ta zničující zpráva. Nebudu prvním učitelem, který poletí do vesmíru. Vybrali učitelku z Concordu v New Hampshire, která se jmenovala Christa McAuliffeová. Byl jsem ztracený. Můj životní sen se rozplynul.

Deprese, ztráta sebedůvěry a zloba nahradily mé nadšení, když jsem začal o všem pochybovat: Proč, Bože, proč ne já? Která z těch správných věcí mi chyběla? Proč mi život zasadil takovou krutou ránu? Jak se mohu postavit před své studenty, svou rodinu a své okolí? Proč musel můj sen skončil, když jsem ho měl skoro na dosah?

Jako už mnohokrát, když jsem byl ještě malý, obrátil jsem se i tentokrát na svou rodinu, abych ulehčil své bolesti. Když jsem otci sdělil tu zdrcující zprávu, pohlédl na mě, tak jak to milující otec dělá, a řekl: „Všechno má svůj důvod."

A to mi mělo pomoct? Jak mohl tak věcně hovořit o mém snu, když já jsem vevnitř umíral? Proč nemohl říct něco lepšího? Proč mi nemohl od této bolesti odlehčit? Prostě jsem to nechápal.

V úterý, 28. ledna 1986, v den, o kterém jsem dvacet pět let snil, mě obklopili ti, se kterými jsem svůj sen sdílel a se kterými se můj sen i rozplynul – mí studenti, rodina, lidé z okolí a pracovníci ze sdělovacích prostředků. Všichni jsme se sešli, abychom se stali součástí historie a abychom pozorovali historický let učitelky Christy McAuliffeové. Dívali jsme se, jak se vesmírná loď Challenger zvedá z odpalovací rampy při zdánlivě perfektním startu. Když se odlepila od startovací věže, znovu jsem naposledy zapřemýšlel o svém snu. Bože, co já bych za to dal, abych mohl být v té raketě. Proč jsem to nemohl být já?

O sedmdesát tři vteřin později Bůh odpověděl na všechny mé dotazy a zahnal veškeré mé pochybnosti, když Challenger explodoval a zabil všechny na palubě, včetně učitelky Christy McAuliffeové. Ihned se mi vrátila slova mého otce: „Všechno má nějaký důvod." Nevybrali mě pro let, ať jsem to sebevíc chtěl a ať jsem se sebevíc modlil, protože Boží síla měla pro mou přítomnost na zemi jiný důvod. Měl jsem v životě jinou misi. Nebyl jsem životní ztroskotanec, byl jsem vítěz! Vyhrál jsem, protože jsem prohrál.

V současné době cestuji po světě a hovořím k dospělým a mladým posluchačům o životních lekcích, které podnítila ztráta mého snu. Po zkušenosti s Challengerem se můj život provždy změnil. Bolest a zklamání, která jsem snášel, mě inspirovaly, abych lidem pomáhal najít jejich vlastní síly mezi životními výzvami. Ztráta sedmi přátel mě nutí pokračovat v inspirujícím dobru, které vzešlo z toho, co se zpočátku jevilo jako totální fiasko.

Frank Slazak

RODINNÉ PANOPTIKUM ® Bil Keane

„Potřebuju nové obejmutí, mami, právě jsem použil to poslední.“

6

VĚC PŘÍSTUPU

Význam věcí neleží ve věcech samotných, ale v našem přístupu k nim.

Antoine de Saint Exupéry

Náš největší strach

Naším největším strachem není naše neschopnost.
Naším největším strachem je naše neomezená moc.
Je to naše Světlo, ne naše Tma, co nás nejvíc děsí.
Ptáme se sami sebe, jaké mám právo být geniální, skvělý, nadaný, báječný?
A proč bys ho vlastně neměl mít?
Jsi dítě Boží. Tvé podceňování nepomáhá světu.
Není nic skvělého na sebepodceňování, jen aby se ostatní kolem nás necítili nesví.
Byli jsme zrozeni, abychom projevovali slávu Boha, jenž přebývá v nás.
A ne jen v některých z nás, je v každém.
Když necháme zářit své vlastní světlo, podvědomě dáváme dalším lidem svolení, aby učinili totéž.
Jsme-li osvobozeni od svého vlastního strachu, naše přítomnost automaticky osvobozuje ostatní.

Marianne Williamsonová

Z knihy A Return to Love

Velký význam katastrofy

Jestli ti hoří dům, ohřej se u toho.

Španělské přísloví

Laboratoř Thomase Edisona v prosinci 1914 prakticky zničil oheň. I když škoda přesáhla dva miliony dolarů, budovy byly pojištěné pouze na 238 000 dolarů, protože byly postavené z betonu a mělo se za to, že jsou ohnivzdorné. Té prosincové noci většina Edisonovy celoživotní práce vzala zasvé v efektních plamenech.

V největších plamenech Charles, Edisonův čtyřiadvacetiletý syn, zoufale hledal svého otce mezi kouřem a ohořelými zbytky. Nakonec ho našel, jak s chladnou hlavou pozoruje scénu, obličej mu ozařovaly plameny, bílé vlasy mu vlály ve větru.

„Srdce mi pukalo žalem," řekl Charles. „Bylo mu šedesát sedm – už to nebyl žádný mladík – a plameny všechno pohltily. Když mě zahlédl, zakřičel: ‚Charlesi, kde je tvá matka?' Když jsem mu odpověděl, že nevím, řekl: ‚Najdi ji. Přiveď ji sem. Už nikdy nic podobného neuvidí.' "

Následujícího rána si Edison prohlédl trosky a pronesl: „V katastrofě se skrývá velký význam. Všechny naše chyby shořely. Díky Bohu, že můžeme začít nanovo."

O tři měsíce později se Edisonovi podařilo zkonstruovat první fonograf.

The Sower's Seeds

Dobré zprávy

Robert De Vincenzo, skvělý argentinský hráč golfu, jednou vyhrál turnaj, a když obdržel šek a usmál se na kamery, odešel do klubovny a chystal se k odchodu. O něco později šel sám ke svému vozu na parkovišti, když k němu přistoupila mladá žena. Poblahopřála mu k vítězství a pak mu řekla, že její dítě je vážně nemocné a blízko smrti. Nevěděla, jak má zaplatit za doktora a výdaje za nemocnici.

De Vincenza její příběh dojal, vyndal pero a přepsal svůj šek za vítězství na tuto ženu. „Ať se má vaše dítě také chvíli dobře," řekl, když jí vkládal šek do ruky.

Za týden obědval v klubu, když k jeho stolu přistoupil úředník ze Společnosti profesionálního golfu. „Obsluha parkoviště mi říkala, že jste se tam minulý týden po vyhraném turnaji sešel s mladou ženou." De Vincenzo souhlasně přikývl. „Nu," pokračoval úředník, „mám pro vás novinku. Ta žena je podvodnice. Žádné nemocné dítě nemá. Není dokonce ani vdaná. Prostě vás podvedla, příteli."

„Chcete tím říct, že jí žádné dítě neumírá?" zeptal se De Vincenzo.

„Přesně tak," odvětil úředník.

„To je ta nejlepší zpráva, jakou jsem za celý týden slyšel," zareagoval De Vincenzo.

The Best of Bits & Pieces

Role – a jak je hrajeme

Kdykoli jsem zklamaná svým postavením v životě, vzpomenu si na malého Jamieho Scotta. Jamie se účastnil konkursu na roli ve školní hře. Jeho matka mi řekla, že byl zcela přesvědčený, že ve hře hrát bude, i když ona se obávala, že ho nevyberou. V den, kdy se oznamovalo obsazení rolí, šla jsem s ní, abychom ho po škole vyzvedly. Jamie se k ní rozběhl, oči mu zářily pýchou a nadšením. „To bys neuhodla, mami," vykřikl a potom pronesl slova, která mi napořád zůstanou ponaučením: „Vybrali mě, abych tleskal a jásal."

Marie Curlingová

Johnny

Žádá se po nás, abychom neúnavně pracovali, abychom v našem životním díle dosáhli dokonalosti. Ne všichni jsou povoláni k specializovaným nebo profesionálním pracím a ještě méně z nás dosáhne výšek géniů v umění a vědách. Mnozí jsou povoláni, aby byli dělníky v továrnách, na polích a ulicích. Žádná práce však není bezvýznamná. Všechna práce, která povznáší lidskost, má cenu a je důležitá a měla by se vykonávat s horlivou dokonalostí. Je-li člověk povolán, aby zametal ulice, měl by zametat tak, jako Michelangelo maloval nebo jako Beethoven skládal hudbu, nebo jako Shakespeare psal básně. Měl by zametat ulice tak dobře, aby se nebeské i pozemské zástupy pozastavily a pronesly: „Tady žil skvělý metař ulic, který svou práci vykonával dobře.“

Martin Luther King Jr.

Loni na podzim mě požádali, abych promluvila ke třem tisícům zaměstnanců velké řady obchodních domů na Středozápadě na téma: Budování zákazníkovy věrnosti a obnovení pracovního ducha.

Hodně jsem zdůrazňovala myšlenku, jak je důležité dodat práci svůj osobní podpis. V souvislosti se „zeštíhlováním" oddělení, změnami v řízení, ohromujícími technologickými změnami a stresem na pracovišti si myslím, že je pro každého z nás podstatné, abychom si našli způsob, jak se sami cítit dobře a jak se těšit ze své práce. Nejúčinnější je, když vykonáte něco, co vás odliší od všech ostatních lidí, kteří se zabývají tímtéž čím vy.

Uvedla jsem příklad pilota společnosti United Airlines, který když má v pilotní kabině všechno pod kontrolou, zasedne k počítači, namátkou vybere několik lidí, kteří se účastní jeho letu, a ručně jim napíše několik děkovných řádek za to, že si vybrali právě jeho společnost. Grafik, se kterým pracuji, vždycky do všeho, co zasílá svým zákazníkům, přibalí kus žvýkačky bez cukru, takže oni nikdy žádnou poštu od něj nevyhodí!

Člen obsluhy zavazadel společnosti Northwest Airlines se rozhodl, že jeho osobním podpisem budou spadlé visačky ze zavazadel zákazníků, které on sebere a ve svém volném čase jim je s děkovným lístkem za to, že si vybrali pro svůj let právě Northwest, pošle nazpátek. Tyto visačky v minulosti končily v odpadkovém koši. Ředitel, se kterým jsem pracovala, se rozhodl, že jeho osobním podpisem bude, že k poznámkám, o kterých ví, že se jeho zaměstnancům nebudou zamlouvat, připevní papírové kapesníčky.

Když jsem uvedla ještě několik dalších příkladů, jak lidé své práci vdechují svého jedinečného ducha, vyzvala jsem posluchače, aby začali namáhat svou představivost a aby přišli se svým vlastním osobním podpisem.

Asi tři týdny poté, co jsem hovořila k zaměstnancům velké samoobsluhy, zazvonil mi pozdě odpoledne v kanceláři telefon. Člověk, který mi telefonoval, se představil jako Johnny a řekl, že v samoobsluze balí lidem věci do tašek. Také mi řekl, že je postižený Downovou chorobou. Poznamenal: „Barbaro, moc se mi líbilo, co jste říkala!" Pak mi vypověděl, jak se té noci vrátil domů a požádal svého otce, aby ho naučil používat počítač.

Řekl, že nastavili program na tři tabulky, a každý večer, když přijde domů, najde nějakou „myšlenku dne". A když nemůže najít žádnou, která by se mu zamlouvala, potom si ji „vymyslí"! Pak ji napíše do počítače, vytiskne spoustu kopií, vystřihne je a na zadní stranu se podepíše. Další den, když balí zákazníkům nákupy – „s pýchou" – *přiloží myšlenku dne každému zákazníkovi k nákupu*, čímž dodá svůj osobní podpis povzbudivým, zábavným a tvořivým způsobem.

O měsíc později mi zavolal ředitel obchodu. Řekl: „Barbaro, nevěřila byste, co se dnes přihodilo. Když jsem přišel dnes ráno do obchodu, fronta u Johnnyho pokladny byla *třikrát delší* než u všech ostatních! Začal jsem hned rozkazovat: ‚Otevřete víc pokladen! Zavolejte sem víc lidí!', ale zákazníci řekli: ‚Ne, ne! My chceme být u Johnnyho ve frontě – chceme myšlenku dne!' "

Ředitel řekl, že k němu přistoupila jedna žena a pronesla: „Chodívala jsem sem nakupovat jenom jednou týdně. Nyní jsem vejdu pokaždé, když jdu kolem, protože chci myšlenku dne!" (Představte si, co to dělá s tržbou!) Zakončil slovy: „Kdo si myslíte, že je *nejdůležitější člověk* v celém našem obchodě? Samozřejmě že Johnny!"

Za tři měsíce mi zavolal znovu. „Vy a Johnny jste úplně přeměnili náš obchod! Nyní když mají v oddělení květin zlomenou nebo zbylou květinu, zajdou mezi lidi, najdou starší paní nebo malou holčičku a připnou jim ji na klopu. Jeden z našich baličů masa má rád postavičku psa Snoopyho, tak nakoupil padesát tisíc samolepek se Snoopym a pokaždé, když balí maso, tak na něj přilepí jednu samolepku. Moc se nám to líbí a našim zákazníkům také!

Tomu říkám správný duch na pracovišti!

Barbara A. Glanzová

7

PŘEKONÁVÁNÍ PŘEKÁŽEK

Překážky mě nemohou zničit, každá překážka podlehne pevnému předsevzetí.

Leonardo da Vinci

Nadšené hledání možností

Opatrujte své představy a sny, protože jsou to děti vaší duše, plány vašich nejvyšších úspěchů.

Napoleon Hill

Před mnoha lety při vykopávkách egyptského hrobu jakýsi archeolog narazil na semínka uchovaná v kusu dřeva. Když je zasadili, semínka po více než třech tisících letech vyklíčila! Jsou podmínky lidských životů tak neradostné a špatné, že jsou lidé – nehledě na vrozené schopnosti – zatraceni, aby v životě neuspěli a aby je provázelo tiché zoufalství? Nebo jsou i v lidech semínka možnosti, naléhavé nutkání, aby se stali něčím tak silným, co prorazí tvrdou slupku nepřízně osudu?

Zamyslete se nad příběhem, který přišel telegraficky do agentury Associated Press 23. května 1984:

Když byla Mary Grodaová malá, nenaučila se číst a psát. Experti ji označili za zaostalou. V pubertě si „vysloužila" další označení – „těžko vychovatelná" a odsoudili ji ke dvěma letům v polepšovně. Ironií je, že právě tam, v tom izolovaném místě, se Mary ponořila do učení – trávila nad ním až šestnáct hodin denně. Její tvrdá práce se dočkala ocenění. Získala středoškolský diplom.

Ale další rána osudu na Mary Grodaovou teprve čekala. Když odešla z polepšovny, otěhotněla, aniž by byla vdaná. O dva roky později ji pak vinou druhého těhotenství ranila mrtvice, která jí z mozku vymazala veškeré tvrdě vydřené čtení a psaní. Za pomoci svého otce Mary statečně bojovala a znovu nabyla to, co ztratila.

V krajní finanční tísni Mary začala pobírat podporu. Nakonec, aby vůbec vyšla, si do své péče vzala sedm chráněnců. Právě v té době začala studovat státní dvouletou vysokou školu. Po skončení studia požádala o přijetí na zdravotní školu Albany Medical School, aby mohla studovat medicínu – přijali ji tam.

V Oregonu, na jaře roku 1984 Mary Grodaová-Lewisová – už se provdala – kráčela v akademickém úboru po promočním pódiu. Nikdo neví, jaké myšlenky se Mary honily hlavou, když natáhla ruku, aby přijala toto výmluvné svědectví vytrvalosti a víry v sebe samu, svůj diplom, který celému světu oznamoval: Tady na tomto malém bodu planety Země stojí osoba, která se odvážila snít nemožný sen, osoba, která nám všem dokazuje naše lidské božství. Zde stojí MUDr. Mary Grodaová-Lewisová.

James E. Conner

Nikdy jsme mu neřekli, že to dělat nemůže

Mohou, protože si myslí, že mohou.

Vergilius

Když se můj syn Joey narodil, měl chodidla zkroucená vzhůru a plosky nohou mu odpočívaly na břiše. Jako prvorodička jsem si myslela, že to vypadá divně, ale nevěděla jsem, co to vlastně znamená. Znamenalo to, že se Joey narodil s kososvislýma nohama. Doktoři nás ujišťovali, že po léčbě bude normálně chodit, ale pravděpodobně nikdy nebude moc dobře běhat. První tři roky života Joey strávil po operacích, v sádrových obvazech a dlahách. Nohy mu masírovali, zkoušeli a procvičovali a skutečně, když mu bylo kolem sedmého či osmého roku, vůbec byste nepoznali, že má nějaký problém, kdybyste ho pozorovali při chůzi.

Když musel ujít velké vzdálenosti, jako třeba v zábavních parcích nebo při návštěvě zoo, stěžoval si, že má unavené nohy a že ho bolí. Zastavili jsme se, odpočinuli jsme si s colou nebo kornoutkem zmrzliny a povídali jsme o tom, co jsme už viděli a co si rozhodně nemůžeme nechat utéct. Neřekli jsme mu, proč ho nohy bolí a proč jsou tak slabé. Neřekli jsme mu, že se to s jeho deformací při narození očekávalo. Neřekli jsme mu to, takže to nevěděl.

Děti v našem okolí pobíhaly jako většina dětí, když si hrají. Joey je při hře pozoroval a pak se samozřejmě připojil a také běhal a hrál si s nimi. Nikdy jsme mu neřekli, že asi nebude moct běhat tak dobře jako ostatní děti. Neřekli jsme mu, že je jiný. Neřekli jsme mu to. A proto to nevěděl.

V sedmé třídě se rozhodl, že se stane členem družstva běhu na dlouhé vzdálenosti. Každý den s družstvem trénoval. Zdálo se, že cvičí a běhá s větším nasazením než všichni ostatní. Možná že cítil, že schopnosti, které pro ostatní byly samozřejmostí, pro něj tak úplně samozřejmé nejsou. Neřekli jsme mu, že i když běhat může, pravděpodobně napořád zůstane mezi posledními. Neřekli jsme mu, že nemá očekávat, že se kdy stane součástí „týmu". Týmové borce tvoří sedm nejlepších běžců ze školy. Přestože běhá celé družstvo, pouze těch sedm bude mít šanci, aby pro školu získali body. Neřekli jsme mu, že se do „týmu" patrně nikdy nedostane, takže to nevěděl.

Každodenně běhal šest až osm kilometrů. Nikdy nezapomenu na den, kdy měl skoro čtyřicítku horečku. Nemohl zůstat doma, protože měl trénink. Celý den jsem se o něj strachovala. Čekala jsem, že mi ze školy zavolají a požádají mě, abych si ho přišla vyzvednout a abych ho odvezla domů. Nikdo nevolal.

Po škole jsem zašla na hřiště, kde běžci trénovali, a myslela jsem si, že když tam budu, tak se ten den možná rozhodne trénink vynechat. Když jsem se dostala do školy, běhal po dlouhé ulici lemované stromy úplně sám. Zajela jsem vedle něj a pomalu jsem pokračovala, abych držela krok s jeho během. Zeptala jsem se ho, jak se cítí. „Fajn," odpověděl. Už mu zbývaly jen tři kilometry. Jak se mu po tváři řinul pot, oči se mu leskly horečkou. Přesto se díval přímo před sebe a pokračoval v běhu. Nikdy jsme mu neřekli, že nemůže běhat šest kilometrů s víc než devětatřicetistupňovou horečkou. Nikdy jsme mu to neřekli. Takže to nevěděl.

O dva týdny později, v den předposledního závodu sezóny vyhlásili jména běžců „týmu". Joey byl v seznamu na šestém místě. Joey se stal součástí „týmu". Chodil teprve do sedmé třídy. Všech ostatních šest běžců chodilo už do osmičky. Nikdy jsme mu neřekli, že by asi neměl očekávat, že se do „týmu" dostane. Nikdy jsme mu neřekli, že to nezvládne. Nikdy jsme mu neřekli, že to nezvládne... takže to nevěděl. A tak to prostě zvládl.

Kathy Lamancusaová

Lekce o srdci

Lekcí o „srdci“ je má malá desetiletá dcera Sarah, která se narodila bez svalu na chodidle a stále nosí výztuhu. Jednoho překrásného jarního dne přišla domů a řekla mi, že soutěžila na dni sportovních soutěží – proběhlo tam hodně závodů a dalších soutěžních disciplín.

Protože má na noze podpůrný aparát, hned se má mysl rozběhla na plné obrátky, jak jsem se pokoušel přijít na povzbudivá slova pro Sarah, na něco, co bych měl říct, abych ji tím nezranil – na věci, co jsem slyšel, že je mnozí slavní trenéři říkají hráčům, kteří stojí tváří v tvář porážce – ale než ze mě vůbec něco vyšlo, Sarah na mě pohlédla a řekla: „Tati, vyhrála jsem dva závody!“

Nemohl jsem tomu uvěřit! Pak Sarah pokračovala: „Měla jsem výhodu.“

Ááá. No jasně. Pomyslel jsem si, že jí museli dát náskok... nějaký druh fyzické výhody. Ale pak, aniž jsem ze sebe něco vypravil, dodala: „Nemysli si, že jsem měla třeba náskok, tati, to ne... mou výhodou bylo, že jsem se musela snažit o hodně víc!“

To je vnitřní síla! To je má Sarah.

Stan Frager

Čtrnáct schodů

Nepřízeň osudu představuje člověka sobě samému.

Neznámý autor

Říká se, že kočka má sedm životů, přikláním se k tomu, že je to možné, protože nyní žiju svůj třetí život a kočka přitom nejsem.

Můj první život se začal jednoho jasného studeného dne v listopadu roku 1904, když jsem přišel na svět jako šestý z osmi dětí v naší rodině. Otec mi zemřel, když mi bylo patnáct, a my jsme se museli hodně ohánět, abychom vůbec nějak vyšli. Maminka zůstala doma a vařila brambory a fazole a kukuřičný chleba a zeleninu, zatímco my ostatní jsme pracovali za všechno, co nám nabídli – nejlépe za malou finanční odměnu.

Když děti vyrostly, tak se povdávaly a poženily, a jen moje sestra a já jsme zbyli, abychom se starali o matku, která v posledních letech svého života ochrnula, a finančně ji podporovali. Zemřela, když jí ještě nebylo ani sedmdesát. Má sestra se záhy na to provdala a já jsem se následující rok oženil.

Tehdy jsem si začal vychutnávat svůj první život. Byl jsem velmi šťastný, těšil jsem se skvělému zdraví a byl jsem docela dobrý atlet. Narodily se nám dvě krásné dcery. Měl jsem dobrou práci v San Jose a překrásný dům na poloostrově v San Carlos.

Život byl příjemným snem.

Pak ten sen skončil a stala se z něj ta nejhorší noční můra, z jaké se člověk probouzí uprostřed noci se studeným potem na čele. Postihla mě pomalu postupující choroba motorických nervů, která nejprve napadla mou pravou ruku a nohu a pak i levou stranu.

A tak se začal můj druhý život....

I přes svou nemoc jsem stále každý den jezdil do práce a z práce, pomáhalo mi v tom zvláštní zařízení, které jsem měl nainstalované ve voze. Kvůli čtrnácti schodům se mi do určitého míry dařilo udržovat zdraví a optimismus.

Hloupost? Ale vůbec ne.

Náš dům měl zvýšené podlaží se čtrnácti schody, které vedly z garáže ke kuchyňským dveřím. Tyto schody se staly mírou mého života. Staly se měřítkem mého úspěchu, výzvou, abych pokračoval v životě. Cítil jsem, že kdyby přišel den, že bych nemohl zvednout jednu nohu na schod a potom za ní s bolestí přitáhnout tu druhou – což jsem opakoval čtrnáctkrát, dokud jsem úplně vyčerpaný všechny ty schody nezdolal – pak bych mohl připustit porážku, položit se a umřít.

A tak jsem nepřestával pracovat, nepřestával jsem šplhat na ty schody. A čas běžel. Holky šly na vysokou školu a šťastně se provdaly a já jsem se ženou zůstal sám v našem překrásném domě se čtrnácti schody.

Mohli byste si myslet, že k vám promlouvá odvážný a silný muž. Vůbec ne. Šourá se tady hořce rozčarovaný mrzák, muž, který se křečovitě držel svého zdravého rozumu, své ženy, svého domu a své práce jen díky čtrnácti bídným schodům, které vedly z jeho garáže k zadnímu vchodu.

Jak jsem po těch schodech vlekl jednu nohu za druhou – pomalu, moc jsem trpěl, často jsem odpočíval – někdy jsem myšlenky nechal zatoulat zpátky do let, kdy jsem hrál míčové hry, golf, cvičil jsem v tělocvičně, chodil jsem na túry, běhal jsem a skákal. Teď jsem jen stěží zvládl vyšplhat několik schodů.

Jak jsem zestárl, začal jsem být ještě rozmrzelejší a znechucenější. Jsem přesvědčený, že si má žena a přátelé prožili nepříjemné chvilky, když jsem se rozhodl vykládat jim filozofii svého života. Domníval jsem se, že jsem byl jako jediný na tomto světě vybrán k tomu, abych trpěl. Nesl jsem svůj kříž už devět let a pravděpodobně ho ponesu tak dlouho, dokud budu moct zdolat těch čtrnáct schodů.

Rozhodl jsem se ignorovat utěšující slova z Listů Korinťanům, 1, 15:52: „V okamžiku, při troubě poslední... a my budeme pozměněni." A tak jsem tady na zemi prožil svůj první a druhý život.

Potom se jedné tmavé noci v srpnu 1971 začal můj třetí život. Když jsem toho rána odjel z domova, netušil jsem, že dojde k takové dramatické změně. Jen jsem si všiml, že se mi toho rána scházelo ze schodů ještě mnohem hůř než jindy. Hrozil jsem se pomyšlení, že je budu muset zase vyjít, až se vrátím domů.

Když jsem toho večera vyrazil na cestu k domovu, pršelo, nárazový vítr a prudký déšť mi narážely do auta, jak jsem pomalu řídil po jedné z méně frekventovaných silnic. Náhle mi v rukou zaškubal volant a vůz prudce uhnul vpravo. V téže chvíli jsem zaslechl hrozivý zvuk prasklé pneumatiky. S námahou jsem auto zastavil na deštěm smáčené krajnici silnice a jen jsem tam seděl, jak na mě dolehla hrůznost celé situace. Bylo prostě nemožné, abych si kolo sám vyměnil! Naprosto nemožné!

Myšlenku, že by mohl zastavil projíždějící motorista, jsem ihned zavrhl. Proč by to vlastně měl někdo udělat? Já jsem věděl, že bych to neudělal! Pak jsem si vzpomněl, že kousek odtamtud na malé postranní silnici stojí dům. Nastartoval jsem, pomalu jsem vyrazil, guma pleskala, držel jsem se jen při krajnici, dokud jsem nenarazil na prašnou cestu, kam jsem vděčně zabočil. Přivítala mě rozsvícená okna domu a já jsem zajel k příjezdové cestě a zatroubil jsem.

Otevřely se dveře a přede mnou se objevila malá dívenka a zvědavě se na mě koukala. Stáhl jsem okno a zavolal jsem, že mám prasklou pneumatiku a že potřebuji, aby mi ji někdo vyměnil, protože chodím o berlích a nemohu si to udělat sám.

Zašla do domu a za okamžik se objevila zabalená v plášti do deště a v klobouku, následoval ji muž, který mě zvesela pozdravil.

Seděl jsem si pohodlně v suchu a trochu mi bylo líto toho muže a dívenky, kteří za bouřky tak tvrdě pracovali. No, ale vždyť jim za to zaplatím. Zdálo se, že déšť trochu polevil, a tak jsem okno úplně stáhl, abych je mohl pozorovat. Přišlo mi, že jim to trvá celou věčnost a začal jsem být poněkud netrpělivý. Odzadu jsem zaslechl pronikavé zařinčení kovu a hlásek malé holčičky: „Tady, dědo, tady je páka heveru.“ Odpovědělo jí zamumlání hlubšího mužského hlasu a pomalé naklánění auta nadzvedávaného heverem.

Pak se dlouho ozýval hluk, otřesy a tlumený hovor zpoza auta, ale nakonec se jim to podařilo. Cítil jsem, jak auto kleslo, když odstranili hever, a zaslechl jsem, jak se hlasitě zaklapl kufr, pak už stáli u mého okénka.

Starý muž vypadal ve svém pršáku sehnutě a křehce. Holčičce mohlo být něco mezi osmi a deseti, odhadl jsem to z toho veselého a širokého úsměvu, když na mě pohlédla.

On pronesl: „Tohle je zrovna špatná noc na potíže s autem, ale už máte všechno v pořádku.“

„Děkuji,“ řekl jsem, „děkuji. Kolik vám dlužím?“

Zakroutil hlavou. „Nic. Cynthia mi řekla, že jste postižený – o berlích. Rád jsem vám pomohl. Vím, že byste pro mě udělal to samé. Je to zadarmo, příteli."

Oknem jsem prostrčil pětidolarovou bankovku. „Ne! Rád bych vám zaplatil!"

Vůbec se ji nesnažil vzít, ale malá dívenka přistoupila blíž k mému oknu a tiše řekla: „Dědeček ji nevidí."

V následujících několika vteřinách mě opařil stud a hrůza té chvíle a udělalo se mi tak strašně zle jako ještě nikdy před tím. Slepý muž a dítě! Celí zmrzlí s tím zápolili, mokrými prsty hledali šrouby a nástroje ve tmě – v temnotě, která pro starého muže pravděpodobně nikdy neskončí, dokud nezemře.

Vyměnili mi prasklé kolo – v dešti a větru a já jsem si seděl v útulném pohodlí svého vozu se svými berlemi. Mé postižení. Nepamatuji si, jak dlouho jsem tam ještě seděl, když se se mnou rozloučili a odešli domů, ale bylo to dost dlouho na to, abych se nad sebou hluboce zamyslel a objevil několik znepokojivých příznaků.

Uvědomil jsem si, že mě naprosto pohltila má sebelítost, sobectví, lhostejnost k potřebám ostatních a bezohlednost.

Seděl jsem tam a modlil jsem se. Pokorně jsem se modlil za sílu, větší porozumění, uvědomování svých nedostatků a za víru, abych pokračoval v každodenním modlení a abych žádal o pomoc s jejich překonáním.

Modlil jsem se, aby Bůh tomu slepému muži a jeho vnučce požehnal. Nakonec jsem odjel, zcela otřesen v mysli a ponížen na duchu.

„Všecko tedy, co chcete, aby vám lidé činili, i vy tak čiňte jim; neboť to jest zákon i proroci." (Matouš, 7:12)

Teď, o několik měsíců později pro mě toto duchovní pokárání znamená něco víc, než jen odstavec z Bible. Je to způsob života, který se nyní snažím žít. Není to vždycky snadné. Někdy je to namáhavé, náročné na čas i peníze, ale má to smysl.

Nyní se každý den snažím nejen vystoupit na čtrnáct schodů, ale nějakým malým způsobem se pokouším pomoct ostatním. Jednou, možná, vyměním prasklou pneumatiku slepému člověku v autě – někomu tak slepému, jako jsem byl já sám.

Hal Manwaring

Krása zůstává, bolest pomíjí

I když byl Henri Matisse skoro o dvacet osm let mladší než Auguste Renoir, byli tito dva velcí umělci opravdovými přáteli a trávili spolu mnoho času. Když Renoir musel v posledním desetiletí svého života zůstávat ve svém domě, Matisse ho každý den navštěvoval. Renoir, který už vinou artritidy téměř ochrnul, navzdory chorobě pokračoval v malování. Jednoho dne, když Matisse starého malíře pozoroval při práci v jeho ateliéru a viděl, jak s každým tahem štětce bojuje proti mučivé bolesti, vypadlo z něj: „Auguste, proč pokračuješ v práci, když ti způsobuje takovou bolest?"

Renoir mu prostě odpověděl: „Krása zůstává, bolest pomíjí." A tak skoro až do své smrti Renoir nanášel barvu na plátno. Jeden ze svých nejslavnějších obrazů, *Koupající se ženy,* dokončil jen dva roky před smrtí, tedy čtrnáct let poté, co ho postihla tato mrzačící choroba.

The Best of Bits & Pieces

Zázračný most

Brooklynský most, který se klene nad řekou mezi Manhattanem a Brooklynem, je prostě zázrakem stavitelství. V roce 1883 Johna Roeblinga, tvůrčího inženýra, nadchla myšlenka velkolepého projektu výstavby mostu. Přestože mu experti v oblasti stavby mostů říkali, aby na to zase rychle zapomněl, že je to prostě nemožné. Roebling přesvědčil svého syna Washingtona, slibného stavitele, že se most postavit dá. A tak spolu vytvořili plán, jak toho dosáhnout a jak překonat překážky. Podařilo se jim přesvědčit bankéře, aby jejich projekt financovali. S nespoutaným nadšením a energií si pak najali své pomocníky a začali stavět svůj vysněný most.

Stavba probíhala teprve několik měsíců, když tragická nehoda na stavbě zabila Johna Roeblinga a vážně zranila jeho syna. Washington měl vážně poškozený mozek, nemohl mluvit ani chodit. Všichni měli za to, že bude nutné projekt zastavit, protože Roeblingové byli jediní, kteří plánům na postavení mostu rozuměli.

I když se Washington nemohl pohybovat a mluvit, jeho mysl byla stejně jasná jako před tím. Jednoho dne ho na nemocničním lůžku napadlo, jak by mohl rozvinout komunikační kód. Mohl pohybovat pouze jediným prstem, a tak se jím dotkl paže své ženy. Vyklepal kód, kterým jí sděloval, co má říct stavitelům, kteří pokračovali ve stavbě mostu. Celých třináct let tak Washington jedním prstem vyťukával instrukce, dokud nebyl velkolepý Brooklynský most dokončen.

A Fresh Packet of Sower's Seeds

Skutečná výška

Čím větší překážka, tím větší sláva z jejího překonání.

Molière

Když je dost tma, dají se vidět hvězdy.

Charles A. Beard

Potily se mu dlaně. Potřeboval ručník, aby si mohl otřít ruce. Sklenka studené vody mu uhasila žízeň, ale jen stěží zchladila jeho soustředění. Umělá tráva, na které seděl, byla stejně rozpálená jako soutěž, které dnes stál tváří v tvář na celonárodních olympijských hrách juniorů. Laťku nastavili do výšky pěti metrů dvaceti centimetrů, což bylo skoro o osm centimetrů výš, než byl jeho osobní rekord. Michael Stone čelil největší výzvě celé své kariéry skokana o tyči.

Na tribunách stále sedělo asi dvacet tisíc lidí, přestože závěrečný běh skončil už před hodinou. Skok o tyči je skutečně atraktivní událost každé lehkoatletické soutěže. Spojuje v sobě eleganci gymnasty se sílou kulturisty. Rovněž je v ní obsažen prvek létání a myšlenka letu do výšky dvoupatrové budovy je pouhou fantazií pro každého, kdo takovouto událost sleduje. Jenomže tady a teď se nejedná jen o skutečnost a sen Michaela Stonea – jde rovněž i o jeho cíl.

Pokud si Michael pamatoval, vždycky snil o létání. Když byl malý, maminka mu o něm předčítala mnohé příběhy. Příběhy vždycky popisovaly zemi z ptačí perspektivy. Její nadšení a láska k detailům vybarvily Michaelovy sny zářivými barvami a krásou. Michaelovi se často zdával tentýž sen. Běžel po venkovské silnici. Pod nohama cítil kamení a kusy hlíny. A jak tak běžel podél zlatavých pšeničných polí, vždycky předběhl lokomotivy, které projížděly kolem. Právě ve chvíli, kdy se zhluboka nadechl, se začal odlepovat ze země. Začal se vznášet v oblacích jako orel.

Místa, kam létal, se vždycky shodovala s příběhy jeho matky. Kam zaletěl, všude ho provázelo matčino nadšení pro detaily a její svobodný duch lásky. Jeho otec se však držel velmi při zemi. Bert Stone byl zarytý realista. Věřil na tvrdou práci a pot. Jeho mottem bylo: *Jestli něco chceš, musíš pro to něco udělat!*

Od svých čtrnácti let nedělal Michael nic jiného. Začal s velmi opatrným a systematickým posilováním. Obden posiloval s nářadím a střídal to s během. Michaelův otec, a současně trenér, opatrně dohlížel na jeho program. Michaelovo odevzdání, rozhodnutí a disciplína byly snem každého trenéra. Michael byl i výborný student a jedináček, který svým rodičům nepřestával pomáhat s prací na farmě. Michaelova houževnatost, aby dosáhl dokonalosti, nebyla jen jeho posedlostí, ale i vším, pro co žil.

Mildred Stoneová, Michaelova matka, si přála, aby o trochu víc odpočíval a aby se z něj znovu stal ten malý „nespoutaný snílek“. Jednou se o tom pokusila s ním a s jeho otcem promluvit, ale otec ji rychle přerušil, usmál se a řekl: *„Jestli něco chceš, musíš pro to něco udělat!“*

Všechny dnešní Michaelovy skoky se zdály být odměnou za jeho tvrdou práci. Jestli byl Michael Stone překvapený, nadšený nebo nafoukaný, že zdolal laťku ve výšce pět metrů dvacet, rozhodně to na něm nebylo poznat. Jakmile dopadl na doskokovou nafukovací matraci a dav vyskočil ze sedadel, Michael se hned začal připravovat na svůj další pokus o let. Zdálo se, že nedbá o to, že právě překonal svůj osobní rekord o necelých osm centimetrů a že se stal jedním ze dvou finalistů ve skoku o tyči na celonárodních olympijských hrách juniorů.

Když Michael zdolal laťku ve výšce pět dvacet pět a pak i pět třicet, opět nedal najevo žádné emoce. Soustředil se jen na neustálou přípravu a odhodlání. Když ležel na zádech a slyšel, jak si dav povzdechl, bylo mu jasné, že soupeř poslední skok nezdolal. Věděl, že nadešel čas jeho závěrečného skoku. Protože druhý skokan měl více úspěšných pokusů, Michael potřeboval tuto laťku zdolat, aby se stal vítězem. Kdyby se mu to nepodařilo, skončil by druhý. Neměl by se za co stydět, ale on si vůbec nepřipustil myšlenku, že by první místo nevyhrál. Překulil se a provedl svou obvyklou sadu tří kliků s opěrou jen na konečcích prstů a tří kliků na jedné ruce. Sevřel svou tyč, postavil se a vyšel na rozběhovou dráhu, která vedla k nejnáročnější zkoušce jeho sedmnáctiletého života.

Dráha mu tentokrát připadala jiná. Na zlomek vteřiny ho to vyděsilo. Pak mu to došlo jako rána z čistého nebe. Laťka je umístěná skoro o třiadvacet centimetrů výš, než byl jeho osobní rekord. Což je jen o dva a půl centimetru méně než národní rekord, honilo se mu hlavou. Napětí toho okamžiku mu naplnilo mysl hrůzou. Snažil se ze svého těla setřást napětí. Nepomáhalo to. Začal být ještě napjatější. Proč se mi tohle musí stát zrovna teď, pomyslel si. Začal být nervózní. Přesněji – začal mít strach. Co jen bude dělat? Nikdy se s podobnými pocity nesetkal. A pak se najednou, z nejtajnějších hlubin jeho duše, vynořila jeho matka. Proč zrovna teď? Co dělá matka v jeho myšlenkách v takovéhle chvíli? Bylo to prosté. Vždycky mu říkávala, že když se cítí napjatý, nervózní, nebo dokonce vystrašený, že má zhluboka dýchat.

A tak to udělal. Protřásl si nohy a opatrně svou tyč položil na zem. Začal si protahoval paže a trup. Přestal vát lehký vánek. Cítil, jak mu po zádech stéká pramínek studeného potu. Opatrně zvedl tyč. Cítil, jak mu hlasitě buší srdce. Byl si jistý, že to slyší i ostatní. Ticho bylo nesnesitelné. Když zaslechl zpěv vzdálených drozdů za letu, věděl, že nadešel čas jeho letu.

Jak se rychle rozběhl po dráze, něco se zdálo báječně odlišné, ale přesto povědomé. Plocha pod ním mu připadala jako venkovská cesta, o které se mu zdávalo. Kamínky a kusy hlíny, vidiny zlatavých pšeničných polí najednou zaplavily jeho myšlenky. A když se zhluboka nadechl, stalo se to. Vzlétl. Odlepil se od země jako pírko. Michael Stone letěl, přesně jako ve svých dětských snech. Tentokrát ale věděl, že se mu to nezdá. Tohle bylo opravdové. Přišlo mu, že všechno se pohybuje zpomaleně. Vzduch kolem něho byl nejčistší a nejčerstvější, jaký kdy dýchal. Michael se vznášel majestátně jako orel.

Zpátky na zem ho navrátil buď radostný výbuch lidí na tribunách, nebo jak sebou žuchnul při dopadu. Ležel na zádech, nádherně horké slunce se mu opíralo do tváře a on v duchu viděl jen úsměv na tváři své matky. Věděl, že se jeho otec asi také usmívá, dokonce snad směje. Bert tohle vždycky dělal, když ho něco rozrušilo, nejprve se usmál a pak ze sebe vydal jakési zahihňání. Nevěděl však, že jeho otec objímá svou ženu a pláče. Přesně takhle to Bert říkával: „Když něco chceš, musíš pro to něco udělat.“ A teď Bert Stone plakal jako malé děcko v náručí své ženy. Plakal mnohem usedavěji, než ho kdy Mildred plakat viděla. Věděla však, že roní ty nejcennější slzy ze všech – slzy pýchy a oprávněné hrdosti. Michaela ihned obklopili lidé, objímali ho a blahopřáli mu k největšímu úspěchu jeho života. Později téhož dne se rozhodl skočit i pět metrů pétatřicet centimetrů – rekord celonárodních a mezinárodních olympijských her juniorů. S veškerou tou pozorností sdělovacích prostředků, všemožnými nabídkami sponzoringu a rojícími se davy srdečných gratulantů se Michaelův život nadobro změnil. Nejen proto že vyhrál celonárodní olympijské hry a že dosáhl nového světového rekordu. A nebylo to ani proto, že právě překonal svůj osobní rekord o celých čtyřiadvacet centimetrů. Bylo to prostě proto, že Michael Stone byl slepý.

David Naster

Jen si představte

Úžasné bohatství lidské zkušenosti by ztratilo něco ze své odměňující radosti, kdyby neexistovaly hranice, které je třeba překonat. Hodinka na samém vrcholu hory by nebyla ani zpolovic tak nádherná, kdyby nebylo nutné překlenout tmavá údolí.

Helen Kellerová

Jen si představte:

- Lyžařského instruktora Petea Seiberta považovali za blázna, když poprvé zveřejnil svůj sen o otevření lyžařského střediska. Seibert stál na vrcholku pohoří Gore v Coloradu a popisoval sen, který v sobě nosil od svých dvanácti let. Pustil se také hned do přesvědčování ostatních, že se nejedná o pouhý neuskutečnitelný sen. Seibertův sen se stal skutečností, která se jmenuje Vail.
- Mladý doktor Ignatius Piazza, čerstvý absolvent školy pro chiropraktiky, si chtěl otevřít ordinaci v překrásné oblasti Monterey v Kalifornii. Místní společnost chiropraktiků mu sdělila, že v této oblasti je už chiropraktiků nadbytek a že zde není dost potenciálních pacientů, kteří by uživili další ordinaci. V průběhu následujících čtyř

měsíců strávil Piazza deset hodin denně pochůzkami ode dveří ke dveřím a představoval se jako nový chiropraktik ve městě. Zaklepal na 12 500 dveří, hovořil s 6500 lidmi, které pozval, aby se přišli podívat na den otevřených dveří v jeho ordinaci. Výsledkem jeho vytrvalosti a přesvědčení bylo, že za první měsíc své praxe ošetřil 233 nových pacientů a vydělal rekordní plat té doby – 72 000 dolarů za jeden měsíc!

- Během prvního roku činnosti společnost Coca-Cola prodala pouze 400 nápojů.
- Hvězdu košíkové, Michaela Jordana, vyhodili ze školního oddílu košíkové.
- V sedmnácti letech byl Wayne Gretzky skvělý atlet, který se rozhodl, že se bude věnovat kariéře hráče fotbalu nebo hokeje. Jeho první láskou byl hokej, ale když se zúčastnil konkursu na hráče do družstva profesionálů, bylo mu řečeno: „Vážíš málo. Při svých 76,5 kilech jsi o víc než 22,5 kila lehčí než průměrný hráč. Vůbec bys na ledě nepřežil."
- Sheila Holzworthová ztratila zrak, když jí bylo pouhých deset let. Ortodontická pomůcka, kterou jí připevnili k rovnátkům, se náhle uvolnila a vymáčkla jí oči. Přestože neviděla, nevzdala se a stala se mezinárodně uznávanou atletkou. Mezi její úspěchy patří zdolání ledového vrcholu hory Mount Rainier v roce 1981.
- Rafer Johnson, šampion v desetiboji, se narodil s kososvislou nohou.
- První dětskou knihu dr. Seusse *And to Think that I Saw It on Mulberry Street* (Jen si představte, že jsem to viděl v Mulberry Street), odmítlo sedmadvacet nakladatelství. Vanguard Press, dvacáté osmé nakladatelství v pořadí, prodalo *šest milionů* výtisků této knihy.
- Richard Bach dokončil pouze jeden rok vysoké školy, pak se zaměřil na to, že se stane pilotem proudového bojového letounu vojenského letectva. Dvacet měsíců

poté, co si vysloužil pilotní odznak, rezignoval. Potom se stal redaktorem časopisu o letectví, načež zbankrotoval. Život se mu skládal z jedné prohry za druhou. Dokonce když psal knihu *Jonathan Livingston Seagull,* nemohl zanic přijít na to, jak by měla skončit. Rukopis ležel v zásuvce osm let, než se rozhodl ho dokončit – jen aby ho osmnáct nakladatelství odmítlo. Přesto když k vydání knihy nakonec přece došlo, prodalo se jí sedm milionů výtisků v různých jazycích a z Richarda Bacha se stal mezinárodně proslulý a uznávaný autor.

- Autor William Kennedy napsal několik rukopisů, každý byl ale odmítnut nespočtem nakladatelství. To všechno před tím, než se dostavil „náhlý úspěch" s románem *Ironweed,* který odmítlo třináct nakladatelství, než ho nakonec v tom posledním přijali.
- Když jsme napsali *Slepičí polévku pro duši,* odmítlo ji třiatřicet nakladatelství, než si ji rozhodlo vydat nakladatelství Health Communication. Všechna velká newyorská nakladatelství zareagovala: „Je to příliš roztomiloučké" a „Nikdo nechce číst knihu krátkých povídek". Od té doby se po celém světě i s překlady do více než dvaceti jazyků prodalo více než sedm milionů výtisků knih – *Slepičí polévka pro duši, Slepičí polévka pro duši – 2. porce* a *Kuchařka slepičí polévky pro duši.*
- V roce 1935 kritika v novinách *New York Herald Tribune* označila klasické dílo George Gershwina *Porgy a Bess* za „zaručený brak".
- V roce 1902 redaktor poezie z časopisu *Atlantic Monthly* odmítl básně osmadvacetiletého básníka s následující poznámkou: „V našem časopise není místo pro váš pádný verš." Tím básníkem byl Robert Frost.
- V roce 1889 obdržel Rudyard Kipling od listu *San Francisco Examiner* následující odmítavý dopis: „Je mi líto, pane Kiplingu, vy ale prostě nemáte tušení, jak správně užívat anglického jazyka."

- Jako začínající spisovatel dostával Alex Haley zamítavý dopis každý týden po celé čtyři roky. Později Alex začal ztrácet víru ve svou knihu *Roots* (Kořeny) a i v sebe samého a hodlal se práce vzdát. Po devíti letech práce na tomto projektu měl pocit, že není schopen jej dokončit, a rozhodl se, že skočí přes palubu nákladní lodi do Pacifiku. Jak stál na zádi, díval se na zčeřenou brázdu za lodí a připravoval se na skok do oceánu, zaslechl hlasy všech svých předků, kteří k němu promlouvali: „Jdi a udělej, co udělat máš, protože všichni tam nahoře se dívají. Nevzdávej se. Zvládneš to. Spoléháme na tebe!" V následujících týdnech ze sebe vychrlil závěrečné znění *Kořenů*.
- John Bunyan napsal *Pilgrim's Progress* (Pokrok poutníka), zatímco byl odsouzen k pobytu ve vězeňské cele v Badfordu za své názory na náboženství. Sir Walter Raleigh napsal svou knihu *History of the World* (Historie světa) během svého třináctiletého pobytu ve vězení. Martin Luther přeložil Bibli, když byl nucen pobývat na hradě Wartburgu.

Jedním z tajemství úspěchu je nedovolit, aby nás dočasné nezdary zdolaly.

Mary Kayová

- Když Thomas Carlyle půjčil rukopis své knihy *The French Revolution* (Francouzská revoluce) jednomu příteli, jehož sluha dílo lehkomyslně použil k podpálení ohně, klidně se vrátil k práci a celou ji přepsal.
- V roce 1962 chtěly čtyři mladé ženy začít profesionální kariéru zpěvaček. Začaly zpívat v kostele a pořádaly malé koncerty. Pak přišel čas na natočení desky. Stal se z ní propadák. Později natočily další desku. I její prodej skončil fiaskem. Třetí, čtvrtá, pátá až devátá deska byly vel-

kými neúspěchy. Na začátku roku 1964 je pozvali do pořadu *Dick Clark Show*. Ten jim zaplatil zrovna tolik, že z toho sotva pokryly své výdaje, a žádné závratné kontrakty z jejich národního veřejného představení nevzešly. V létě téhož roku nahrály „Where Did Our Love Go?" (Kam se poděla naše láska?). Píseň se vyšplhala na samý vrchol žebříčků a Diana Rossová a The Supremes získaly celonárodní uznání a význačné postavení jako hudební senzace.

- Winston Churchill se nemohl dostat na prestižní univerzity Oxford a Cambridge, protože byl „slabý v klasické filologii".
- Jamese Whistlera, jednoho z nejlepších amerických malířů, vyhodili z vojenské akademie West Point, protože propadl z chemie.
- V roce 1905 zamítla univerzita v Bernu doktorandskou dizertaci jako irelevantní a smyšlenou. Mladý student fyziky, který dizertaci napsal, byl Albert Einstein, kterého to zklamalo, ale neporazilo.

Jack Canfield a Mark Victor Hansen

Příležitost

Jestliže neslyšíte, jak příležitost klepe, pak si najděte jiné dveře.

Neznámý zdroj

Každá žilka mého malého sedmiletého těla se nervózně třásla, když jsme procházeli celnicí a vysvětlovali jsme cíl naší cesty: „Jedeme na Miami na dovolenou," zaslechl jsem říkat svou těhotnou matku, když jsem se křečovitě tiskl k jejím šatům. I když jsem tato slova slyšel, věděl jsem, že domů se už nikdy nevrátíme.

Komunismus rychle utahoval oprátku kolem systému svobodného podnikání na Kubě a můj otec, úspěšný podnikatel, se rozhodl, že je nejvyšší čas, aby vzal svou rodinu a utekl do země, kde svoboda, naděje a příležitost stále vzkvétaly. Když se teď ohlédnu nazpátek, šlo o nejstatečnější rozhodnutí, jaké jsem kdy viděl někoho udělat.

Castrův režim sledoval mého otce velmi přísně, takže bylo nutné, aby se mnou a s mým bratrem nejprve odjela naše maminka. S tatínkem jsme se setkali o několik měsíců později. Mezinárodní letiště v Miami mě ohromilo. Všichni tam mluvili nějakými divnými slovy, kterým jsem vůbec nerozuměl. Neměli jsme peníze, žádné příbuzné – nic kromě šatů na sobě.

Za několik měsíců nám církev zaplatila let do Joliet, v Illinois, přes mezinárodní letiště O'Hare v Chicagu. Když jsme vyšli z terminálu do památné zimy roku 1961, uvítal nás nápor ledového vzduchu. Napadlo přes metr a čtvrt sněhu a mezi těmi obrovskými nafoukanými závějemi stál vedle velkého auta International Suburban mladý kněz a čekal na nás, aby nás zavezl do našeho nového domu. Tohle všechno bylo pro malého kubánského kluka, který nikdy neviděl sníh, nesmírně ohromující.

Můj otec byl vzdělaný člověk a na Kubě vlastnil řadu benzínových pump a prodejnu aut. Neuměl anglicky, ale rychle se přizpůsobil a našel si práci jako automechanik. Díky kostelu sv. Patrika jsme si mohli najít pohodlný, i když malý byt ve čtvrti, kde bydleli lidé ze střední vrstvy. Moc jsme toho neměli, ale měli jsme jeden druhého, spoustu lásky a trýznivou touhu mého otce po úspěchu.

Právě v této době mi otec ze svého roztrhaného španělského výtisku knihy Dalea Carneigieho *Jak si udělat přátele a ovlivnit lidi* (How to Win Friends and Influence People) udělil jednu z největších lekcí mého života. Znovu a znovu mi opakoval: „Nezáleží na tom, kdo jsi, odkud jsi nebo jakou máš barvu kůže. Můžeš udělat všechno, k čemu se odhodláš." Tato slova mi dodávala útěchu a inspiraci, když jsme se s bratrem zamíchali do velkého chicagského tavicího kotle.

Můj bratr Ed a já jsme měli problémy ve škole, protože jsme neuměli anglicky. Nebylo vzácností, když na nás pokřikovali „španěláci", nevybírali nás do družstva nebo nám kradli naše zděděná kola, ale slova mého otce ve mně nepřestávala hořet. Také jsme potkali několik opravdu skvělých lidí, kteří nám pomohli překonat překážky s přizpůsobováním se novému okolí. Mnozí z nich jsou mými přáteli dodneška.

Když mi bylo čtrnáct let, začal mě otec učit skvělému principu svobodného podnikání. Za každou sadu ventilů a hlav motorů, které jsem vyčistil a vyleštil (říkali jsme tomu ventilová práce), mi dal osmnáct dolarů. Později mě naučil, jak najmout další lidi, kteří budou dělat práci pro mě, a já jsem vyrazil do ulic, nacházel jsem nové zákazníky a vybíral jsem peníze – v podstatě jsem to celé řídil. Vůbec jsem netušil, že mě učí, jak se stát podnikatelem. Amerika byla opravdu zemí naděje.

Rovněž jsem měl štěstí, že jsem se narodil do hudebně nadané rodiny, a pamatuji si, jak mi maminka, když jsem vyrůstal, zpívala překrásné španělské písničky. Tyto písně mě inspirovaly k tomu, že jsem začal zpívat v kostelním sboru jako chlapecký soprán, a díky stejnému vlivu si můj bratr Ed založil rockovou skupinu. Byl jsem na každé zkoušce jeho skupiny a v noci jsme s bratrem a maminkou vícehlasně zpívali. Později jsem za plat dělníka v kamenolomu a stipendium vystudoval operu a hudbu na univerzitě Southern Illinois. Po dvou letech vysoké školy jsem se vrátil zpět do práce v kamenolomu a ušetřil jsem peníze, které jsem vydělal, abych se mohl přestěhovat do Kalifornie.

V Kalifornii jsem se chtěl dostat do hudebního byznysu a chtěl jsem nahrávat své vlastní desky. Netrvalo dlouho a dolehla na mě tvrdá realita. Abych si vůbec vydělal na živobytí, musel jsem začít rozdávat nabídky na členství ve fitness klubu. Popadaly mě deprese. Byl jsem bez peněz a nevěděl jsem, kam se mám obrátit. Pak jsem se setkal s Tomem Murphym, jedním z majitelů fitness klubu.

Můj otec mi vždycky říkal: Když chceš být bohatý, musíš dělat to, co dělají bohatí lidé, tak jsem se zeptal pana Murphyho, jestli bychom si nemohli nad kávou popovídat, abych zjistil, z čeho vlastně jeho úspěchy plynuly. Pan Murphy byl čirou náhodou obchodním partnerem Toma Hopkinse, jednoho z nejlepších školitelů v umění prodávat. Takže mi samozřejmě doporučil, abych začal navštěvovat školicí semináře o umění prodeje, abych četl knihy o sebezdokonalování a naslouchal nahrávkám, jak prodávat. Rovněž mě seznámil se spoustou úspěšných podnikatelů a podnikatelek a jejich publikovaným materiálem. Tak jsem dychtil po úspěchu, že netrvalo dlouho, a stal se ze mě nejlepší prodejce v naší společnosti. To mi ale nestačilo. Když jsem ušetřil každý možný pětník, investoval jsem je do svého vlastního fitness klubu. Když jsem končil, vlastnil jsem devět nejúspěšnějších fitness klubů a sportovních zdravotních zařízení ve Spojených státech, ale stále jsem ještě nedosáhl svého cíle – nenahrál jsem vlastní desku.

Nahrání mého prvního demo snímku bylo vzrušující, přesto však neradostné, když jsem ho předváděl jedné nahrávací společnosti za druhou. Pokaždé jsem slyšel slovo „ne“. Nenechal jsem se porazit, nahrál jsem demo snímek ve španělštině a zanesl jsem ho zpátky do stejných nahrávacích společností – samozřejmě že s tímtéž výsledkem. Když jsem se už skoro vzdal, zavolal jsem otci, abych s ním prohovořil, co se stalo. Řekl mi: „Omare, finančně na tom jsi velmi dobře, ne?“ Odpověděl jsem, že ano. „No, a tak proč si jednoduše nekoupíš nahrávací společnost a nenahráváš svou vlastní hudbu!“

Když jsem se vrátil do nahrávací společnosti, kterou jsem měl v úmyslu koupit, a doufal jsem, že si zachráním své ego, ještě jednou jsem se vedoucích představitelů společnosti zeptal, jestli by mou hudbu přece jen nenahráli. Odpověděli: „Omare, nemůžeme ti pomoct. Jdi na Broadway. Tam se uchytíš.“ Měli byste vidět jejich obličeje, když jsem jim řekl, že budu jejich nový majitel.

Pak jsem se rozhodl financovat, nahrát a vydat své první album ve španělštině. To mi vyneslo označení „Nejlepší latinskoamerický zpěvák“ a „Umělec roku“ v roce 1986, 1987 a 1988 „CHIN de PLATA“ a „OTTO“.

V současnosti se těším úspěchu veřejného mluvčího a školitele ve společnosti Tom Hopkins International. Je pro mě velkým potěšením, když mohu pomáhat druhým objevovat ty správné příležitosti, tak potřebné k „nastřílení gólů" v zaměstnání. Vezměte si ze mě příklad, můj otec měl pravdu: v životě můžete dosáhnout všeho, co chcete, když se rozhodnete toho dosáhnout.

Omar Periu

Bojovnice už nemůže zavírat oči nad problémy

Bůh pomáhá těm, kteří pomáhají sami sobě.

Benjamin Franklin

Byla to obyčejná žena s neobyčejně jednoduchou žádostí vznesenou k městské radnici. Pomohla úplně změnit zanedbaný městský blok a problémovou čtvrť i způsob, jímž na sebe vzájemně působí město Roanoke ve Virginii a jeho obyvatelstvo – a možná způsobí i tu změnu, že se Američané znovu zapojí do vlastní vlády.

Třiasedmdesátiletá Florine Thornhillová rozhodně nehodlala způsobit takové pozdvižení. Jen se rozhodla udělat něco malého pro zlepšení svého bloku.

Tak se vydala na radnici a požádala nedůvěřivého úředníka, jestli by si nemohla půjčit sekačku na trávu, aby mohla posekat opuštěný a zarostlý pozemek.

Mnoho let chodila po své čtvrti nevšímavě ke zpustlým, rozpadajícím se domům, k překupnictví drog a lidským troskám. V neděli roku 1979, když šla do kostelního sboru, přešla kolem ženy v bezvědomí, která ležela v přerostlé trávě na blízkém pozemku. Paní Thornhillová si řekla, že to nejspíš bude narkomanka, a pokračovala v chůzi. Nemohla si však tu ženu vyhnat z myšlenek.

Co, ptala se sama sebe, by ji přiměl udělat Ježíš? A tak se vrátila domů a s pomocí svého syna dostala ženu do bezpečí. Stará paní Thornhillová se nikdy nedozvěděla jméno té ženy a ani proč vlastně byla v bezvědomí. Ale toto setkání jí otevřelo oči ke smutku a chudobě, které se tak dlouho snažila zatlačit do pozadí.

Matka devíti dětí – včetně jednoho mentálně postiženého – se rozhodla udělat, co bude v jejích silách. Půjčila si sekačku na trávu a vyčistila jeden pozemek.

Její sousedé nejprve začali být zvědaví, pak se k ní připojili. Po víkendech patnáct usedlíků ve středním a starším věku začalo sbírat odpadky a sekat trávu na prázdných pozemcích.

Na radnici si úředníci povšimli, že jedna kdysi sešlá čtvrť začala zářit. V roce 1980 městští činitelé Roanoke požádali paní Thornhillovou a její sousedy z Gilmeru, aby se zapojili do zkušebního projektu se třemi dalšími městskými čtvrtěmi. Pomohlo by jim to stanovit cíle pro město, ukázat úředníkům, jak přeměnit chudé městské oblasti.

Experiment byl díky paní Thornhillové a dalším jí podobným obyčejným lidem úspěšný. Dnes je do systému na zvelebení Roanoke zapojeno dvacet pět čtvrtí. Další města ve Virginii následovala příklad Roanoke. Tento příklad je pozorně sledován po celé Americe, protože se vládní činitelé snaží zapojit lidi, jimž slouží. Paní Thornhillová a její skupina, Northwest Neighborhood Environmental Organization (Organizace životního prostředí severozápadní čtvrti), dostala ocenění za dobrovolnou činnost (President's Volunteer Action Award), které jim udělil prezident Clinton za dobrovolnou činnost, jež změnila jejich komunitu.

Ale paní Thornhillová prohlásila, že skutečná míra úspěchu netkví v ocenění od Bílého domu. Tou jsou děti, které si hrají v plně vybaveném parku, co kdysi sloužil překupníkům drog jako odbytiště pod širým nebem. Tou jsou domy, které mohla její skupina zakoupit a s finanční podporou, kterou s jistou pomocí města zajistili a získali, přestavět.

Tou jsou profesionálové, které se jim podařilo přilákat zpátky do Gilmeru půjčkami na nízký úrok, a pracovník na částečný úvazek, kterého mohli najmout, aby pomohl s organizací činností čtvrti a se získáváním dalších dotací. „Je to prostě nádherné pozorovat děti, jak se vracejí domů," říká paní Thornhillová. „Vím, že jim na tom záleží, budou se o tuhle čtvrť starat ještě dlouho po tom, co já už tady nebudu."

Toni Whittová

Požádej, potvrď a konej

Mnoho věcí je ztraceno kvůli neschopnosti požádat.

Anglické přísloví

Když byla má dcera Janna v prvním ročníku střední školy, vybrali ji pro mezinárodní výměnný pobyt do Německa. Měli jsme velkou radost, že pro takovou mimořádnou zkušenost vybrali právě ji. Výměnná organizace nás informovala, že musíme zaplatit čtyři tisíce dolarů na výdaje – peníze jsme museli odevzdat 5. června, tedy za dva měsíce.

V té době jsem byla rozvedená se třemi dospívajícími dětmi. Myšlenka, že bych měla přijít se čtyřmi tisíci dolary, pro mě byla zdrcující. Už tak jsem finančně vycházela jen tak tak. Neměla jsem žádné úspory, žádný kredit na půjčku a žádné příbuzné, kteří by mi mohli obnos půjčit. Zpočátku mi to připadalo stejně beznadějné, jako bych měla dát dohromady čtyři miliony!

Naštěstí jsem nedávno navštívila jeden ze seminářů o zlepšování sebevědomí Jacka Canfielda v Los Angeles. Na semináři jsem se naučila tři věci: požádej o to, co chceš, potvrď, na co to chceš, a začni jednat.

Rozhodla jsem se, že tyhle nově nalezené principy zapojím do činnosti. Nejprve jsem si napsala potvrzení, na kterém stálo: „Do 1. června s radostí obdržím čtyři tisíce dolarů na Janninu cestu do Německa.“ Toto tvrzení jsem si umístila na zrcadlo v koupelně a kopii jsem nosila ještě v kabelce, abych se na ni mohla každý den dívat. Pak jsem napsala skutečný šek na čtyři tisíce dolarů a položila jsem si ho na palubní desku svého auta. Denně jsem v autě trávila hodně času a tohle byla viditelná připomínka. Vyfotila jsem si stodolarovou bankovku, zvětšila jsem ji a přilepila jsem ji na strop nad Janninou postelí, aby to byla první věc, kterou ráno uvidí, a poslední, když večer půjde spát.

Janna byla typickou patnáctiletou dospívající holkou z jižní Kalifornie a tyhle poněkud „podivné“ nápady ji zrovna moc nebraly. Všechno jsem jí pěkně vysvětlila a navrhla jsem, aby si napsala vlastní tvrzení.

Když jsem si potvrdila, co chci, musela jsem začít něco podnikat a požádat o to, co jsem chtěla. Vždycky jsem byla velmi soběstačná a nezávislá a nikdy jsem nepotřebovala ničí pomoc. Bylo by pro mě tedy velmi těžké požádat o peníze rodinu a přátele, které jsem znala, a ještě těžší bylo obrátit se na úplně cizí lidi. Ale rozhodla jsem se, že to prostě udělám. Co jsem mohla ztratit?

Zhotovila jsem letáček s Janninou fotkou a jejím sdělením, proč chce jet do Německa. V dolní části byl kupon, který měli lidé odtrhnout a poslat nám ho do 1. června zpátky se svým šekem. Pak jsem požádala o příspěvek 5, 20, 50 a 100 dolarů. Nechala jsem tam dokonce i prázdné místo, aby mohli vyplnit svou vlastní částku. Pak jsem tento letáček zaslala všem členům rodiny, rodinným přátelům a lidem, které jsem znala dobře, ale třeba také jen velmi zběžně. Rozdala jsem letáčky po kanceláři obchodní společnosti, kde jsem pracovala a zaslala jsem je místním novinám a rozhlasovým stanicím. Vyhledala jsem adresy třiceti organizací, které v naší oblasti poskytují služby a i těm jsem letáčky zaslala. Dokonce jsem napsala i leteckým společnostem a požádala jsem je o bezplatnou cestu do Německa.

Noviny článek neotiskly, rozhlasová stanice nic neodvysílala, letecká společnost mou žádost zamítla, ale já jsem nepřestávala žádat a pokračovala jsem v rozesílání letáčků. Janně se začalo zdát o tom, jak jí úplně cizí lidé dávají peníze. V následujících týdnech peníze začaly přicházet. První dar přišel ve výši pěti dolarů. Největší jednotlivý dar obnášel 800 dolarů od rodiny a přátel. Ale většina darů bylo 20 nebo 50 dolarů – některé od lidí, které jsme znali, některé od lidí úplně cizích.

Janna se celým tímhle nápadem nadchla a začala věřit, že by se to nakonec přece jen mohlo podařit. Jednoho dne se mě zeptala: „Myslíš, že to bude pracovat i na získání řidičáku?" Ujistila jsem ji, že tvrzení pracovat bude. Vyzkoušela to a svůj řidičák dostala. Do 1. června jsme s radostí obdržely 3750 dolarů! Měly jsme hroznou radost! Opravdu skvělé, ale stále jsem ještě neměla tušení, kde seberu zbývajících 250 dolarů. Do 5. června ale pořád zbývalo trochu času, abych tu částku nějak získala. 3. června zazvonil telefon. Volala mi nějaká žena z jedné z organizace, která v našem městě poskytovala služby. „Vím, že volám po uzávěrce, je už příliš pozdě?" zeptala se.

„Není," odpověděla jsem.

„No, my bychom opravdu chtěli Janně pomoct, ale můžeme jí dát jen 250 dolarů."

Nakonec měla Janna dvě organizace a třiadvacet jednotlivců, kteří ji sponzorovali a učinili její sen skutečností. Během roku každému ze sponzorů několikrát napsala a sdílela s nimi své zážitky. Když se vrátila, promluvila na setkáních dvou organizací. Janna byla na výměnném studentském pobytu ve Viersenu v Německu od září do května a byl to pro ni báječný zážitek. Rozšířilo jí to pohled na svět a začala si světa a lidí novým způsobem vážit. Začala být schopná vidět za úzkoprsý život v jižní Kalifornii, v jakém vyrostla. Od té doby procestovala Evropu, jedno léto pracovala ve Španělsku a další v Německu. Vystudovala vysokou školu s vyznamenáním, pracovala dva roky u organizace VISTA na projektu AIDS ve Vermontu a v současné době pracuje na svém magisterském titulu v administrativě veřejného zdravotnictví.

Rok po Jannině cestě do Německa jsem našla lásku svého života, znovu zásluhou tvrzení. Seznámili jsme se na semináři o sebevědomí, vzali jsme se a zúčastnili jsme se semináře pro dvojice. Na tomto semináři jsme si stanovili společná tvrzení, jedním z nich bylo cestování. V průběhu posledních sedmi let jsme žili v několika různých státech, včetně Aljašky, strávili jsme tři roky v Saúdské Arábii a v současné době žijeme v Orientu.

Podobně jako Janně, i mně se rozšířily obzory a můj život je mnohem zajímavější a krásnější, protože jsem se naučila požádat, potvrdit a posléze konat věci, které chci.

Claudette Hunterová

Zkušenost, která změnila život

Slovo „nemožné“ jsem se naučil používat s velkou opatrností.

Wernher von Braun

Přede dvěma lety jsem prošel zkušeností, která ovlivnila můj způsob víry takovou měrou, že jsem úplně změnil svůj náhled na svět. Tehdy jsem byl zapojený do organizace LifeSpring, která se soustředila na lidské možnosti. Společně s dalšími padesáti lidmi jsem procházel tříměsíčním školením pod názvem Program vůdcovských schopností. Celé se to začalo na jednom z našich každotýdenních setkáních, když za námi vedoucí programu přišli s výzvou. Řekli, že chtějí, abychom v centru Los Angeles rozdali snídani tisíci bezdomovců. Dále jsme měli také získat oblečení, které jsme měli rozdat. A hlavně jsme neměli utratit ani cent z našich vlastních peněz.

Protože nikdo z nás nepůsobil v zásobování, a ani jsme nikdy nic podobného nedělali, moje první reakce zněla: „Panebože, to bude teda pěkná zabíračka.“ Oni k tomu ještě dodali: „A mimochodem, chceme, abyste tohle všechno provedli v sobotu ráno." Oznámili nám to ve čtvrtek večer, a tak jsem svou prognózu rychle povýšil na N-E-M-O-Ž-N-É! Nemyslím si, že jsem byl sám.

Rozhlédl jsem se po místnosti a spatřil jsem padesát obličejů, jejichž výrazy byly prázdnější než čerstvě umytá tabule. Ve skutečnosti nikdo z nás neměl jediný nápad, jak vůbec něco podobného rozjet. Právě v té chvíli se stalo něco neočekávaného. Protože jsme nechtěli připustit, že s takovou výzvou nejsme schopni se vypořádat, všichni jsme naprosto samozřejmě odpověděli: „Jasně. Samozřejmě, to je hračka, bez problému."

Pak kdosi pronesl: „No, musíme se rozdělit na skupiny. Jedna skupina bude shánět jídlo a ta druhá nádobí, ve kterém budeme moct vařit." A pak někdo další poznamenal: „Já mám náklaďák, můžeme ho použít na odvoz kuchyňského náčiní."

„Skvělý!" zašveholili jsme jedním hlasem.

Pak se přidal někdo další: „Potřebujeme skupinu, která skloubí dohromady pohoštění s rozdáváním ošacení." Než jsem se nadál, měl jsem na starosti koordinační skupinu.

Ve dvě hodiny ráno jsme měli připravený seznam každého potřebného úkolu, přidělili jsme ho patřičnému týmu a pak jsme vyrazili domů, abychom se taky trochu vyspali. Pamatuji si, že když jsem ulehl do postele, hlavou se mi honily myšlenky: „Můj Bože, nemám ani páru, jak tohle provedeme, ani jeden jediný nápad... ale uděláme, co bude v našich silách!"

V šest hodin ráno mi zazvonil budík a za několik minut se objevili dva členové z mého týmu. My tři jsme společně se zbytkem skupiny měli přesně čtyřiadvacet hodin na to, abychom zjistili, jestli jsme ono nasycení tisíce bezdomovců schopni dovést do zdárného konce.

Vzali jsme si telefonní seznam a začali jsme volat každému, o kom jsme si mysleli, že by nám mohl pomoct. Můj první telefonát směřoval na obchodní ředitelství samoobsluhy Vons. Když jsem vysvětlil, co podnikáme, bylo mi řečeno, že musím svou žádost o jídlo podat písemně a že bude trvat dva týdny, než dojde k jejímu vyřízení. Trpělivě jsem vysvětloval, že nemáme dva týdny a že to jídlo potřebujeme ještě dnes, nejraději před setměním. Oblastní provozní ředitelka řekla, že mi za hodinu zavolá nazpátek.

Zavolal jsem do Western Bagel, vysvětlil jsem jim svou žádost a k mému potěšení majitel odpověděl: „Fajn." Na jeden zátah jsme získali 1200 housek! Když jsem telefonoval s firmou Zacky Farms a snažil se získat nějaká kuřata a vejce k tomu, napojil se mi další hovor. Byl to jeden z chlapců, který volal, aby mi řekl, že se zastavil u Hansen's Juices a že tam mají plné auto čerstvého mrkvového, melounového a bůhvíjakého ještě dalšího džusu, který jsou nám ochotni věnovat zadarmo – skvělá zpráva, která si vysloužila nadšený ohlas.

Oblastní obchodní ředitelka nám po chvíli zavolala nazpátek a sdělila nám, že pro nás obstarala všechny možné druhy potravin, včetně šesti set bochníků chleba! O deset minut později mi zavolal zase někdo další a oznámil mi, že zařídil, aby nám bylo věnováno pět set plněných pšeničných placek. Vlastně se zdálo, že každých deset minut někdo z naší skupiny telefonuje a ohlašuje mi, že se mu podařilo sehnat někoho, kdo jim věnuje jisté množství nějakého výrobku! „No teda," pomyslel jsem si, „že by se nám to nakonec opravdu podařilo?"

Nakonec, o půlnoci, po osmnácti hodinách nepřetržité práce jsem zajel k Winchell's Donuts, vyzvedl jsem tam osm set koblih a opatrně jsem je naskládal na stranu svého kombíka, abych měl místo ještě na dvanáct stovek housek, které jsem měl vyzvednout v pět ráno.

Po několika hodinách velmi potřebného odpočinku jsem skočil do auta, dorazil do Western Bagel, vyzvedl jsem housky (v autě mi to vonělo jako v pekárně) a vyrazil do centra Los Angeles. Byla sobota ráno a já jsem byl pěkně vyčerpaný. Když jsem kolem tři čtvrtě na šest ráno dorazil na parkoviště, zahlédl jsem ostatní členy skupiny, jak dávají dohromady velké profesionální rožně, nafukují balónky heliem a umísťují přenosné toalety. (Mysleli jsme opravdu na všechno.)

Rychle jsem vyskočil z auta a začal jsem vykládat pytle housek a krabice koblih. V sedm hodin se začala u brány na parkoviště utvářet fronta. Jak se zpráva o našem programu teplé snídaně pro chudé rozšiřovala, zvětšovala se i řada, až se prodloužila na konec ulice a kolem celého městského bloku.

V 7:45 ráno začali muži, ženy a dokonce i malé děti procházet frontami na jídlo, s talíři naplněnými teplým grilovaným kuřetem, míchanými vajíčky, plněnými pšeničnými plackami, koblihami a mnohými dalšími dobrotami. Za nimi byly pěkně naskládány hranice oblečení, které na sklonku dne rychle zmizí. Jak hlasité reproduktory z kabiny diskžokeje vyřvávaly strhující slova písně *We Are the World* (My jsme svět), rozhlédl jsem se po moři spokojených tváří všech barev pleti a všech věkových skupin, jak šťastně pořádají jídlo ze svých talířů. Když nám v jedenáct hodin dopoledne došlo jídlo, už jsme věděli, že se nám podařilo nasytit 1140 bezdomovců.

Pak členové mého týmu a bezdomovci tančili při hudbě v radostné oslavě, která se zdála naprosto přirozená. Během tance ke mně přistoupili dva bezdomovci a řekli mi, že tahle snídaně byla tou nejhezčí věcí, kterou kdy pro ně někdo udělal, a že tohle je poprvé, kdy se zúčastnili podávání jídla, aniž by se tam strhla rvačka. Jak mi stiskl ruku, cítil jsem knedlík v krku. Podařilo se nám to. Nasytili jsme přes tisíc bezdomovců za méně než osmačtyřicet hodin přípravy. Šlo o osobní zážitek, který na mě hluboce zapůsobil. Nyní, když mi někdo řekne, že by rád něco udělal, ale že si myslí, že to není možné, pomyslím si: „Ale jo, vím, co máš na mysli. Taky jsem kdysi takhle uvažoval..."

Michael Jeffreys

Nemožné trvá jen o trochu déle

Nemohu objevit nikoho, kdo má dostatečné znalosti na to, aby mohl s jistotou určit, co je, a co není možné.

Henry Ford

Ve dvaceti letech jsem byl šťastnější, než kdykoli před tím. Byl jsem fyzicky aktivní: závodně jsem lyžoval na vodě i na sněhu, hrál jsem golf, tenis, další míčové hry s raketami, košíkovou a volejbal. Dokonce jsem hrál za ligu kuželky. Skoro denně jsem běhal. Zrovna v té době jsem založil stavební společnost na výstavbu nového tenisového kurtu, takže má finanční budoucnost vypadala bezproblémově a růžově. Byl jsem zasnoubený s nejkrásnější ženou na světě. Pak došlo k té tragédii – nebo alespoň někteří tomu tak říkají:

Náhle mě probudil silný náraz, když jsem zaslechl zvuk deformovaného kovu a rozbitého skla. Jak rychle se to začalo, tak rychle to i skončilo. Otevřel jsem oči, celý můj svět tvořila pouze tma. Jak jsem zase začal nabývat smyslů, cítil jsem teplou krev, která mi pokrývala obličej. A pak ta bolest. Nesnesitelná a zdrcující. Slyšel jsem hlasy, které volaly mé jméno, když jsem znovu upadal do bezvědomí.

Jednoho krásného vánočního večera jsem opustil rodinu v Kalifornii a se svým kamarádem jsem vyrazil do Utahu. Jel jsem tam, abych zbytek svátků strávil se svou snoubenkou Dallas. Měli jsme dokončit plány naší blízké svatby – měli jsme se brát jen za pět krátkých týdnů. Prvních osm hodin cesty jsem řídil já a potom, protože jsem začal být poněkud unavený a protože můj kamarád během cesty odpočíval, jsem si přesedl ze sedadla řidiče na místo spolujezdce. Zapnul jsem si bezpečnostní pás a můj přítel vyrazil do tmy. Když odřídil další hodinu a půl, usnul za volantem. Auto narazilo do betonové opěry, vylétlo přes ni do vzduchu a po svahu se ještě několikrát obrátilo.

Když auto nakonec zastavilo, já jsem v něm už nebyl. Vyletěl jsem z auta a na pouštní zemi jsem si zlomil krční páteř. Od hrudníku dolů jsem se nemohl hýbat. Když mě sanitka odvezla do nemocnice v Las Vegas v Nevadě doktor oznámil, že jsem nyní ochrnutý na všechny čtyři končetiny. Nemohl jsem pohybovat chodidly ani nohama. Nemohl jsem pohybovat břišními svaly a dvěma ze tří hlavních prsních svalů. Nemohl jsem hýbat pravým tricepsem. Ztratil jsem skoro všechnu pohyblivost a sílu v ramenou a pažích. A přestal jsem kompletně pohybovat rukama.

Tehdy se začal můj nový život.

Doktoři říkali, že budu muset začít snít o jiných věcech a že budu muset myslet na něco jiného. Oznámili mi, že vinou mého nového fyzického stavu nebudu již nikdy schopen pracovat – pěkně mě to vyvedlo z míry, protože třiadevadesát procent lidí, kteří jsou v mém stavu, nepracuje. Pak mi řekli, že už nikdy nebudu řídit, že po zbytek života budu závislý na ostatních, aby mi podávali jídlo, oblékali mě a přepravovali z místa na místo. Poznamenali, že bych neměl čekat, že se kdy ožením, protože... kdo by si mě chtěl vzít, že? Závěrem řekli, že se už nikdy nebudu věnovat žádné atletické disciplíně ani soutěžit. Poprvé za svůj mladý život jsem měl opravdu strach. Obával jsem se, že to, co mi řekli, by mohla být skutečně pravda.

Jak jsem ležel v nemocnici v Las Vegas, přemítal jsem, kam se poděly všechny mé naděje a sny. Myslel jsem na to, jestli zase někdy budu jako před tím. Zabýval jsem se tím, jestli budu pracovat, jestli se ožením, jestli budu mít rodinu a jestli se budu těšit z nějaké činnosti, která mi před nehodou přinášela takovou radost.

Během tohoto kritického období přirozených pochybností a obav, kdy se mi celý můj svět zdál tak černý, přistoupila k mému nemocničnímu lůžku moje matka a zašeptala mi do ucha: „Arte, zatímco obtížné trvá dlouho... nemožné trvá jen o trochu déle." Náhle se ten tmavý pokoj začal naplňovat světlem naděje a víry v lepší zítřek.

Protože jsem si před jedenácti lety vyslechl tato slova, jsem nyní prezidentem své vlastní společnosti. Jsem profesionální mluvčí a publikovaný autor – *Some Miracles Take Time* (Některé zázraky si dají načas). Každoročně nacestuji více než 320 000 kilometrů a poselství: Nemožné trvá jen o trochu déle (The Impossible Just Takes a Little Longer™) sdílím se společnostmi Fortune 500, národními asociacemi, prodejními organizacemi a skupinami mládeže. Při některých příležitostech přesahuje počet posluchačů deset tisíc lidí. V roce 1992 mě Správa drobných podnikatelů (Small Business Administration) jmenovala mladým podnikatelem roku za oblast šesti států. V roce 1994 mě časopis *Success* označil za jednoho z největších návratů na scénu roku. Tohle jsou sny, které se v mém životě staly skutečností. Tyto sny se staly skutečností ne navzdory mým podmínkám... ale možná právě díky nim.

Od toho dne jsem se naučil řídit. Zajedu tam, kam chci, a dělám, co chci. Jsem úplně nezávislý a starám se sám o sebe. Od toho dne se mi vrátil do těla cit a znovu jsem nabyl částečné pohyblivosti pravého tricepsu.

Rok a půl po onom osudovém dni jsem si vzal tu původní krásnou a skvělou dívku. V roce 1992 mou ženu Dallas jmenovali Mrs. Utah a skončila na třetím místě v soutěži Mrs. USA! Máme spolu dvě děti – tříletou dceru McKenzie Raeanne a měsíc starého syna Daltona Arthura – radosti našich životů.

Také jsem se vrátil zpátky do světa sportu. Naučil jsem se plavat, potápět s dýchacím přístrojem a plachtit s padákem za lodí – pokud vím, jsem první člověk s všemi čtyřmi končetinami ochrnutými, který plachtí. Naučil jsem se, jak lyžovat na sněhu. Rovněž jsem se naučil, jak hrát naplno ragby. Myslím, že už mě víc zranit nemůžou! Také závodím na vozíčku ve všech závodech na deset kilometrů a maratonech. 10. července 1993 jsem se stal prvním kvadruplegikem na světě, který se účastnil závodu na 51 kilometrů za sedm dní mezi Salt Lake City a St. George v Utahu – asi nešlo o jednu z nejchytřejších věcí, jakou jsem kdy udělal, ale rozhodně byla tou nejtěžší.

Proč jsem podnikl všechny tyhle věci? Protože jsem se před dlouhou dobou rozhodl naslouchat hlasu své matky a svého srdce spíš než davu odmítavých hlasů kolem mě, mezi které žel patřili i lékařští odborníci. Rozhodl jsem se, že můj současný stav neznamená, že se musím vzdát všech svých snů. Našel jsem důvod znovu doufat. Naučil jsem se, že okolnosti sny nikdy nezničí, sny se rodí v srdci a v mysli a pouze tam mohou zase zaniknout. Protože obtížné trvá dlouho, nemožné trvá jen o trochu déle.

Art E. Berg

Den, kdy jsem se setkal s Danielem

Oddaný život stojí za to žít.

Annie Dillardová

Každý člověk má svůj vlastní osud, jedinou nutností je ho následovat, přijmout ho, ať nás vede kamkoli.

Henry Miller

Doufej v Hospodina celým svým srdcem a nespoléhej na svou opatrnost, na všech cestách svých měj ho na paměti, i bude spravovati tvoje stezky.

Kniha přísloví 3:5–6

Na první květnový den bylo neobyčejně chladno. Jaro už přišlo a všechno zářilo barvami. Ale studená fronta ze severu přinesla do Indiany zpátky zimní chlad.

Seděl jsem se dvěma přáteli u velkého okna jedné malebné restaurace hned na rohu náměstí. Jídlo a společnost byly toho dne mimořádně dobré. Jak jsme si povídali, má pozornost se náhle stočila ven přes ulici. Do města zrovna přicházel muž, který vypadal na to, že si všechny své pozemské statky nese na zádech. V ruce držel pěkně ošuntělý nápis, na kterém stálo: „Budu pracovat za jídlo."

Srdce mi spadlo velmi hluboko. Obrátil jsem k němu pozornost svých přátel a všiml jsem si, že i ostatní kolem nás přestali jíst a dívali se na něho. Hlavy se otáčely se smíšenými pocity smutku a neschopnosti uvěřit vlastním očím. Pokračovali jsme v jídle, jeho obraz mi však setrvával v mysli.

Dojedli jsme a rozloučili jsme se. Musel jsem něco zařídit, a tak jsem rychle vyrazil, abych to všechno stačil. Pohlédl jsem směrem k náměstí, tak nějak nesměle jsem hledal toho podivného návštěvníka. Hrozil jsem se, že když ho znovu spatřím, budu muset něco udělat.

Projel jsem městem, ale nikde jsem ho neviděl. Zakoupil jsem pár věcí v obchodě a nasedl jsem zpátky do auta. Z nitra na mě hovořil duch Boží: „Nevracej se zpátky do kanceláře, dokud alespoň ještě jednou neobjedeš náměstí."

A tak jsem se trochu váhavě vydal zpátky do města. Jak jsem zahnul za třetí roh, uviděl jsem ho. Stál na schodech kamenného vchodu kostela a prohraboval se ve svém pytli. Zastavil jsem a díval jsem se, cítil jsem, že si s ním chci promluvit, ale zároveň se mi chtělo odjet. Prázdné místo na zaparkování na rohu mi připadalo jako Boží znamení – výzva, abych zaparkoval. Zajel jsem tam, vystoupil jsem z auta a došel jsem k nejnovějšímu návštěvníkovi ve městě.

„Hledáte faráře?" zeptal jsem se.

„Ani ne," odpověděl. „Jen odpočívám."

„Jedl jste už dneska něco?"

„Hm, časně z rána jsem něco pojedl."

„Poobědval byste se mnou?“

„Máte nějakou práci, kterou bych pro vás mohl udělat?“

„Nemám,“ odvětil jsem. „Dojíždím sem za prací z města, ale rád bych vás vzal na oběd.“

„Proč ne,“ odpověděl s úsměvem. Když si začal sbírat své věci, zeptal jsem se ho na pár záležitostí.

„Kam máte namířeno?“

„Do St. Louis.“

„Odkud jste?“

„Odevšud, hlavně z Floridy.“

„Jak dlouho už takhle chodíte?“

„Čtrnáct let,“ dostalo se mi odpovědi.

Věděl jsem, že jsem se setkal s někým neobyčejným.

Seděli jsme naproti sobě v restauraci, kterou jsem opustil jen před několika málo minutami. Měl dlouhé rovné vlasy a pečlivě zastřiženou tmavou bradku. Kůži měl hodně opálenou, obličej mu ošlehalo počasí, takže vypadal trochu starší než na osmatřicet let. Oči měl tmavé, ale jasné, a hovořil pozoruhodně výmluvně a pečlivě vyslovoval. Sundal si kabát, pod nímž se objevilo jasně červené tričko s nápisem: Ježíš je nekonečný příběh.

A pak se přede mnou začal odvíjet Danielův příběh. V životě ho potkaly těžké chvíle. Špatně se rozhodl a musel čelit následkům. Před čtrnácti lety, když chodil jako turista s batohem po kraji, zastavil se na pláži v Daytoně. Pokusil se o práci u nějakých chlapíků, kteří dávali dohromady velký stan a nějaké vybavení. Patrně půjde o koncert, pomyslel si tehdy. Najali ho, ale ve stanu se neodehrál koncert, nýbrž duchovní shromáždění, na kterém spatřil život v jiných barvách. Věnoval svůj život Bohu.

„Od té doby se všechno změnilo,“ řekl. „Cítil jsem, jak mi Bůh říká, abych pokračoval ve své pouti, a tak jsem taky učinil, už je to čtrnáct let.“

„Myslíte někdy na to, že toho necháte?“ optal jsem se.

„Občas ano, když se zdá, že mě to příliš vyčerpává. Ale Bůh si mě povolal. Rozdávám Bible. Mám je tady v batohu. Pracuji, abych si mohl koupit jídlo a Bible, a rozdat je, když mě k tomu Jeho duch vede.“

Překvapilo mě to. Můj přítel bezdomovec vůbec žádný bezdomovec nebyl. Vykonával misi a tenhle způsob života si sám vybral. Nejprve mě ta otázka chvíli pálila na jazyku, ale pak jsem se přece jen zeptal: „Jaké to je?“

„Co?“

„Vejít do města se všemi věcmi na zádech a ukazovat ten nápis?“

„No, na začátku to bylo ponižující. Lidé na mě zírali a trousili různé poznámky. Jednou mi někdo hodil napůl snědený chleba a udělal u toho gesto, které mě rozhodně nevítalo. Ale pak jsem si skromně uvědomil, že se mým prostřednictvím Bůh dotýká životů a mění lidské pohledy na takové, jako jsem já.“

Můj pohled se také měnil.

Snědli jsme zákusek a posbírali jeho věci. Hned za dveřmi se na chvíli zastavil. Obrátil se ke mně a pronesl: „Pojď, ty požehnaný mým Otcem a vezmi si království, které jsem pro tebe přichystal. Protože když jsem měl hlad, podal jsi mi jídlo, když jsem měl žízeň, podal jsi mi pití, mě, cizího člověka, jsi pozval dovnitř.“

Měl jsem pocit, že stojíme na svaté půdě.

„Chtěl byste další Bibli?“ otázal jsem se. Řekl, že dává přednost jistému překladu. Dobře se s ním cestuje a není příliš těžký, šlo o jeho oblíbený překlad.

„Pročetl jsem ji čtrnáctkrát,“ poznamenal.

„Nevím, jestli tuhle máme, ale můžeme se zastavit v kostele a podívat se tam.“

Našel jsem pro svého nového přítele Bibli, která mu vyhovovala, vypadal velmi vděčně.

„Kam vyrazíte odsud?“

„No, našel jsem na tomhle kuponu do zábavního parku malou mapku."

„Doufáte, že vás tam na chvíli zaměstnají?"

„Ne, jen jsem si myslel, že bych tam měl zajít. Řekl bych, že někdo pod touhle hvězdou, přesně tady, potřebuje Bibli, takže se tam vydám."

Usmál se a vřelost jeho ducha vyzařovala upřímnost jeho mise. Zavezl jsem ho zpátky na náměstí, kde jsme se před dvěma hodinami setkali, a jak jsme jeli, začalo pršet. Zaparkovali jsme a vyložili jeho věci.

„Podepsal byste se mi do mé knihy autogramů?" zeptal se. „Rád si nechávám vzkazy od lidí, se kterými jsem se setkal."

Napsal jsem mu do malé knížky, že se jeho oddanost k vnitřnímu poslání dotkla mého života. Podpořil jsem ho, aby zůstal silný na duchu. A zanechal jsem ho s veršem z Písma svatého, Jeremiáš 29:11. „‚Neboť jsem si vědom toho, co zamýšlím s vámi,' dí Hospodin, ‚co zamýšlím pro vaše blaho, a ne utrpení – dáti vám budoucnost plnou naděje.' "

„Díky, člověče," poznamenal. „Vím, že jsme se právě potkali a že jsme si úplně cizí, ale mám vás rád."

„Já vím," poznamenal jsem. „Já vás mám taky rád."

„Bůh je dobrý."

„Ano, je. Jak dlouho vás nikdo neobjal?" zeptal jsem se.

„Už dlouho," odpověděl.

A tak jsme se s mým novým přítelem na rušném rohu v hustém mrholení objali a já jsem v hloubi duše cítil, že se se mnou stala změna.

Nandal si věci na záda, vítězoslavně se usmál a poznamenal: „Uvidíme se v Novém Jeruzalémě."

„Budu tam!" odvětil jsem.

Znovu se vydal na svou cestu. Vyrazil, nápis se mu houpal ze stočené deky a nákladu Biblí. Zastavil se, obrátil a řekl: „Až uvidíte něco, co mě vám připomene, pomodlíte se za mě?“

„Jasně,“ zavolal jsem nazpátek.

„Bůh vám žehnej.“

„Vám také.“

A tehdy jsem ho viděl naposledy.

Pozdě večer, když jsem odcházel z kanceláře, foukal silný vítr. Nad městem se nemilosrdně usadila studená fronta. Pořádně jsem si zapnul kabát a spěšně jsem vyrazil k autu. Jak jsem se usadil a natáhl jsem se pro ruční brzdu, spatřil jsem je – pár hodně obnošených tmavých pracovních rukavic, které ležely pěkně vyrovnané na rukojeti páky. Zvedl jsem je, pomyslel jsem na svého přítele a napadlo mě, jestli ho té noci bez nich nebudou zábst ruce. Vzpomněl jsem si na jeho slova: „Až uvidíte něco, co mě vám připomene, pomodlíte se za mě?“

Dnes leží jeho rukavice na mém stole v kanceláři. Pomáhají mi, abych viděl svět a jeho obyvatelstvo novým způsobem a abych si pamatoval na ty dvě hodiny se svým jedinečným přítelem a abych se pomodlil za jeho poslání.

„Uvidíme se v Novém Jeruzalémě,“ řekl.

Ano, Danieli, vím, že tě zase uvidím.

Richard Ryan

8

EKLEKTICKÁ MOUDROST

Moudrost vychází víc ze života než ze studia.

Neznámý autor

Boží práce

Danny Sutton, osmiletý chlapec, napsal pro svou učitelku z nedělní třetí třídy, která své studenty požádala, aby vysvětlili Boha, následující esej:

Jednou z hlavních prací Boha je vyrábění lidí. Zhotovuje je proto, aby jimi nahradil ty, kteří zemřeli, aby bylo stále dostatek lidí, kteří se na zemi starají o věci. Nedělá dospělé, vyrábí jen miminka. Myslím, že z toho důvodu, že jsou menší a že se líp dělají. Nemusí tak trávit svůj drahocenný čas tím, aby je učil chodit a mluvit. To prostě nechá na maminkách a tatíncích. Myslím, že to tak dobře funguje.

Druhou nejdůležitější prací Boha je naslouchání modlitbám. Těch si vyslechne opravdu hodně, protože někteří lidé, jako třeba kazatelé, se modlí víckrát než jen před spaním a děda s babičkou se modlí před každým jídlem kromě svačin. Bůh nemá čas, aby poslouchal rádio nebo aby se díval na televizi právě z tohohle důvodu. Protože Bůh všechno slyší, pak musí mít v uších pěkný rambajz, pokud teda ještě nepřišel na to, jak to všechno ztlumit.

Bůh všechno vidí a slyší a je všudypřítomný, takže má hodně práce. A tak byste neměli plýtvat jeho časem tím, že ho budete žádat o věci, které nejsou důležité, a nebo obcházet rodiče a chtít něco, co vám oni řekli, že mít nemůžete. Stejně to takhle nefunguje.

Dan Sutton, Kristova církev
St. Michael, Maryland
Předložila Vanessa Hewková

Moudrost jednoho slova

Jediný hovor u stolu s moudrým člověkem má cenu měsíčního studia knih.

Čínské přísloví

Není zajímavé, jak jeden člověk, který se podělí o jednu myšlenku ve správnou chvíli a na správném místě, může zcela změnit způsob vašeho života? A přesně tohle se stalo v mém životě. Když mi bylo čtrnáct, stopoval jsem z Houstonu v Texasu přes El Paso do Kalifornie. Následoval jsem svůj sen, cestoval jsem se sluncem. Vyloučili mě ze střední školy pro poruchu schopnosti učení, a tak jsem vyrazil surfovat největší vlny na světě, nejprve do Kalifornie a pak na Havaj, kde jsem později bydlel.

Když jsem dorazil do centra El Pasa, setkal jsem se na rohu ulice se starým mužem, vandrákem. Zahlédl mě, jak kráčím po ulici, a když jsem procházel kolem něho, začal se mě vyptávat na různé věci. Zeptal se mě, jestli utíkám z domova, asi proto že jsem vypadal tak mladě. Řekl jsem mu: „Ne tak docela, pane," protože mě můj otec zavezl na dálnici v Houstonu a dal mi požehnání, když pronesl: „Synu, je důležité, abys následoval svůj sen a to, co máš v srdci."

Ten tulák se mě pak zeptal, jestli by mi nemohl koupit šálek kafe. Odpověděl jsem: „Ne pane, ale cola by se šikla." Došli jsme na roh do obchodu s lihovinami, usadili jsme se na dvě otočné stoličky a vychutnávali jsme své nápoje.

Když jsme spolu několik minut hovořili, tak mě ten přátelský vandrák vyzval, abych ho následoval. Řekl, že má něco skvělého, co mi chce ukázat a chce se o to se mnou podělit. Přešli jsme několik bloků domů, až jsme dorazili do městské knihovny El Pasa v centru města. Vyšli jsme několik vstupních schodů a zastavili jsme se u malého informačního stánku. Tam ten vandrák promluvil na starou paní, která se mile usmívala, a požádal ji, jestli by nebyla tak hodná a nepohlídala mé věci, zatímco budeme v knihovně. Nechal jsem tedy své věci u této důvěryhodné osoby a vešel jsem do grandiózní vstupní haly učenosti.

Vandrák mě nejprve zavedl ke stolu a požádal mě, abych se posadil a chvíli počkal, zatímco on vyhledá něco speciálního na policích s knihami. Za několik okamžiků se vrátil se dvěma starými knihami v podpaží a položil je na stůl. Pak se usadil vedle mě a promluvil. Začal několika tvrzeními, která byla opravdu mimořádná a která změnila můj život. Řekl: „Existují dvě věci, které bych tě chtěl naučit, mladý muži, a to je: za prvé – nikdy neposuzuj knihu podle jejího obalu, protože obal tě může ošálit." Pokračoval: „Vsadil bych se, že si myslíš, že jsem vandrák, nebo se mýlím, mladý muži?"

Odvětil jsem: „No, hm, vlastně ano, řek' bych, že jo, pane."

„Nu, mladý muži, mám pro tebe malé překvapení. Jsem jedním z nejbohatších lidí na světě. Mám patrně všechno, co by si kdo mohl přát. Původně pocházím ze severovýchodu a mám všechno, co si člověk může za peníze pořídit. Ale před rokem mi zemřela žena, Bůh požehnej její duši, a od té doby hluboce pochybuji o životě. Uvědomil jsem si, že existují určité věci, které jsem v životě ještě nezažil, jednou z nich je, jaké to je žít jako vandrák na ulicích. Odhodlal jsem se, že tak budu žít přesně jeden rok. Celý minulý rok jsem dělal právě tohle, chodil jsem od města k městu. Takže jak vidíš, nikdy neposuzuj knihu podle jejího obalu, protože obal tě může ošálit."

„Za druhé – je důležité, aby ses naučit číst. Protože jen jedno jediné ti ostatní nemohou vzít – tvou moudrost." V té chvíli se natáhl, uchopil mě za pravou ruku a obě ruce položil na knihy, které vytáhl z polic. Byly to práce Platóna a Aristotela – nesmrtelných klasiků starých časů.

Vandrák mě pak zavedl zpátky kolem té staré paní u vchodu, co se tak usmívala, dolů po schodech na ulici a pak k místu, kde jsme se předtím setkali. Na rozloučenou mě požádal, abych nikdy nezapomněl, co mě naučil.

Nezapomněl jsem.

Otec John F. Demartini

Tajemství nebe a pekla

U silnice seděl starý mnich. Měl zavřené oči, zkřížené nohy a ruce složené do klína, jen seděl. V hluboké meditaci, seděl.

Náhle jeho *zazen* přerušil pronikavý a panovačný hlas válečníka samuraje: „Starče! Nauč mě všechno o nebi a o pekle!“

Nejprve mnich dělal, že nic neslyší, neodpovídal. Ale postupně začal pomalu otevírat oči, zcela slabounký náznak smíchu mu pohrával v koutcích úst, jak tam ten samuraj netrpělivě stál a každá uplynulá vteřina ho ještě víc znervózňovala.

„Přeješ si znát tajemství nebe a pekla?“ promluvil nakonec mnich. „Ty, který jsi tak neupravený. Ty, jehož ruce a nohy jsou pokryté špínou. Ty, jehož vlasy jsou rozcuchané, jemuž páchne z pusy, jehož meč je celý zrezlý a zanedbaný. Ty, který jsi ošklivý a matka tě tak strašně obléká. Ty se mě ptáš na nebe a peklo?“

Samuraj odporně zaklel. Vytasil meč a zvedl ho vysoko nad hlavu. Obličej mu zbrunátněl a na krku se mu napjaly žíly, jak se připravoval mnichovi setnout hlavu.

„Tak tohle je peklo,“ pronesl mírně mnich, když meč začal klesat dolů.

V tom zlomku vteřiny se samuraje zmocnilo překvapení, posvátná hrůza, slitování a láska k tomuto jemnému člověku, který se odvážil riskovat svůj vlastní život, aby mu udělil takové ponaučení. Zarazil meč ve vzduchu a oči se mu zalily vděčnými slzami.

„A tohle," pokračoval mnich, „je nebe."

Otec John W. Groff Jr.

Jak vypadá odvaha

Vím, jak vypadá odvaha. Viděla jsem ji za letu, který jsem podnikla před šesti lety, a teprve nyní o tom mohu mluvit, aniž by se mi při té vzpomínce nahrnuly slzy do očí.

Když naše letadlo L1011 toho pátečního rána opustilo letiště v Orlandu, byli jsme veselí pasažéři plní energie. Tak časného ranního letu se účastnili hlavně profesionálové, kteří pracovně letěli na den či dva do Atlanty. Když jsem se rozhlédla kolem sebe, viděla jsem obleky šité na míru, perfektní zástřihy vlasů, kožené diplomatky a všechny ty drobnosti, které nerozlučně patří k obchodním cestujícím. Usadila jsem se, abych si během krátkého letu, který mě čekal, mohla číst nějakou nenáročnou knížku.

Hned po vzlétnutí bylo jasné, že něco není v pořádku. Letadlo sebou házelo nahoru a dolů, ze strany na stranu. Všichni zběhlí cestovatelé, včetně mě, se kolem sebe rozhlédli se znaleckým úšklebkem. Vzájemně jsme si vyměnili pohledy, jako že nějaké ty malé problémy a poruchy jsme už párkrát předtím zažili. Když člověk hodně létá, bývá občas svědkem podobných věcí a naučí se brát je na lehkou váhu.

Dlouho nám to ale nevydrželo. Po pár minutách letu začalo naše letadlo rychle ztrácet výšku a jedno křídlo se prudce stočilo dolů. Letadlo vystoupalo výš, ale nebylo to nic platné. Nepomohlo to. Pilot brzy vážně oznámil.

„Máme jisté problémy," řekl. „V současné chvíli se zdá, že nemůžeme ovládat příďové kolo. Kontrolní ukazatele oznamují, že nám přestal fungovat hydraulický systém. Vrátíme se na letiště v Orlandu. Protože nám hydraulika nefunguje, nevíme jestli se nám nezablokuje podvozek, a proto vás naše letušky připraví na tvrdé přistání. Podíváte-li se ven z oken, uvidíte, že vypouštíme z letadla palivo. Chceme ho mít na palubě co nejméně právě pro případ tvrdého přistání."

Jinými slovy jsme se měli každou chvíli zřítit. Po ničem člověk nevystřízliví natolik, jako když vidí stovky litrů paliva, jak mu z nádrží letadla proudem stékají po okně. Letušky pomohly připravit cestující do havarijní polohy a utěšily ty, kteří už začali být hysteričtí.

Když jsem se rozhlédla po obličejích svých obchodních spolucestujících, překvapila mě ta náhlá změna v jejich tvářích. Mnozí z nich měli viditelně strach. Dokonce i ti nejklidnější vypadali zachmuřeně a byli popelavě bledí. Ano, jejich obličeje skutečně byly sinalé, nikdy před tím jsem nic podobného neviděla. Bez výjimky. *Nikdo nestojí tváří tvář smrti beze strachu,* pomyslela jsem si. Všichni tu svou vyrovnanost nějak ztratili.

Začala jsem v davu hledat jediného člověka, který by vypadal usmířeně a klidně, kterému v podobné situaci dodávala sílu skutečná odvaha nebo hluboká víra. Nemohla jsem ale najít nikoho.

Pak jsem několik řad vlevo ode mě zaslechla klidný, vyrovnaný hlas, ženský hlas, který hovořil naprosto normálním konverzačním tónem. Nebylo v něm stopy po žádném chvění ani napětí. Byl to překrásný, klidný hlas. Musela jsem najít jeho zdroj.

Všude kolem lidé křičeli. Mnozí naříkali a hlasitě kvíleli. Několik mužů se svou vyrovnanost snažilo zachovat tím, že křečovitě svírali opěradla sedadel a zatínali zuby, ale svůj strach jednoduše zakrýt nemohli.

I když mi má víra pomáhala od hysterie, nemohla bych v této situaci mluvit tak klidně, tak sladce jako ten hlas, který jsem slyšela. Nakonec jsem ji spatřila.

Uprostřed toho všeho chaosu matka mluvila, jen mluvila, na své dítě. Žena kolem pětatřiceti, jinak ničím zvláštní, upřeně hleděla do obličeje své dcery, která vypadala asi tak na čtyři roky. Dítě pozorně naslouchalo, cítilo důležitost slov své matky. Matčin upřený pohled udržoval dítě tak napjaté a soustředěné, že se zdálo, že se ho vůbec nedotýkají okolní zvuky katastrofy a strachu.

Myslí mi proletěl obrázek další malé dívenky, která nedávno přežila hrozné letecké neštěstí. Říkalo se, že přežila proto, že ji matka zalehla svým tělem, aby ji ochránila. Matka nepřežila. Noviny průběžně přinášely zprávy, jak se o malou holčičku týdny starali psychologové, aby zahnali pocity viny a bezcennosti, které často nepřestávají strašit ty, kteří přežijí. Znovu a znovu dívence opakovali, že to není její vina, že maminka odešla. Doufala jsem, že tato situace neskončí podobně.

Snažila jsem se zachytit, co tato matka svému dítěti říká. Musela jsem to slyšet. Potřebovala jsem to slyšet.

Nakonec jsem se k nim naklonila a nějakým zázrakem jsem zaslechla ten měkký, jistý hlas s uklidňujícím tónem. Matka pořád dokola opakovala: „Mám tě moc ráda. Víš určitě, že tě mám nejradši ze všeho na světě?“

„Ano, mami,“ odpověděla malá holčička.

„A nezapomeň, ať se stane cokoli, že tě vždycky budu mít ráda. A že jsi moc hodná holka. Někdy se něco stane, co není tvoje vina. Jseš ale pořád moje hodná holka a má láska s tebou bude napořád.“

Pak se svým tělem položila na tělo své dcery, přepásala kolem obou bezpečnostní pás a připravila se na havárii.

Z nějakého nevysvětlitelného důvodu se nám podvozek nakonec otevřel a naše přistání se nestalo tragédií, která se zdála tak nevyhnutelná. Za několik vteřin bylo po všem.

Ten hlas, který jsem toho dne zaslechla, ani jednou nezakolísal, ani jedenkrát nepřipustil sebemenší pochybnost a zachoval si svou vyrovnanost, která se zdála citově a fyzicky úplně nemožná. Ani jediný z nás ostřílených podnikatelů by nebyl schopen promluvit, aby se mu netřásl hlas. Pouze ta největší odvaha, podpořená ještě větší láskou, mohla tuto matku posílit a vyzvednout ji nad veškerý ten chaos okolo.

Ta matka mi ukázala, jak vypadá opravdový hrdina. A na těch několik minut jsem slyšela hlas odvahy.

Casey Hawleyová

Anděl s červeným kloboukem

Když jsem seděla v malé restauraci naproti klinice Mayo, měla jsem příšerný strach, i když bych ho nikomu nepřiznala. Následující den jsem se měla stát na klinice pacientkou, měla jsem se podrobit operaci páteře. Byl to velmi riskantní zákrok, ale má víra byla silná. Jen před několika týdny jsem pohřbila svého otce. Mé strážné světlo povolali zpět do nebe – „O božský Otče, v čase mého soudu, pošli za mnou anděla."

Jak jsem zvedla hlavu a sbírala jsem se k odchodu, zahlédla jsem starší paní, jak se pomalu šourá k pokladně. Postavila jsem se za ni a obdivovala jsem její cit pro módu – světlé vzorované červenofialové šaty, šátek, brož a výrazný červený klobouk. „Promiňte, paní, jen vám chci říct, jak vám to sluší. Spravila jste mi náladu."

Sevřela mi ruku a pronesla: „Mé sladké dítě, požehnej ti Bůh, jak vidíš, mám umělou paži a v té druhé mám hřeb, ani noha už není má. Dlouho mi trvá, než se obléknu. Snažím se, jak nejlépe dovedu, ale postupem času se zdá, že to lidé již nepovažují za důležité. Díky tobě se dnes cítím velmi výjimečně. Ať na tebe dohlíží Bůh a ať ti požehná, protože ty musíš být jedním z jeho malých andělíčků." Když mě pak opustila, neřekla jsem ani slovo, protože se mé duše dotkla takovým způsobem, jakým to mohl udělat jen anděl.

Tami Foxová

Nikdy není příliš pozdě

Před několika lety, když jsem navštěvovala komunikační kurs, jsem zažila nejneobvyklejší metodu. Instruktor nás požádal, abychom si sestavili seznam všech věcí z minulosti, za které se stydíme, za které cítíme vinu, které považujeme za nedodělané nebo kterých litujeme. Následující týden členy kursu vyzval, aby své seznamy přečetli nahlas. Zdálo se mi to jako velmi soukromá záležitost, ale v davu se vždycky najde nějaký odvážlivec, který se dobrovolně nabídne. Jak lidé četli své seznamy, můj seznam se stále zvětšoval. Po třech týdnech jsem měla na seznamu 101 položku. Instruktor potom navrhl, abychom se pokusili najít nápravu, abychom se lidem omluvili nebo abychom podnikli něco pro to, abychom křivdu napravili. Vážně jsem pochybovala, že právě tohle by někdy mohlo zlepšit mou komunikaci, a představovala jsem si, jak si znepřátelím všechny své blízké.

Další týden se přihlásil muž vedle mě a nabídl nám svůj příběh:

Když jsem připravoval svůj seznam, vzpomněl jsem si na jednu událost ze střední školy. Vyrostl jsem na malém městě ve státě Iowa. Měli jsme ve městě šerifa, kterého nikdo z nás dětí neměl rád. Jedné noci jsme se společně se dvěma kamarády rozhodli, že šerifu Brownovi vyvedeme nějakou taškařici. Vypili jsme několik piv, našli jsme červený sprej, vylezli jsme na vysokou vodárnu uprostřed města a na vodní nádrž jsme zářivě červenými písmeny napsali: Šerif Brown je vůl. Příštího rána se město probudilo a spatřilo náš velkolepý nápis. Během dvou hodin jsme všichni tři seděli u šerifa Browna v kanceláři. Mí kamarádi se přiznali a já jsem lhal, všechno jsem popřel. Nikdo na to nepřišel.

Skoro po dvaceti letech se na mém seznamu objevilo jméno šerifa Browna. Nevěděl jsem, jestli je ještě naživu. Minulý víkend jsem zavolal na informace v mém rodném městě v Iowě. A skutečně tam na šerifa Browna ještě měli telefon. Vytočil jsem ho. Po několika zazvoněních jsem zaslechl: „Haló?" Zeptal jsem se: „To je šerif Brown?" Pomlka. „Jo." „No, já jsem Jimmy Calkins. A chci, abyste věděl, že jsem to udělal." Pomlka. „Já to věděl!" vykřikl. Srdečně jsme se tomu zasmáli a pěkně jsme si popovídali. Na závěr pronesl: „Jimmy, vždycky mi tě bylo líto, protože tví kamarádi se té tíhy zbavili a mně bylo jasné, že ty s ní celé ty roky musíš chodit. Chci ti poděkovat, žes mi zavolal... kvůli tobě."

Jimmy mě inspiroval k tomu, že jsem na svém seznamu vyškrtala 101 položku. Trvalo mi to skoro dva roky, ale stalo se to odrazištěm a skutečnou inspirací pro mou kariéru člověka, který urovnává spory. Nezáleží na tom, jak je spor, krize nebo situace obtížná, vždycky si vzpomenu, že nikdy není příliš pozdě, aby se minulost napravila a aby se začalo s řešením.

Marilyn Manningová

Stanice

Hluboko v našem podvědomí je zasunutá idylická vize. Sami sebe vidíme na dlouhé cestě, která přetíná celý kontinent. Cestujeme vlakem. Okny do sebe vpíjíme pomíjivou scénu aut na nedalekých dálnicích, dětí, které mávají na přejezdech, upřených pohledů dobytka na vzdáleném kopci, kouře vycházejícího z elektrárny, nekonečných lánů kukuřice a pšenice, rovin a údolí, hor a kopcovitých krajin, městských siluet a vesnických radnic.

Ale na nejpřednějším místě je v našich myslích konečná stanice. Určitého dne v určitou hodinu do té stanice dorazíme. Budou nám vyhrávat orchestry a mávat vlaječky. Až se tam dostaneme, mnohé z krásných snů se stanou skutečností a kousky z našich životů do sebe budou přesně zapadat jako dílky skládačky. Jak nedočkavě přecházíme po chodbičkách, zatracujeme minuty, že se tak loudají – čekáme, čekáme, čekáme na stanici.

„Až dorazíme do stanice, to bude ono!" vykřikujeme. „Až mi bude osmnáct." „Až si koupím nový Mercedes Benz 450SL!" „Až mé nejmladší dítě vystuduje univerzitu." „Až zaplatím hypotéku! " „Až mě povýší." „Až se dostanu do důchodu, pak budu žít šťastně na věky!"

Dříve či později si musíme uvědomit, že neexistuje žádná stanice, žádné místo, kam bychom jednou provždy dojeli.

Opravdovou radostí života je samotná cesta. Neustále nás předbíhá.

„Vychutnejte si okamžik“ je dobré motto, obzvláště, když se spojí se žalmem 118:24: „Toť jest den, jejž učinil Hospodin, plesejme a veselme se v něm!" Člověka nedovádějí k šílenství tíhy dneška. Těmi jsou projevy lítosti nad minulostí a strach ze zítřka. Lítost a strach jsou dva spříznění zloději, kteří nás okrádají o dnešek.

Tak přestaňte přecházet po chodbičce a počítat kilometry. Místo toho zdolejte víc hor, snězte víc zmrzliny, choďte víc naboso, plavte v řekách, sledujte víc západů slunce, víc se smějte a méně plačte. Život se musí žít, tak jak plyne. Stanice se objeví už tak příliš brzy.

Robert J. Hastings

PAN BOFFO Joe Martin

Ještě trochu slepičí polévky?

Mnohé příběhy a básně, které jste si v této knize přečetli, nám předložili čtenáři, jako jste vy, poté, co se jim dostaly do rukou první dva díly *Slepičí polévky pro duši*. Také vás vybízíme, abyste se podělili o příběh, básničku nebo článek, o kterých si myslíte, že by měly být součástí příštího dílu *Slepičí polévky pro duši*. Může se jednat o příběh, který vystřihnete z místních novin, časopisu nebo církevních či firemních informačních bulletinů. Může jít o něco, co vám přijde faxem, o oblíbený citát, který máte připevněný na dveřích lednice, o báseň, kterou jste sami napsali, nebo o osobní zkušenost, která na vás hluboce zapůsobila.

Každý rok máme v úmyslu vydat novou knihu *Slepičí polévky pro duši*. Rovněž plánujeme zvláštní sbírky pro ty, kteří přežili rakovinu, pro ty, kteří se zbavují závislostí, pro učitele, rodiče, páry, prodavače, křesťany, židy, ženy, dospívající mládež, atlety, milovníky domácích zvířat a pro obchodníky a dále i výbor vánočních příběhů a zvláštní díl humorných příběhů s názvem *Slepičí polévka pro rozesmátou duši*.

Zašlete nám kopii svých oblíbených příběhů a dalších literárních prací přímo na adresu:

Jack Canfield and Mark Victor Hansen
The Canfield Training Group
P.O. Box 30880 Santa Barbara, CA 93130
Fax: 805-563-2945

Postaráme se o to, aby se vám i autorovi dostalo za váš příspěvek patřičného ocenění. Za všechno, co nám pošlete vám předem děkujeme.

Přednášky, semináře a praktické kursy: Na shora uvedenou adresu si také můžete napsat o podrobnosti o našich informačních bulletinech, dalších svépomocných knihách, zvukových nahrávkách, praktických seminářích a školicích programech a rovněž si můžete objednat přednášky.

Kuchyně polévek pro duši

Jeden z nejvíce vzrušujících výsledků, které doprovázely knihu *Slepičí polévka pro duši*, byl její dopad na čtenáře na státní podpoře, na bezdomovce či na vězně ve státních nápravných ústavech. Uvádíme zde pouze jeden výňatek z dopisu, který jsme obdrželi od vězně z nápravného zařízení Billerica v Massachusetts:

> *Svůj výtisk* Slepičí polévky *jsem získal, když jsem navštěvoval desetitýdenní kurs alternativy za násilí. Od té doby, co jsem si tuto knihu přečetl, celá má perspektiva vězně komunikujícího s dalšími vězni se dramaticky změnila. Už necítím touhu po násilí, a ani k nikomu nechovám nenávist. Tyto překrásné příběhy požehnaly mou duši. Prostě vám nemohu dost poděkovat.*
>
> *S upřímným pozdravem*
> *Phil S.*

Dospívající dívka napsala:

Právě jsem dočetla vaši knihu Slepičí polévka pro duši. *Po jejím přečtení mám pocit, že jsem schopná dokázat úplně všechno. Víte, vzdala jsem se mnohých svých snů – jako cestovat kolem světa, jít na vysokou školu, vdát se a mít děti, ale po přečtení této knihy cítím, že mám sílu, abych zvládla úplně všechno. Moc dík!!*

Erica Lynn P. (věk 14 let)

Z toho důvodu jsme založili projekt Kuchyně polévky pro duši (The Soup Kitchens for the Soul Project). Do dnešního dne jsme rozdali přes 15 000 výtisků knih *Slepičí polévka pro duši* a *Slepičí polévka pro duši – 2. porce* mužům a ženám ve vězeních, nápravným zařízením s mírnou ochranou, útulkům pro bezdomovce, útulkům pro týrané ženy, programům pro zvyšování gramotnosti, školám v chudinských čtvrtích, útulkům pro pacienty s AIDS, nemocnicím, kostelům a dalším organizacím, které slouží dospělým a dospívající mládeži v nouzi.

Vítáme vás a vyzýváme vás k účasti na tomto projektu následujícími způsoby. Za každých 12 dolarů a 95 centů, jimiž přispějete, zašleme dva výtisky knihy *Slepičí polévky* do vězení, na městské policejní stanice, do útulků, do domovů pro opuštěné a dalším nevýdělečným organizacím. Rovněž vás zveme, abyste nám napsali jména dalších vhodných institucí či skupin, o nichž si myslíte, že by výtisky těchto knih měly obdržet.

Program bude spravovat Nadace pro zvýšení sebevědomí (The Foundation for Self-Esteem) v Culver City, v Kalifornii. Šek prosím vypište na: The Foundation for Self-Esteem a zašlete ho na následující adresu:

Soup Kitchens for the Soul
The Foundation for Self-Esteem
6035 Bristol Parkway
Culver City, CA 90230
nebo
zavolejte na telefonní číslo: 310-568-1505 a přispějte prostřednictvím kreditní karty.

Příjem vašeho příspěvku potvrdíme a dáme vám vědět, kam byly zaslány knihy, které jste zaplatili.

Dejte dar života

Z celého srdce doufáme, že příběhy uvedené v této knize znovu nabily naše čtenáře energií zvýšeného porozumění a daly jim podnět, jak mohou sami smysluplně ovlivnit životy ostatních.

Jedním z nejpřímějších a nejdůležitějších způsobů, jak svůj zájem a starostlivost převedete do okamžitého jednání, je, že darujete krev. Každé dvě vteřiny někdo potřebuje dar, který zachrání život – krev. Zavolejte prosím ihned na nejbližší transfúzní stanici, abyste se objednali na dobrovolný odběr krve v místě vašeho bydliště.

Při tvorbě této knihy jsme si za organizaci, již podpoříme, vybrali Americký červený kříž. Podstatnou část ze zisku *Slepičí polévky pro duši – 3. porce* věnujeme Americkému Červenému kříži. Rovněž zaměstnancům Červeného kříže darujeme výtisky této knihy, abychom je podpořili v důležité práci, kterou vykonávají, aby udržovali zásobu krve pro Spojené státy. Přemýšlíme současně o další knize, v níž bychom vám rádi vyprávěli o hrdinech Červeného kříže.

Americký Červený kříž slouží svému národu už přes sto let prostřednictvím širokého spektra služeb společnosti, mezi něž patří pomoc při katastrofách, zdravotní a bezpečnostní vzdělávání a služba ozbrojeným silám. Doufáme, že se i vy budete informovat o možnostech, jak podobné důležité služby podpořit poskytnutím svého času, či snad finanční podpory i u vás.

Vyzýváme vás, abyste pomohli. Nezapomeňte, prosím, že sjednáním odběru krve, můžete zachránit život svému krajanovi, sousedovi či někomu, koho máte rádi.

Kdo je Jack Canfield?

Jack Canfield je jedním z nejpřednějších amerických expertů na rozvoj lidského potenciálu a osobní výkonnosti. Je to velmi dynamický a zábavný mluvčí a nesmírně vyhledávaný instruktor, který má skvělou schopnost informovat posluchače o možnostech zvyšování sebevědomí a maximálního výkonu a zároveň je inspirovat.

Napsal a namluvil několik nejprodávanějších zvukových a obrazových programů včetně: *Slepičí polévka pro duši – naživo, Self Esteem and Peak Performance, How to Build High Self-Esteem* a *Self-Esteem in the Classroom.* Pravidelně je vídán v televizních pořadech jako je *Dobré ráno, Ameriko (Good Morning America), 20/20, Z očí do očí (Eye to Eye)* a *Noční zprávy NBC (NBC Nightly News).* Autorsky se podílel na deseti knihách, mezi něž patří: *Slepičí polévka pro duši, Slepičí polévka pro duši – 2. porce, Kuchařka slepičí polévky pro duši, Dare to Win* a *The Aladdin Factor* (všechny společně s Markem Victorem Hansenem) a *100 Ways to Build Self-Concept in the Classroom* (společně s Haroldem C. Wellsem).

Jack každoročně oslovuje přes stovku skupin. Mezi jeho „zákazníky" patří profesionální asociace, školské obvody, vládní úřadovny, kostely, prodejní a obchodní organizace. Jeho klienty z řad velkých podniků představují giganti jako the American Management Association, AT&T, Campbell Soup, Clairol, Domino's Pizza, G.E., ITT Hartford Insurance, Johnson & Johnson, NCR, New England Telephone, Re/Max, Scott Paper, Sunkist, Supercuts, TRW a Virgin Records. Jack je rovněž členem profesorského sboru dvou škol pro podnikatele – Income Builders International a the Life Success Academy.

Jack také řídí každoroční osmidenní program školení instruktorů v oblastech sebevědomí a maximálního výkonu. Školení přitahuje vzdělavatele, konzultanty, instruktory rodičovství, podnikové instruktory, profesionální mluvčí, kazatele a další, kteří mají zájem na zlepšení svých řečnických a vůdčích schopností.

O další informace o Jackových knihách, nahrávkách a školeních si napište prosím na adresu:

The Canfield Training Group
P. O. Box 30880
Santa Barbara, CA 93130
Volejte zdarma na tel číslo:
800-237-8336 nebo faxujte: 805-563-2945

Kdo je Mark Victor Hansen?

Mark Victor Hansen je profesionální mluvčí, který za posledních dvacet let hovořil k více než milionu lidí ve 32 zemích, pořádal přes 4000 seminářů v oblastech prodejní dokonalosti a strategií a posílení a rozvoje osobnosti.

Mark zasvětil celoživotní práci své misi hlubokého a pozitivního ovlivňování lidských životů. Za svou kariéru už inspiroval několik set tisíc lidí, aby si sami pro sebe utvořili dynamičtější a smysluplnější budoucnost, čímž podnítil prodej zboží a služeb přesahující miliardy dolarů.

Mark napsal velké množství knih, mezi něž patří *Future Diary, How to Achieve Total Prosperity, The Miracle of Tithing* a *Dare to Win* – poslední dvě ve spolupráci s Jackem Canfieldem a všechny velmi úspěšné.

Krom přednášek a psaní Mark také nahrál na kazety a videokazety kompletní knihovnu programů o osobním posílení, které jeho posluchačům umožnily odhalit a využít skryté vnitřní schopnosti v podnikání a osobních životech. Díky svému poslání se rovněž stal populární osobností televize a rozhlasu a vystupuje na televizních stanicích

ABC, NBC, CBS, CNN a HBO.

Mark se rovněž objevil na úvodních stránkách mnohých časopisů, např. *Success* a *Changes*. Časopis *Success* publikoval jeho úspěchy na úvodní straně vydání ze srpna roku 1991.

Mark je velký člověk se velkým srdcem a velkým duchem, je zdrojem inspirace pro všechny, kteří hledají své lepší já.

Marka můžete kontaktovat na adrese:

711 W. 17th Street #D2, Costa Mesa,
CA 92627 nebo na telefonním čísle:
714-759-9304
(mimo Kalifornii volejte 800-433-2314).

Přispěvatelé

Mnohé příběhy v této knize jsme převzali z knih a časopisů, které jsme četli. Tyto zdroje uvádíme v části „Povolení". Některé příběhy a básně nám poskytli naši přátelé, kteří jsou – podobně jako my – profesionální mluvčí. Budete-li je chtít kontaktovat a získat od nich informace o jejich knihách, nahrávkách a seminářích, můžete je zastihnout na adresách a telefonních číslech uvedených níže.

Mnohé příběhy nám zaslali čtenáři, jako jste vy, kteří byli po přečtení prvních dvou dílů *Slepičí polévky pro duši* inspirováni, aby nám předložili příběh své vlastní životní zkušenosti. Zmiňujeme se i o nich.

Richard R. („Dick") Abrahamson, PhDr. je profesorem literatury pro děti a mládež na Vysoké škole pedagogické při Houstonské univerzitě. Dr. Abrahamson je autorem více než 100 článků o dětských knihách a motivaci ke čtení, obdržel ocenění Asociace vzdělávacích publikací (Education Press Association) za skvělé práce v oblasti vzdělávání. Je častým poradcem školních obvodů a programovým mluvčím na konferencích, které se zabývají zvyšováním gramotnosti a schopnosti číst. Je ho možné zastihnout na Katedře učebního plánu a instrukcí – Department of Curriculum and Instruction, University of Houston, TX 77204-5872.

M. Adamsová se narodila v Rusku a v roce 1924 se společně se svými rodiči a skoro celou rodinou přistěhovala do Kanady. Je matkou sedmi dětí – jednoho syna a šesti dcer. Její zesnulý manžel bojoval v obou světových válkách. Věří v pomoc druhým a mnoho dobrovolné práce poskytla nemocnici pro veterány. Žije v Manitobě, kde se těší z lásky a podpory své rodiny.

Thea Alexanderová je autorkou *2150 A. D.* a *Macro Philosophy,* které změnily miliony životů stejně jako i její sedmý titul *Macro Study Series.* Thea získala ocenění v *Marquis Who's Who* za neustávající snahu o zlepšení světa kolem nás, přednášela na mezinárodních seminářích, vytvořila novinový sloupek a řídila dvě série televizních rozhovorů. Vystudovala (Phi Beta Kappa) obor studijní poradce, zformovala novou zhuštěnou techniku (v rozmezí dvou až šesti hodin), která lidem pomáhá využít svých maximálních schopností. Tato technika se nazývá: Výuka osobního rozvoje (Personal Evolution Tutoring) a Thea ji jednak sama používá, ale učí ji používat i ostatní. Můžete jí napsat na adresu P. O. Box 26880, Tempe, AZ 85285-6880 nebo zavolat na tel.: 602-991-7077 nebo faxovat: 602-991-0766.

Robert G. Allen, autor skvělých bestsellerů *New York Times*: *Nothing Down* a *Creating Wealth,* je jedním z nejvlivnějších amerických investičních poradců. V současné době tisíce milionářů vděčí za svůj úspěch efektním nápadům pana Allena. Je oblíbeným televizním a rozhlasovým hostem, objevuje se v takových programech jako je *Good Morning America* a *Larry King*. Už se o něm psalo v novinách *The Wall Street Journal, Los Angeles Times, Barron's* a *Reader's Digest,* abychom si uvedli alespoň některé z nich. Žije v San Diegu se svou ženou Daryl a svými třemi dětmi.

Beth Ashleyová je fejetonistka a pravidelná dopisovatelka pro *Independent Journal* v okrese Marin v Kalifornii a je autorkou *Marin,* knihy o této oblasti. Ve fejetonech pojednává o své práci, rodině a složitostech života v devadesátých letech tohoto století. Její úvodní články často popisují mnohé zajímavé a uznávané jedince, kteří bydlí tam, kde ona pracuje – na druhé straně mostu Golden Gate Bridge v San Francisku. Za jedenadvacet let svého působení v *Independent Journal* Ashleyová pracovala v Paříži, Berlíně, Moskvě a Beijingu. Můžete se s ní spojit na adrese: 348 Bretano Way, Greenbrae, CA 94904, tel.: 415-461-2383 nebo u ní v práci: Independent Journal, Box 6150, Novato, CA 94958, telefon: 415-382-7281.

Art E. Berg je prezidentem společnosti Invictus Communications, Inc. a bydlí v Highlandu v Utahu. Je profesionální mluvčí, který každoročně nacestuje 320 000 kilometrů. Vyslechlo si ho už přes milion lidí. Art napsal dvě knihy: *Some Miracles Take Time* a *Finding Peace in Troubled Waters*. O další informace o Artu Bergovi si napište do Invictus Communications, Inc., PO Box 246, Highland, UT 84003 (fax 800-400-0084, e-mail: 74117.332@compuserve.com nebo zavolejte na telefonní číslo: 800-ART-BERG/ 800-278-2374/).

Otec Brian Cavanaugh, TOR, začal sbírat citáty, anekdoty a příběhy jen jako určitou formu terapie psaním deníku. V průběhu let dokončil přes 40 ručně psaných deníků. Čerpá z této sbírky a píše *Apple Seeds,* měsíční list citátů o motivaci a inspiraci. Z těchto deníků rovněž vznikly čtyři knihy, které vydalo nakladatelství Paulist Press pod názvy: *The Sower's Seeds: One Hundred Inspiring Stories for Preaching, Teaching and Public Speaking; More Sower's Seeds: Second Planting; Fresh Packet of Sower's Seeds: Third Planting* a *Sower's Seeds Aplenty: Fourth Planting*. Otec Brian je „instruktor motivace“, vypráví příběhy. Otce Briana je možné zastihnout na adrese: Franciscan University, Steubenville, OH 43953.

Alan Cohen vnáší do duševní obrody nejvyšší hladinu lásky a energie. Alan je autorem deseti populárních knih o inspiraci, patří mezi ně klasické dílo *The Dragon Doesn't Live Here Anymore* a jeho nedávný bestseller *I Had It All the Time*. Nabízí mocnou introspekci k využívání duševních principů v praktickém životě. Alanův agenturní fejeton *From the Heart* se objevuje v mezinárodních časopisech nového myšlení. Autor James Redfield ho v *Celestine Prophecy* popisuje jako „nejvýmluvnějšího mluvčího srdce". Alan v sobě sdružuje vzácnou kombinaci moudrosti, humoru, důvěrné blízkosti a předvídavosti.

James E. Conner, Ed. D. je prezidentem společnosti Possibilities Unlimited. Po rušné kariéře učitele, ředitele, profesora a prezidenta vysoké školy, specialisty na učební plán, nejvyššího člena pro oblast vzdělávání při Americké obchodní komoře, fejetonisty pro národní vzdělávací deník a pisatele proslovů pro guvernéra je v současné době na volné noze a píše duchařské příběhy. Svůj zájem soustřeďuje na způsob, jakým by americké školy mohly dosáhnout skutečného pokroku ve vzdělávání, a na obohacování čtenářů o články a příběhy, které popisují triumf lidského ducha. Je možné se s ním spojit na adrese: 4505 Leaf Court, Raleigh, NC 27612. Telefon: 919-782-0069.

Valerie Coxová je autorka sbírky původních, humorných a inspirativních básní, prózy a limericků – *Valerie's Verse*. V současné době pracuje na druhé knize *Hugs and Other Works of Heart*. Valerie se svým manželem Rickem vede školicí semináře, které se zabývají reklamou a podnikáním. Rovněž ráda řídí dva církevní sbory při soukromých sanatoriích. Valerii je možné kontaktovat na adrese: 31849 Pacific Hwy. South, Suite 210, Federal Way, WA 98003 nebo na telefonu: 206-781-7317.

Kathi M. Curryová vystudovala administrativu rekreace na Státní univerzitě Chico, v Chicu, v Kalifornii. 15. dubna 1996 dosáhla svého celoživotního snu, když se zúčastnila 100. běhu Bostonského maratonu. Kathi se přestěhovala z Havaje do Pleasant Hill v Kalifornii.

Beth Daltonová je učitelka třetí třídy v Cookeville v Tennessee. Má manžela, dva syny (Ryana, 15 let, a Billyho, 11 let) a jednoho speciálního anděla, Tannera. V roce 1982 obdržela titul bakalářky přírodních věd na Technické univerzitě v Tennessee a v roce 1990 se vrátila zpátky do školy, aby si dokončila titul magistry a získala osvědčení ke vzdělávání žáků od mateřských škol do třetích tříd. Měla štěstí, že se stala učitelkou základní školy Cane Creek, kterou otevřeli v srpnu roku 1995. Kontakt na Beth: 1150 Wintermill, Cookeville, TN 38501.

Otec John Demartini je výzkumník, spisovatel a filozof, jehož studia z něj udělaly vedoucího experta v osobním rozvoji, filozofii a zdraví. Má vrozenou schopnost novátorství, motivace a nadchnutí svých posluchačů jemnými, zábavnými a informativními přednáškami, které v sobě zahrnují potěšující příběhy, transformační moudrost a proniknutí do podstaty věci. Otec Demartini pracuje jako poradce pro lidi ze všech společenských vrstev od finančníků z Wall Street a zdravotnických profesionálů k politikům, hvězdám Hollywoodu a sportovním osobnostem.

Stan Frager je profesionální motivační mluvčí, který už své skvělé proslovy přednesl studentům na středních školách, rodičům a korporacím. Je autorem knihy *The Champion Within You.* Dá se zastihnout na adrese: Frager Associates, 3906 Dupont Square South, Louisville, KY 40207 nebo na telefonu: 502-893-6654.

Robert Gass, Ed. D., spojuje různorodé pozadí humanistické psychologie, obchodu, sociálního aktivismu, hudby, práce se smrtelně nemocnými a duchovního studia. Vytvořil velmi známé pracovní semináře – Opening of the Heart (Otevírání srdce). Přes 100 000 lidí se zúčastnilo Robertových seminářů o vedení, léčení, osobní výkonnosti, vztazích a duchovním životě. Jako organizační poradce

Robert pracoval na nejvyšších místech společností Fortune 500 a také ve vládních agenturách jako je EPA a v nevýdělečných a aktivistických skupinách. Jako hudební umělec, skladatel, instrumentalista a zpěvák už se svou skupinou On Wings of Song vydal dvacet alb transformační hudby. Robert žije se svou milující a uznalou ženou Judith a třemi dětmi v Boulderu v Coloradu.

Lynne C. Gaulová se na plný úvazek dobrovolně nabízí jako řidička, trenérka, finanční poradkyně, inženýrka, zdravotní sestra a ředitelka pro rodinu Gaulových (alias „Mamka"). Vyrostla v Curwensville v Pennsylvánii, získala titul bakalářky v oboru sdělovací prostředky v angličtině na Indianské univerzitě v Pennsylvánii a v současné době se těší ze života společně se svým manželem Tomem a dvěma chlapci, Joshuou a Stephenem v Lancasteru v Ohiu.

Barbara A. Glanzová je mezinárodně známá autorka, mluvčí a konzultantka, která se specializuje na oblast tvůrčí komunikace, budování zákazníkovy loajality a obnovování pozitivní nálady na pracovišti. Je prezidentkou společnosti Barbara Glanz Communications a autorka prací *The Creative Communicator – 399 Tools to Communicate Commitment without Boring People to Death!* a *Building Customer Loyalty – How YOU Can Help Keep Customers Returning*. Její nejnovější knihou je *C.A.R.E. Packages for the Workplace – Dozens of Little Things You Can Do to Regenerate Spirit at Work,* kterou vydalo nakladatelství McGraw-Hill. O další informací si jí můžete napsat na adresu: 4047 Howard Avenue, Western Springs, IL 60558 zavolat jí na číslo: 708-245-8594 nebo zaslat fax: 708-246-5123.

Patty Hansenová má své zájmy jasně vymezené – na prvním místě je matkou. Jako druhá polovička „týmu Mark/Patty" rozděluje svůj čas mezi hlavní finanční referentku a poradkyni pro řešení problémů ve společnosti M. V. Hansen & Associates, Inc. a řidičku na plný úvazek, paní domu a asistentku při psaní domácích úkolů svých dvou dcer, Elisabeth a Melanie. Také si ráda vyšetří trochu času pro zahradu, chov kuřat a zábavu na pláži. V současné době pracuje na své první knize. K zastižení je na adrese: 711 W. 17th Street. #D2, Costa Mesa, CA 92627. Telefonní číslo: 714-759-9304 a mimo Kalifornii: 800-433-2314.

Casey Hawleyová vede semináře na téma Působivé obchodní psaní ve společnostech Georgia Pacific, Equifax a dalších. Rovněž je i jednou z nejpřednějších autorek úspěšných odbytových návrhů, obchodních plánů a dalších dokumentů, které projdou mnohýma rukama. Její společnost Marietta, ve státě Georgia, právě zahájila dojemný a působivý seminář s názvem – Friendship, Change and Triumph (Přátelství, změna a triumf). Seminář působí na lidi svými srdečnými příběhy, humorem a povzbuzením, přičemž zkoumá klady přátelství mezi pracovníky velkých podniků. Casey odhaluje překvapující výzkum spojitostí mezi přátelstvím a vyrovnáváním se se změnou, absentérstvím, společenským prostředím a produktivitou. Můžete jí zavolat na telefonní číslo: 770-419-7260.

Cindy Dee Holmsová má dva magisterské tituly ve vzdělávání a je profesionální mluvčí, instruktorkou a poradkyní, která už tisícům studentů, učitelů a rodičů umožnila, aby se zúčastnili dynamických, praktických seminářů o vzdělávání o AIDS. Krom toho že Cindy pracuje jako učitelka biologie, školní poradkyně a je matkou dvou dětí, začala před patnácti lety pomáhat svému manželovi lékaři se zdravotní péčí o pacienty. Začala přednášet programy o prevenci proti nemocem s hlavním zaměřením na příčinu AIDS u dětí. V současnosti Cindy pracuje pro Delware County Intermediate Unit v Media, v Pennsylvánii, kde se specializuje na AIDS a koordinuje vzdělávání o drogách a alkoholu. V nedávné době napsala povznášející dětský příběh o AIDS pod názvem

„*Red Balloons Go to Heaven*". Je možné ji zastihnout na adrese: 2709 Stoney Creek Road, Broomall, PA 19008.

Janice Huntová působí v posledních dvaceti letech jako vzdělávací psycholožka v Kalifornii a na Havaji. Její umělecké pokusy, mezi něž patří akvarely a kresby, jí vysloužily celonárodní uznání. Její první publikovanou prací, kterou inspiroval její syn Court a jeho přítel Wesley, je „Don't Worry, It'll be Alright" (Neboj, všechno bude v pořádku). Janice se dá zastihnout v Orange Unified School District. Telefon: 714-997-6314.

D. Trinidad Huntová je mezinárodní školitelka, programová mluvčí, autorka a vzdělavatelka. Za poslední tři roky vyškolila přes 40 000 dětí prostřednictvím humorného programu zaměřeného na zvýšení sebevědomí, který napsala a spoluvytvořila s komikem Frankem Delimou pro státní školní systém na Havaji. Její nejnovější knihou je *Operator's Manual for Planet Earth* (Hyperion Press). Oceněnou knihu *Learning to Learn: Maximizing Your Performance Potential* a rovněž i další její knihy a nahrávky je možno získat na telefonním čísle: 800-707-3526 nebo faxem: 808-239-2482.

Claudette Hunterová se účastnila svého prvního semináře na zvýšení sebevědomí před deseti lety. Principy, jimž se naučila, zcela změnily její život. Pět let pracovala s Jackem Canfieldem, pomáhala mu na seminářích. Metodou „žádej, potvrď, jednej" rovněž nalezla „lásku svého života" a je nyní na celosvětovém dobrodružství se svým manželem Jimem. V současnosti pomáhá s Canfieldovými pracovními semináři STAR v Saúdské Arábii, kde poslední tři roky žije. Jejím dalším cílem je STAR v Japonsku.

Michael Jeffreys je motivační mluvčí a autor čtyř knih, mezi které patří: *Selling with Magic, Speaking with Magic* a jeho nejnovější kniha *America's Greatest Speaker's Reveal Their Secrets*. V těchto knihách položil otázky dvaceti čtyřem nejúspěšnějším motivačním mluvčím ve Státech, např. Anthonymu Robbinsovi, Zigu Ziglarovi, Wayneu Dyerovi, Barbaře De Angelisové, Brianu Tracymu, Denisi Waitleymu, Jacku Canfieldovi a Marku Victorovi Hansenovi. Michaela je možné zastihnout v Powerful Magic Publishing, 1516 Purdue Avenue #7, Los Angeles, CA 90025 nebo na telefonu: 310-473-6291.

Rud Kendall se narodil ve Winnipegu v Manitobě. Rud strávil mnoho let jako řidič náklaďáku v drsných severních oblastech. Také pracoval jako naftař na ropných polích, horník, dělník na naftovodu a na dalších projektech těžkého průmyslu, rovněž sloužil u Kanadského královského námořnictva jako pomocník loďmistra. Po práci novinového reportéra v Dawson Creek, B. C. (Nultý kilometr slavné Aljašské dálnice) se stal spisovatelem na volné noze. V současnosti je majitelem malé společnosti sdělovacích prostředků v Langley, B. C.

Casey Kokoskaová žije v Rosenbergu v Texasu. I když je jí teprve šestnáct let, napsala již několik příběhů. Volný čas tráví psaním a herectvím. Dostala několik ocenění a za své interpretace prózy v řečnických a debatních soutěžích obdržela stipendium. Doufá, že jejím hlavním oborem se stane divadlo, v současné době má rozepsaný svůj první román. Chce být nejprodávanější autorkou a herečkou.

Kathy Lamancusaová je dynamická motivační mluvčí, autorka a televizní osobnost. Každoročně cestuje po Spojených státech i po cizině, tvůrčím způsobem se dotýká životů svých posluchačů. Mezi její témata patří: životní styl rodiny, tvořivost a tvořivé schopnosti. Po celém světě se již prodalo přes milion výtisků jejích knih a videonahrávek. Kathy píše fejetony do několika národních a mezinárodních časopisů pro spotřebitele. Její show, *Kathy Lamancusa's at Home with Flowers,* se vysílá po celých Státech na televizních stanicích PBS. Můžete se s ní spojit na adrese: Lamancusa Live! Kathy Lamancusa, P. O. Box

2717CHX, North Canton, OH 44720 nebo na telefonním čísle: 216-494-7224 nebo faxem: 216-494-2918.

Michelle Lawrenceová je propagační pracovnice, která se specializuje na vztahy mezi sdělovacími prostředky. Pracuje s různými klienty a agenturami pro styk s veřejností v jižní Kalifornii a po celých Státech. Michelle šťastně žije se svým manželem, vedoucím reklamy a básníkem Ronem a svými dvěma skvělými dětmi, Almie Rose a Dylanem, v Bel Air v Kalifornii.

Patricia Lorenzová je inspirační spisovatelka, fejetonistka, učitelka stylistiky a mluvčí. Na 400 jejích článků a příběhů se objevilo ve více než 70 publikacích, mezi nimi *Reader's Digest, Guideposts, Working Mother* a *Single-Parent Family*. Je autorka knihy *Stuff That Matters for Single Parents,* kterou vydalo nakladatelství Servant Publications v Ann Arbor v Michiganu. Můžete jí napsat na adresu: 7547 S. Pennsylvania Avenue, Oak Creek, WI 53154.

Julie A. Manhanová se narodila v Renu v Nevadě, je předsedkyně Katedry teologie, duchovní na akademické půdě a ředitelka meditačního centra na Střední škole St. Vincent de Paul v Petaluma v Kalifornii. Absolvovala Seattleskou univerzitu. I když už vyučovala na všech stupních, od mateřské školy po školu vysokou, nejraději má práci s dospívající mládeží. Příběhy jsou nedílnou součástí jejího učení a práce duchovní v meditačním centru. Spojení na telefonním čísle: 707-763-1032.

Marilyn Manningová, PhDr., CSP, mezinárodní mluvčí, školitelka a prostřednice v urovnávání konfliktů, je autorkou pěti knih, mezi něž patří: *The NAFE Guide to Starting Your Own Business* (1995) a *Leadership Skills for Women* (v šesti jazycích, prodáno více než 30 000 výtisků). Dr. Manningová hovoří o tom, jak se vypořádat s konfliktem a změnou, jak přebudovat pracovní tým, jak kladným způsobem využít stres, a o sedmi zákonech vedení. Už 16 let řídí svou vlastní poradenskou firmu a je bývalou prezidentkou asociace National Speaker's Association v severní Kalifornii. Dá se s ní spojit na adrese: 945 Mountain View Avenue, Mountain View, CA 94040 nebo na telefonu: 415-965-3663, fax: 415-965-3668, e-mail: DRMMANNING@aol.com.

Elanie McDonaldová, bývalá novinářka, matka dvou dětí, působí jako právní zástupkyně v Des Moines ve státě Iowa. Spojení: 4932 Ashley Park Drive, West Des Moines, IA 50265.

Robert J. McMullen Jr. je presbyteriánský duchovní ve výslužbě. Po službě pilota ve druhé světové válce s misemi nad Německem, kázal v kostelích v západní Virginii, na předměstí Washingtonu, D. C., v Atlantě a v Charlotte. Se svou ženou Becky mají tři děti, jedno z nich trpí mozkovou obrnou. To jim poskytlo všeobecné vzdělání! Kromě příležitostného kázání a vyučování píše články pro *Guidepost* a do místních novin. Je možné ho zastihnout na adrese: 5150 Sharon Road, Charlotte, NC 28210 nebo na telefonu: 704-553-0603.

David Naster je známý komik. Nesčíslné hlavní pořady v televizi a cesta po celých Státech odráží jeho skoro až zázračnou schopnost rozdávat humor lidem veškerého věku a založení. David cestuje po světě s programem Your Sense of Humor Will Get You Through It. V poslední době si David obzvláště oblíbil psaní příběhů pro děti, které budou brzy publikovány. Spojte se s ním, prosím, na adrese: 12317 W. 79th Place, Lenexa, KS 66215 nebo na telefonu: 913-438-4722.

Omar Periu je úspěšný veřejný mluvčí, školitel, majitel podniku, ředitel prodeje, textař, hudební hvězda a účinkující umělec. Omar je členem asociace National Speakers Association, v jedenatřiceti letech se stal vlastním přičiněním milionářem. Vyškolil již stovky tisíc prodavačů, obchodních manažerů, podnikatelů, ředitelů a majitelů podniků v tom, jak uspět v prostředí dnešního podnikání a prodeje. Omar dostal na začátku své kariéry radu, a proto je jeho hlavním cílem v životě pomáhat ostatním, aby také dosáhli úspěchu. Můžete ho zastihnout na adrese: Tom Hopkins International, Inc., P.O. Box 1969, Scottsdale, AZ 85252 nebo na telefonním čísle: 602-949-1590.

Kathleen Podolsky je fotografka, jejíž práce byly vystavovány ve Spojených státech i v cizině. Se svým manželem lékařem-spisovatelem procestovala celý svět, měla možnost se seznámit s odlišnými kulturami, zvyky a tradicemi, což jí umožnilo porozumět rozdílným národům. Mnohé z Kathleeniných zkušeností byly zachycené na filmu a také v krátkých příbězích.

Barbara Rogoffová je autorka a spolutvůrkyně pracovního semináře pro dospělé, kteří přežili zneužívání – Beyond Survival into Triumph. Barbaru a její partnerku dr. Patricii Bellovou si pozvali, aby na Světovém kongresu logoterapeutů v Dallasu vyškolily za pomoci svých experimentálních technik další terapeuty. Barbara v současné době organizuje vězeňskou církevní skupinu, která v sobě zahrnuje některé z těchto metod, aby vězňům pomohla získat naději a dosáhnout osobní svobody. Barbara bydlí v Stilwellu v Kansasu s Garym, který je už devatenáct let jejím manželem a nejlepším přítelem současně. K zastižení je na adrese: The Unity Church of Overland Park v Kansasu, telefon: 913-649-6825, linka 3033.

David Roth je zpěvák, autor písniček, vydávaný umělec (pět alb), konferenciér, humorista, autor divadelních her (*The Grapes of Wroth*) a asistent pracovních seminářů (Singing for Shy People). Jeho píseň „Rising in Love" zazněla na stém výročí Carnegie Hall, v téže sezóně, kdy poprvé zpíval národní hymnu pro tým NBA Chicago Bulls. Příběh Manuela Garcíi přednesl William Janz na *Milwaukee Sentinel*, píseň můžete najít na první Davidově nahrávce, *Rising in Love*. Spojení na adrese: 18952 40th Place NE, Seattle, WA 98155 nebo na telefonu: 800-484-2367, linka 3283.

Richard Ryan je pastor, vydávaný hudební umělec, herec a inspirační spisovatel. Oceněný zpěvák a dirigent oblastně uznávaného pěveckého sboru „ONE VOICE", často cestuje po sólových a skupinových koncertních vystoupeních. Jeho sólové nahrávky *Love Found a Way* a *Promises* a nahrávka se souborem *ONE VOICE in Praise* si vydobyly celonárodní pozornost. Jeho příběh: „Den, kdy jsem se setkal s Danielem" v roce 1995 vyhrál ocenění v literární soutěži v časopise *The Christian Reader*. Se svou ženou Cathy má tři děti a bydlí v New Albany v Indianě. O informace o nahrávkách nebo koncertech si mu můžete napsat na adresu: Old Capitol United Methodist Church, 141 Heidelberg Road West, Corydon, IN 47112 nebo mu můžete zatelefonovat: 812-738-4736.

Dan Schaeffer je otec Andrewa, Christi a Katie. S jejich matkou, svou ženou Annetou, je ženatý „třináct nejlepších let svého života". Rovněž působí jako pastor v kostele Foothills Evangelical Free Church v Rancho Santa Margarita, v Kalifornii. Je autorem *Dancing with a Shadow, Making Sense of the Silence of God* a nedávné práce *The Bush Won't Burn for Me, and I'm All Out of Matches.*

Frank Slazak obdržel díky ztrátě svého snu jisté důležité životní lekce. V roce 1985 měl příležitost soupeřit v programu společnosti NASA – Učitel ve vesmíru. I když se velmi snažil, přesto na samý závěr nebyl vybrán. Zvolili učitelku Christu McAuliffeovou. 28. ledna 1986 Challenger explodoval jen 73 vteřin po startu a všech sedm členů posádky zahynulo. Frank Slazak vyhrál, protože prohrál. V současnosti má Frank to privilegium, že hovoří k posluchačům na celém světě o ponaučeních, ke kterým se dá dojít právě na základě takové zkušenosti. Jeho citlivé prezentace se zaměřují na triumfy lidského ducha, sílu víry a hrdinu, který se dá najít v každém z nás. Frank je známý jako mluvčí, který „hovoří ze srdce".

Peter Spelke je dobrodruh, hledač pravdy a inspirační mluvčí. Mimo své obchody se Peter dobrovolně věnuje poskytování stravy bezdomovcům a práci s vězni v systému federálního vězení. Kontakt na adrese: 115 Deep Valey, Stamford, CT 06903.

Dr. Roger William Thomas je od roku 1993 kazatelem v kostele First Christian Church. Roger pochází z McLean County v Illinois. Vystudoval vysokou školu Lincoln Christian College and Seminary. Titul doktora duchovenství získal z teologického semináře Nothern Baptist. Roger působí jako kazatel, duchovní na akademické půdě a vysokoškolský učitel Bible v Illinois, Missouri a Oklahomě. Také napsal šest knih a stovky článků do časopisů a novin na různá témata, která mají souvislost s křesťanskou vírou a Písmem svatým.

Renee R. Vromanová žije dvacet šest let ve Vancouveru ve Washingtonu se svým manželem a je pyšnou matkou tří synů, Jaye, Trenta a Trevora. Poté co svému manželovi a synům pomohla vystudovat vysokou školu, vrhla se do studia sama a v současné době studuje poslední ročník Státní Washingtonské univerzity ve Vancouveru, jejím hlavním oborem je psychologie. „Dárek“ je její první publikovaná práce. Je možné ji zastihnout na adrese: 13901 NE 7th Circle, Vancouver, WA 98684 nebo na telefonu: 360-256-6984.

Angie K. Wardová-Kucerová je nejvýše postavená operátorka u pohotovostního střediska E-911 okresu Sarpy a se svým manželem Johnem Andrewem žije v Papillionu v Nebrasce. „Nejskvělejší táta na světě“ je její první příběh, který napsala na památku svého zesnulého otce Thomase Wesleyho Warda Sr., aby se ostatní otcové mohli poučit z jeho jednoduchých projevů lásky a aby si uvědomili, že i když jejich děti vyrostou, stejně pořád tátu potřebují. Dá se s ní spojit na adrese: 514 S. Monroe Street, Papillion, Ne 68046 nebo na telefonním čísle: 402-331-7687.

Bettie B. Youngsová je bývalá farmářská dcerka z Iowy, nyní bydlí v Kalifornii a je hodně zcestovalá. Zaníceně se soustřeďuje na svou misi, jejímž působením chce zvýšit naše pochopení důležitosti role rodičů a rodin, jež má zásadní vliv na pokládání základních kamenů pro hodnotu, cíl a smysl, jaké připisujeme našim životům. Bettie je profesionální mluvčí, poradkyně pro rodiče, školy a organizace a je autorkou dvanácti knih, které vyšly ve 24 zemích. S Bettie se dá spojit na adrese: 3060 Racetrack View Drive, Del Mar, CA 92014 nebo na telefonu: 619-481-6360.

Poděkování

Rádi bychom poděkovali následujícím nakladatelstvím a jedincům za svolení k otištění následujícího materiálu. (Poznámka: Příběhy, které byly napsány anonymně, které jsou veřejným vlastnictvím, nebo byly napsány Jackem Canfieldem nebo Markem Victorem Hansenem, nejsou v seznamu zahrnuté.

S několika příběhy jsme na sebe vzali riziko. I přes vyčerpávající pátrání se nám nepodařilo objevit autory nebo vlastníky copyrightů níže uvedených příběhů, které jsou v knize uvedené:

It's How You Play the Game That Counts (Záleží na tom, jak se hra hraje) Danny Warrick

Make a Wish (Přej si něco) LeAnne Reavesová

Roles – and How We Play Them (Role – a jak je hrajeme) Marie Curlingová

God's Jobs (Boží práce) Dan Sutton

Znáte-li autory nebo majitele copyrightů, nebo jimi dokonce jste vy sami, kontaktujte nás, prosím. My patřičně uvedeme vaše jméno a za vaše příspěvky samozřejmě zaplatíme.

Povolení

A Secret Promise Kept (Dodržený tajný slib). Otištěno se svolením *The Middlesex News.* © 1993 Brian Keefe.

Two Nickels and Five Pennies (Dva pěťáky a pět centů). Přetištěno z *The Best of Bits & Pieces* se svolením The Economics Press, Inc. © 1994 The Economics Press, Inc.

The Ice Cream Girl (Zmrzlinová holka). Otištěno se svolením Marion Schoeberleinové. © 1995 Marion Schoeberleinová.

How Magic Helped a Blind Girl See (Jak kouzlo pomohlo slepé dívce, aby viděla) a *Life-Changing Experience (Zkušenost, která změnila život).* Otištěny se svolením Michaela Jeffreyse. © 1995 Michael Jeffreys.

Manuel Garcia (Manuel García). Otištěno se svolením Davida Rothe. © 1986 David Roth.

A Taste of Freedom (Chuť svobody). Otištěno se svolením Barbary Rogoffové. © 1994 Barbara Rogoffová.

Compassion Is in the Eyes (Soucit se skrývá v očích). Přetištěno z *The Sower's Seeds* se svolením Paulist Press. © 1994 Brian Cavanaugh.

Warm in Your Heart (Teplo v srdci). Otištěno se svolením Mastermedia Book Publishing. © 1995 Scott Gross.

An Act of Kindness (Laskavý skutek). Přetištěno z *The Best of Bits & Pieces* se svolením The Economics Press, Inc. © 1994 The Economics Press, Inc.

Guests in the Night (Noční hosté). Otištěno se svolením Roberta Gasse. © 1995 Robert Gass.

An Afternoon in the Park (Odpoledne v parku). Otištěno se svolením Julie A. Manhanové. © 1995 Julie A. Manhanová.

The Little Boy and the Old Man (Malý chlapec a starý muž). Otištěno se svolením HarperCollins Publishers z *A Light in the Attic.* © 1981 Evil Eye Music, Inc.

Paco, Come Home (Paco, vrať se domů). Otištěno se svolením Alana Cohena. © 1995 Alan Cohen.

Tommy's Essay (Tommyho esej). Otištěno se svolením Jane Lindstromové. © 1975 Jane Lindstromová.

Almie Rose (Almie Rose). Otištěno se svolením Michelle Lawrenceové.© 1995 Michelle Lawrenceová.

Why I Wear a Plastic Dinosaur (Proč nosím umělohmotného dinosaura). Přetištěno z *Pursuit Magazine* se svolením Dana Schaeffera. © 1993 Dan Schaeffer.

The Coolest Dad in the Universe (Nejskvělejší táta na světě). Otištěno se svolením Angie K. Wardové-Kucerové. © 1995 Angie K. Wardová-Kucerová.

Workin' Man (Dělník). Otištěno se svolením International Union of Operating Engineers.

No Charge (Zdarma). Otištěno se svolením M. Adamsové. © 1995 M. Adamsová.

Courage of the Heart (Odvaha srdce). Otištěno se svolením Patty Hansenové. © 1995 Patty Hansenová.

What It Means to Be Adopted (Co znamená být adoptován). Přetištěno z *The Best of Bits & Pieces* se svolením The Economics Press. © 1994 The Economics Press.

Class Reunion (Třídní sraz). Otištěno se svolením Lynne C. Gaulové. © 1995 Lynne C. Gaulová.

The Gift (Dárek). Otištěno se svolením Renee R. Vromanové. © 1995 Renee Vromanová.

To Beth's First-Grade Teacher (Bethině učitelce z první třídy). Otištěno se svolením Dicka Abrahamsona. © 1984 Dick Abrahamson.
Mr. Washington (Pan Washington). Přetištěno z *Mentors, Masters and Mrs. MacGregor* se svolením Health Communications, Inc. © 1995 Jane Bluesteinová.

Faith, Hope and Love (Víra, naděje a láska). Otištěno se svolením Petera Spelkea. © 1995 Peter Spelke.

The Shoes (Boty). Otištěno se svolením National Education Association, Paul E. Mawhinney, ředitel oddělení vzdělávání a psychologie, státní univerzita Southeast Missouri, Cape Girardeau, Missouri. © 1996, *NEA Journal.*

Bonehead (Plešoun). Otištěno se svolením Larryho Terhersta. © 1995 Larry Terherst.

Footprints on My Heart (Stopy v mém srdci). Otištěno se svolením Laury D. Nortonové. © 1995 Laura D. Nortonová.

The Golden Crane (Zlatý jeřáb). Přetištěno z *Mature Outlook* se svolením Patricie Lorenzové. © 1994 Patricia Lorenzová.

A Trucker' s Last Letter (Poslední dopis řidiče náklaďáku). Otištěno se svolením Ruda Kendalla. © 1983 Rud Kendall.

For the Love of a Child (Z lásky k dítěti). Otištěno se svolením Thei Alexanderové. © 1995 Thea Alexanderová.

The Last Dance (Poslední tanec). Otištěno se svolením Ricka Nellese. © 1995 Rick Nelles.

My Daddy (Můj tatínek). Otištěno se svolením Kelly J. Watkinsové. © 1995 Kelly J. Watkinsová.

Where Do the Sparrows Go When they Die? (Kam odlétají vrabčáci, když umřou?) Otištěno se svolením Casey Kokoskaové. © 1995 Casey Kokoskaová.

Please Dress Me in Red (Oblečmě, prosím, do červeného). Otištěno se svolením Cindy Dee Holmsové. © 1995 Cindy Dee Holmsová.
Don't Worry, It'll Be Alright (Neboj, všechno bude v pořádku). Otištěno se svolením Janice Huntové. © 1995 Janice Huntová.

The Eternal Optimist (Věčný optimista). Otištěno se svolením Beth Daltonové. © 1995 Beth Daltonová.

To Remember Me (Na mou památku). Otištěno se svolením Andreho Testa. © Robert N. Test.

*Keep Your Fork (Nech*te *si vidličku).* Otištěno se svolením Rogera Williama Thomase. © 1994 Roger William Thomas.
There Are No Wheelchairs in Heaven (V nebi nejsou vozíčky). Otištěno se svolením D. Trinidad Huntové. © 1995 D. Trinidad Huntová.

The Cookie Thief (Zloděj sušenek). Otištěno se svolením Valerie Coxové. © 1993 Valerie Coxová.

The True Story of Arbutus and Sea Gull (Pravdivý příběh o Albatrosovi a Rackovi Mořském). Přetištěno z *The Boston Globe.*

Lady, Are You Rich? (Paní, jste bohatá?) Přetištěno z *The Bigness of the Fellow Within,* dr. B. J. Palmera, se svolením Palmer College of Chiropractic.

The Flower in Her Hair (Květina v jejích vlasech). Otištěno se svolením Bettie B. Youngsové. © 1995 Bettie B. Youngsová.

Avalanche (Lavina). Otištěno se svolením Roberta G. Allena. © 1995 Robert G. Allen.

You Very Good; You Very Fast (Ty moc dobrý, ty moc rychlý). Otištěno se svolením Kathi M. Curryové. © 1995 Kathi M. Curryová.

The Accident (Nehoda). Otištěno se svolením Roberta J. McMullena Jr. © 1995 Robert J. McMullen Jr.

From the Mouth of a Small Boy (Z úst malého chlapce). Otištěno se svolením Elaine McDonaldové. © 1995 Elaine McDonaldová.

I Won Because I Lost (Vyhrál jsem, protože jsem prohrál). Otištěno se svolením Franka Slazaka. © 1995 Frank Slazak.

Our Deepest Fear (Náš největší strach). Vyňato z *A Return to Love* autorky Marianne Williamsonové. © 1992 Marianne Williamsonová. Otištěno se svolením HarperCollins Publishers, Inc.

Great Value in Disaster (Velký význam katastrofy). Přetištěno z *The Sower's Seeds* se svolením Paulist Press. © 1994 Brian Cavanaugh.

Good News (Dobré zprávy). Přetištěno z *The Best of Bits & Pieces* se svolením The Economics Press. © 1994 The Economics Press.
Johnnny (Johnny). Otištěno se svolením Barbary A. Glanzové. © 1995 Barbara A. Glanzová.

The Passionate Pursuit of Possibility (Nadšené hledání možností). Otištěno se svolením Jamese E. Connera. © 1984 James E. Conner.

We Never Told Him He Couldn't Do It (Nikdy jsme mu neřekli, že to dělat nemůže). Otištěno se svolením Kathy Lamancusaové. © 1995 Kathy Lamancusaová.

A Lesson in Heart (Lekce o srdci). Otištěno se svolením Stana Fragera. © 1995 Stan Frager.

Fourteen Steps (Čtrnáct schodů). Původně otištěno v časopise *Ensign,* Kristova církev svatých posledních dnů. Použito se svolením.

The Beauty Remains; the Pain Passes (Krása zůstává, bolest pomíjí). Přetištěno z *The Best of Bits & Pieces* se svolením The Economics Press. © 1994 The Economics Press.

The Miracle Bridge (Zázračný most). Přetištěno z *A Fresh Packet of Sower's Seeds* se svolením Paulist Press. © 1994 Brian Cavanaugh.

True Height (Skutečná výška). Otištěno se svolením Davida Nastera. © 1995 David Naster.

Opportunity (Příležitost). Otištěno se svolením Omara Periu. © 1995 Omar Periu.

Crusader Could Close Her Eyes to Trouble No More (Bojovnice už nemůže zavírat oči nad problémy). Přetištěno z *The Virginia Pilot & Ledger-Star.* © 1995 *The Virginian Pilot & Ledger-Star.*

Ask, Affirm, take Action (Požádej, potvrď a konej). Otištěno se svolením Claudette Hunterové. © 1995 Claudette Hunterová.

The Impossible Just Takes a Little Longer (Nemožné trvá jen o trochu déle). Otištěno se svolením Arta E. Berga. © 1995 Art E. Berg.

The Day I Met Daniel (Den, kdy jsem se setkal s Danielem). Otištěno se svolením rev. Richarda Ryana z *The Christian Reader.* © 1995 rev. Richard Ryan.

God's Jobs (Boží práce). Přetištěno z Kristovy církve St. Michael, v Marylandu.

The Wisdom of One Word (Moudrost jednoho slova). Otištěno se svolením Johna F. Demartiniho. © 1995 John F. Demartini.

The Secrets of Heaven and Hell (Tajemství nebe a pekla). Otištěno se svolením otce Johna W. Groffa Jr. Výňatek z „A Proper Hell". Publikováno ve vydání červenec/srpen *Christian*New Age Quarterly* z roku 1994, PO Box 276, Clifton, NJ 07011-0276.

What Courage Looks Like (Jak vypadá odvaha). Otištěno se svolením Casey Hawleyové. © 1995 Casey Hawleyová.

Angel with a Red Hat (Anděl s červeným kloboukem). Otištěno se svolením Tami Foxové. © 1995 Tami Foxová.

It's Never Too Late (Nikdy není příliš pozdě). Otištěno se svolením Marilyn Manningové, PhDr. © 1995 Marilyn Manningová, PhDr.

The Station (Stanice). Otištěno se svolením z *The Station and Other Gems of Joy* Roberta J. Hastingse.

Obsah

5 – ÚHEL POHLEDU

6 – VĚC PŘÍSTUPU

7 – PŘEKONÁVÁNÍ PŘEKÁŽEK

Jack Canfield a Mark Victor Hansen

Slepičí polévka pro duši

3. porce

Z anglického originálu A 3rd Serving of Chicken Soup for the Soul, vydaného nakladatelstvím Health Communications, Inc., v Deerfield Beach na Floridě roku 1996,
přeložila Věra Miltnerová.

Vydal Columbus v Praze roku 1997
Redaktorka českého vydání Jana Moravcová
Typografie a technická redakce Hana Drobná
Ze sazby zhotovené studiem Tanga, s. r. o.
Vytiskla tiskárna CENTA, spol. s r. o.,
odštěpný závod Brno, Vídeňská 113
Vydání první

COLUMBUS
Slovinská 9
101 00 Praha 10